高校思政教育教学研究

张 丹 李运平 ◎ 著

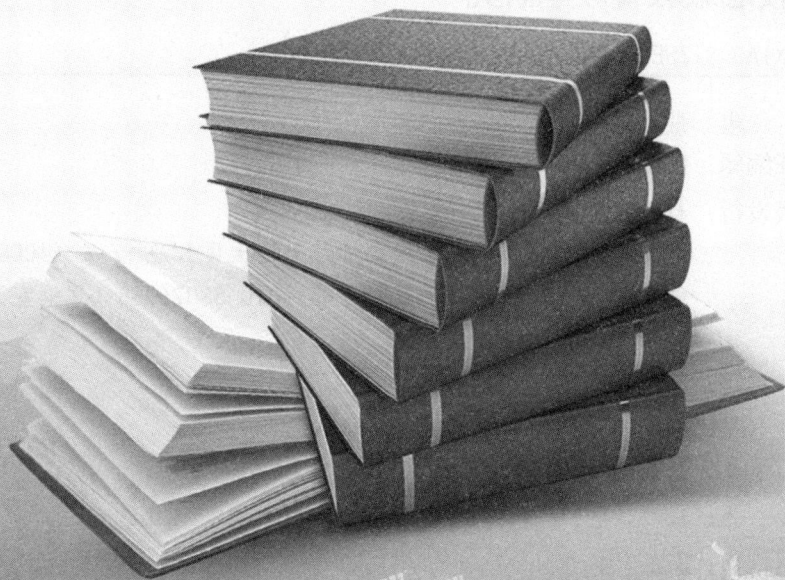

線裝書局

图书在版编目（CIP）数据

高校思政教育教学研究 / 张丹，李运平著. -- 北京：
线装书局，2023.7
ISBN 978-7-5120-5575-9

Ⅰ．①高… Ⅱ．①张… ②李… Ⅲ．①高等学校－思
想政治教育－教学研究－中国 Ⅳ．①G641

中国国家版本馆 CIP 数据核字(2023)第 141733 号

高校思政教育教学研究

GAOXIAO SIZHENG JIAOYU JIAOXUE YANJIU

作　　者：张　丹　李运平
责任编辑：曹胜利
出版发行：线裝書局
　　　　　地　　址：北京市丰台区方庄日月天地大厦 B 座 17 层（100078）
　　　　　电　　话：010-58077126（发行部）010-58076938（总编室）
　　　　　网　　址：www.zgxzsj.com
经　　销：新华书店
印　　制：河北创联印刷有限公司
开　　本：787mm×1092mm　1/16
印　　张：13
字　　数：272 千字
版　　次：2023 年 7 月第 1 版第 1 次印刷

线装书局官方微信

定　　价：88.00 元

前　言

　　思想政治教育作为现代高等教育体系的重要组成部分，发挥着立德树人的重要作用。思想政治教育的创新发展要满足高校的统筹发展的根本要求，要遵循教育发展和教育方法的基本规律，要符合思想政治工作规律、教书育人规律和学生个人成长规律，要坚持把教师与学生作为中心，把握师生思想特点和发展需求，要优化内容供给、改进教育方法、创新教育载体，完善教育机制，激发高校思想政治工作内生动力，最终培养学生树立正确的思想观念。本书立足于当下高校思想政治教育的基本现状，探索思想政治教育的基本路径，为高校思想政治教育创新发展提供有益借鉴。

　　高校思政教学是高校教学工作的一个重点，思政教育有助于学生树立正确的思想道德观念，让学生坚持以社会主义核心价值观为指导，树立正确的世界观、人生观和价值观。但是，如今的学生都不太注重对思政课的学习，认为思政学习可有可无，因此，思政老师就需要对教学过程进行反思，创新自己的教学方法，多站在学生的角度进行思考，坚持以学生为主体，以生动有趣的方式来讲述教学内容，活跃思政课堂的氛围，提高学生思政课堂的参与度，让学生树立正确的思想信念。

　　当前高校思政教学问题较为突出，老师的教学手法过于单一，教学内容相对枯燥，学生不能很好地把理论知识和实际结合起来，老师与学生之间缺乏交流沟通，老师一味地在讲台上进行讲解，学生在课堂上不断地开小差，让思政教学的课堂效果相对较差。所以，老师要改革自己的教学模式，加强学生之间的互动，可以利用教学设备来吸引学生的注意力，不要只是一味地注重理论讲解，在讲解理论知识的同时要与实际生活结合起来，加强学生的心理认同感，采取多样化的教学模式，利用现在的互联网设施来丰富教学内容，营造良好的课堂氛围，提高大学生的核心素养。

　　现在高校思政教学课堂还有许多的问题，在教学模式，教学方法和教学内容方面都需要进行革新，引导学生参与到课堂中，采用多样化的教学模式，丰富教学内容，重视学生的实践教学，让学生学会把理论知识和实际结合起来。同时，也要完善考核评价机制，激励学生努力学习，培养学生独立思考的能力，让学生树立正确的世界观，人生观和价值观，促进学生综合素质的提高。

目　录

第一章 高校思想政治教育的问题总结与经验概括

第一节 高校思想政治教育存在的主要问题

一、高校网络思想政治教育存在的主要问题

（一）高校思想政治教育网络阵地亟待建设

目前，高校思想政治教育网络阵地亟待建设。所谓"高校网络思想政治教育阵地"，就是相对传统的思想政治教育而言的第四类传播载体，即集文字、声音、图片、视频于一体的数字化传播载体。

第一，阵地意识不强。由于高校对网络思想政治教育重视不够，致使高校网络思想政治教育阵地意识不强。目前，高校网络思想政治教育阵地建设主要有四种状况：一是有些高校忽视对网络思想政治教育阵地的建设，认为可有可无，只要把传统思想政治教育做好了，学生不出事就行了。二是有些高校虽然建立了思想政治教育网站，但内容陈旧，更新缓慢；还有些高校比较重视思想政治教育网络建设，内容相对丰富，但学生的点击率偏低，没有起到应有的作用。三是仅有少数高校网络思想政治教育网站建设取得了一定的成绩。如清华大学学生"红色网站"为全校学生提供了丰富先进的理论学习资源，发挥了不可替代的作用，曾经在《求是》杂志专文介绍了"红色网站"的经验。四是像西北师范大学学生工作部主办的《大学生思想政治教育网站》，山东理工大学主办的《高校思想政治理论课——教学资源网》内容丰富多彩，有力地占领了高校思想政治教育网络阵地，但是，这样的网站在高校中很少。因此，亟待加强建设高校网络思想政治教育阵地，以确保高校网络思想政治品德的规范和网络文明信息的安全运行和传播。

第二，缺乏专业人才。要在网上进行思想政治教育，就必须建立自己的网站网页，很多思想政治教育工作者并没有受过系统的计算机专业知识教育，缺乏应有的信息技术和网络技能。因此，开展网络思想政治教育能力相对薄弱，不利于掌握网上思想政治教育的主动权。这就需要有一批具备系统的网络知识，懂得网络基本原理，掌握各种软件应用技能的专业人才。就目前的思想政治教育队伍来看，懂网络专业的人才比较匮乏。

第三，"制网权"主动性薄弱。网络时代最突出的特性就是一切领域均被信息技术所覆盖。所谓"制网权"是指对互联网的控制权，包括网络的使用权，以及控制网络舆论导向等方面。网络思想政治教育与传统思想政治教育在本质上都是意识形态活动，网络思想政治教育的本质即为"网络意识形态活动"。在"制网权"这一方面我们常处于被动地位，更多的是处于"防"与"堵"的状态。首先，西方国家通过互联网对我国进行意识形态的"分化""西化"。网络信息的开放性、多元性、各种价值观不同的思想文化在网上交汇，特别是西方国家借助网络优势，倡导西方文化，加剧了不同意识形态，不同种族国家之间的道德、文化的冲突。一些国家还通过网络发布恶意的反动信息，把企图颠覆社会主义国家作为一项长期战略。其次，黄色、虚假、庸俗信息的传播。网络的信息传播是全球性的、超地域性，这就使得一些黄、毒信息随着网络在世界范围内无障碍地传播开来。各种敌对势力把互联网作为渗透、煽动和破坏的重要工具。另外，一些虚假广告，侵犯商业秘密和信息产权（版权）等网上违法犯罪活动屡见不鲜，这对我国大学生的危害尤为严重。

以上各种现象和问题，给当代大学生的健康成长带来不可估量的负面影响。大学生正处于自我意识的矛盾时期，容易导致他们观念模糊，被许多不符合社会发展规律的思想蒙蔽了双眼，混淆是非。迫切需要我们尽快采取措施加以引导和控制，亟须建设好网络思想政治教育阵地，主动出击，掌握"制网权"。

（二）高校网络思想政治教育内容和形式需要与时俱进

高校网络思想政治教育内容尚不够完善，形式相对单一，需要与时俱进。

第一，网络思想政治教育内容不够完善。高校网络思想政治教育工作的开展，离不开其内容的确立。然而，目前国内高校网络思想政治教育的内容从整体上看呈现为三种形式：一是以新闻宣传为主，主要报道校内新闻；二是以学生活动为主，主要介绍与学生日常学习、生活相关的内容；三是"红色网站"里的相关理论学习内容。在校的大学生都是价值观多元化、多角度的个体，而大多数是被动接受网络思想政治教育，而且高校网络思想政治教育网站内容单一，缺乏兴趣性、可读性，所以点击率偏低。现在高校网络思想政治教育的内容并没有满足不同个性的大学生的需求，网站上的信息更新速度较慢。因此，要构建一种多学科背景下，内容丰富能同大学生的个性化发展紧密相连的网络思想政治教育内容尤为重要。

第二，网络思想政治教育形式相对单一。我国很多高校进行网络思想政治教育的做法通常是通过建立"主题网站"或"红色网站"。这种方法有它的好处，有利于高校集中力量在网站上开展网络思想政治教育。但突出问题是很多大学生很少上"红色网站"，因为大部分高校网络思想政治教育采用以官方采集信息，单向传达的方式，在互动性方面存在严重不足。而大学生网民热衷于聊天室或博客等交互性较强的网页，网络思想政治教育形式的单一导致缺乏吸引力。加之高校网络思想政治教育的方式和手段相对落后，未能适应时代的发展，不能满足大学生的实际需求。

（三）高校网络思想政治教育网络管理亟待加强

第一，网络的虚实性对网络主体道德责任和法律意识的挑战。网络的虚拟性使网民也享有较大的自由度，网民可以完全隐去自己的真实的社会身份从事网上活动和交往，一旦自己不满意，便可以随时终止自己的某种行为而不必承担任何责任。这样，使有的大学生利用网络进行违背道德的活动有了可乘之机。比如山东某职业技术学院 21 岁大学生祝某为了赚钱，建设五个色情网站。王某等 11 名犯罪嫌疑人利用"黑客技术"侵入海南大学招生网站，篡改招生信息数据，违法获利竟达上百万元，给学校和社会造成巨大的损失。还有个别大学生盗窃别人的注册号码，等等。由于网络的虚拟性存在，使得道德本身迅速失去规范作用，减弱了大学生的网络德育意识。在这里似乎可以摆脱传统社会的管理和控制，进入一个可以为所欲为的天地，甚至认为盗窃、入侵等犯罪也不过是敲击几下键盘，没有紧张恐惧的犯罪感。如果一旦进入这种自主权角色，就很容易把网络当成发泄情感的场所，做出一些不道德的甚至是违法的事情。

第二，网络的包容性对网络的监控管理也提出了挑战。由于网络社会尚处于初级阶段，再加上各个国家、地区民族之间历史文化背景、政治法治状况、经济发展水平的差异，目前尚未建立有效的道德规范体系。行为的道德评价也缺乏一个大家公认的、相对公正的准则。这就为某些人在网上的犯罪行为提供了可能，同时也给网络的监控管理带来了极大的困难。网络系统自身的缺陷和操作系统设计的漏洞，以及网络安全技术的局限性也导致网络监控管理的力不从心，导致出现漏洞，这在一定程度上也纵容了网络色情、犯罪等违法活动在互联网上的恣意横行。从理论上说，没有百分之百技术完美的软件和操作系统及加密系统。虽然，它们在保障网站的安全运行方面起着重要作用，但是也有一定的局限性。

网络监控管理方面主要是政府相关部门、网络运营商、网络经营者、网吧经营者和学校的网络管理中心等相关的部门，监管不到位，监控管理的技术不成熟。当务之急就是网络监控管理的规范化，及时制止非法行为，使网络空间得以净化。

（四）大学生抵制网络不良思想影响的能力有待提高

第一，价值观迷失。社会各界对中小学生的上网行为通过各种途径寻求解决方法，但对于大学生的网络问题却没有给予足够的重视。主要原因是认为大学生属于成年人，应该有足够的辨别是非和真伪的能力。实际上，日益纷繁复杂的网络，同样对大学生的认知提出了严峻的考验，由于大学生的社会生活经验较少，加之特有的好奇心，使他们会比较容易被诱导，进而产生错误的价值倾向。久而久之，还会使大学生民族认同感削弱。西方文化和我国文化的冲突，不同的价值观念相互传播使价值判断难以统一，以致与现有的主流社会价值观念和自身价值取向产生矛盾与冲突，大学生产生了道德选择迷惘和价值取向的紊乱。

第二，道德认知能力弱化。西方社会意识形态的影响，政治制度、文化思想相互渗透，使大学生政治观模糊。网上大量虚假、庸俗的垃圾信息，对大学生的冲击很大，有的学生道德认知迷失、道德情感冷漠和道德行为失范，心理超负荷，上网成瘾。还有的学生出现了一些不良现象，自控力较差的学生，难以抵制有害信息的侵蚀，沉溺于充斥着色情、暴力等不良信息的网站，迷恋于网聊、网恋、网络游戏大战中，逐渐变得厌学逃学、夜不归宿，心灵受到了毒害，丧失做事的积极性，学习和生活受到了极大的影响。

第三，责任意识淡化。网络舆论行为具有复杂性、无序性，加之又缺乏相应的管理机制和法律措施。导致部分大学生个人主义盛行，主张从个人的需要出发选择道德行为，信奉"只要我喜欢，怎么做都行"，打破了传统的道德原则。网络的虚拟性给大学生提供了极大的自由度，可以完全隐去自己真实的身份从事网上活动和交往，随意在网络上匿名发送邮件，参加论坛讨论，甚至发表一些不健康的政治思想、消极迷信、色情暴力等信息。有的学生对不道德行为的漠视，丧失了社会责任感。从一些学生的价值观迷失，道德认知能力弱化，责任意识淡化等方面看，他们抵制网络不良思想影响的能力有待提高，同时也给高校网络思想政治教育带来了挑战。

二、高校网络思想政治教育存在问题的成因

高校网络思想政治教育是一个复杂的系统工程，存在问题也具有多方面的原因。

（一）高校相关部门对网络思想政治教育管理重视不够

有些地方政府主管部门和高校领导对高校网络思想政治教育建设重视不够，他们往往更重视学校的办学规模、学校硬件设施建设等。主要反映在以下两方面：

第一，资金得不到足够的支持。高校网络思想政治教育需要物质保障，各学校应该设立网络思想政治教育专项资金，重视网络技术的研发与创新，有计划地更新各类设备，把推动信息技术的更新与思想政治教育主题网站建设相结合，为占领网络阵地提供保障。当前，我国部分高校在网络思想政治教育建设中缺乏相应的关注和资金支持，经费欠缺，一些"红色网站"后期运行过程中经费的不足，导致管理机制不能落实。由于高校网络思想政治教育工作中没有专项拨款，软硬件设施、配备不齐全，缺乏先进的内容和相应的教材等，使高校网络思想政治教育缺乏较强的战斗力和引导能力。

第二，网络思想政治教育评估机制不健全。评估的目的在于促进建设与发展，即人们常说的"以评促建"。纵观我国高校的评估体系，还没有把网络思想政治教育评估作为一项重要的经常性工作，纳入到思想政治教育管理体系中，没有借助社会中介评估机构，对承担学生培养任务的高校及其思想政治教育网站进行检查和评价。高等学校自身也没有很好地指定专门机构对本校网络思想政治教育工作进行评估并做出反馈，更没有具体的网络思想政治教育评估内容和标准。健全网络思想政治教育评估机制，也是摆在高校网络思想政治工作中亟待研究解决的课题。

（二）高校网络思想政治教育专业化水平低

高校网络思想政治教育同其他教育相比，其专业化水平较低，仍不能摆脱灌输的传统方式。一是高校网络思想政治教育网站的建设，面临技术水平相对低，内容质量良莠不齐的状态。二是在高校网络思想政治教育的教学中没有专门从事网络思想政治教育的工作者，大多数由思想政治教育老师授课，缺乏多媒体操作方面的专业性技能。三是从高校网络思想政治教育建站以来，还没有专门培训从事网络思想政治教育人才的机构，使高校网络思想政治教育在人才技能上欠缺专业性。四是我国高校网络思想政治教育还没有开发出一套思想政治教育工作专用的软件。高校网

络过滤交换器用来过滤垃圾和不健康信息的技术能力明显不足。五是高校网络思想政治教育专题网站的网页内容简单，信息含量低，内容更新慢，信息滞后等问题，使追求新鲜事物的大学生很难对访问高校网络思想政治教育专题网站感兴趣，导致点击率不高，缺乏与学生的互动。总之，高校网络思想政治教育无论在内容还是方法上，都体现出专业化水平低，不同程度地缺乏训练和实践活动，没有真正落实好网络思想政治教育目标。

（三）高校网络思想政治教育人才队伍不强

加强网络思想政治教育的关键在人，高校网络思想政治教育工作者的素质优劣直接影响到教育的质量。必须建立起一支既熟悉网络工具和环境，又具备大学生思想政治教育经验的网络思想政治教育队伍。目前，网络思想政治教育队伍建设不能适应网络时代的要求，没有实现思想政治教育由"人力型"向"科技型"的转变。人员的知识结构和网络应用水平不尽如人意，无论是专职思想政治教育教师，还是兼职的网络思想政治教育工作者，在人数和质量上都不能满足现实的需求，尤其缺乏思想政治教育理论和网络应用均精通的教育工作者，特别是有影响的教职人员，甚至个别的思想政治教育方面的专家、学者，还是网盲，见网生畏，一些简单的计算机问题都处理不了，没有能力与学生在网上建立互动，不能够很好地发挥作用。

（四）高校网络思想政治教育理论体系不完善

高校网络思想政治教育理论体系暴露出一些问题，比如，基础理论研究薄弱，学科建设难以深入，科学系统的理论成果较为欠缺，对网络思想政治教育缺乏整体研究。近几年，虽然网络思想政治教育越来越被高校所关注，但在理论上对高校网络思想政治教育问题进行整体的综合研究的论著还很少，不利于高校网络思想政治教育学科体系的建立，尚未形成专业化、系统化的研究，即使已有这方面的专门项研究成果，也只是有限地进入应用领域。因此，对高校网络思想政治教育根本目的、指导思想、教育原则、工作机制、方法、实施途径等问题。还处在探索之中，这就会给高校网络思想政治教育带来一定的盲目性；另外，还没有很好地掌握网络文化规律，在网络思想政治教育中必然会出现内容陈旧、方法过时、信息滞后、服务面窄等问题。

总之，高校网络思想政治教育在理论研究方面还处于初级阶段，还不能与当代网络的发展同步，需要进一步细化和完善。在网络思想政治教育、教学实践中还缺乏对各种理论与实践问题进行研究和探讨。思想政治教育作为高校非常重要的一门公共理论课，必须在网络文化中完善其理论，这样才能不断创新。

（五）其他社会因素的影响

第一，网络监管的相关措施与法律法规尚不健全。网络信息庞杂多样，庸俗垃圾信息对大学生的冲击很大。虽然，政府采取各种措施对网络进行整治，但仍有违法网站在建立。公安部加大力度封杀不良网站，但仍有一些不法之徒利用网络做着违法的交易。加之关系网络安全的防火墙、网络110并不普遍使用，网络上的病毒软件可以随意下载，黄色网站随处可见及网络的隐蔽性使不法分子得到很好的屏蔽作用等，网络上不良信息污染和腐朽思想侵蚀的现象日益严重。这既反映了我国网络立法还不健全，也反映我国网民的网络法律意识淡薄。然而，用以维系社会正常运转的制度监督和法律制裁等各种机制，在网络社会中却遭遇了严重困难。网络自身特点也决定了对网络社会的管理规范不能照搬现实社会的法律法规。如何运用社会管理的方式对网络社会进行行之有效的管理，已成为当下一大难题。

第二，社会、媒体对开发网络思想政治教育的资源重视不足。信息网络之所以出现今天这种发展势头，除了政府的积极推动外，很重要的原因就是社会和媒体的积极参与。网络作为继广播、报纸、电视之后的新兴媒体，已经发展成为一个新兴的产业，成为思想文化交流的新领域。根据中商情报网不完全统计，截至2016年6月，中国网站数量为454万个，半年增长7.4%。其中许多商业网站在近几年发展迅猛，影响很大。如"新浪网""搜狐网""腾讯网"等日平均页面阅览数超过百万的网站。这些媒体及网站中，有关网络思想政治教育类的内容很少，开发网络思想政治教育的资源严重不足，甚至关于思想政治教育类语言都很少。因此，如果单凭高校开发网络思想政治教育资源，还是势单力薄，需要社会、媒体的共同努力。

第二节　高校思想政治教育面临的机遇与挑战

一、互联网的内涵、特征及功能

（一）互联网的内涵

互联网指的是计算机互联网络，通过特定的通信设备和技术协议相互联结起来，以实现信息传输和资源共享的网络系统，世界上最大的国际性互联网是因特网（Internet）。基于其新技术的特征和传统媒介比较的有诸多不同属性，如"新媒介""数字媒介""第四媒介"等。

（二）互联网的特征

互联网的特征主要表现在以下几方面。资源共享，大家分享同一个资源，最大限度地节省成本，提高效率；超越时空，人们可以在网上看新闻、看电影、聊天而不受时间和空间的限制；实时交互性，人们可以随时通过网络和他人进行即时的互动；个性化，任何一个有个性、有创造性的人都可以在互联网上得到很好的生存和发展，也就是说每个人都可以在网上发表自己独到的、与众不同的创意想法；人性化，互联网之所以普及得这么快，就是因为它很多方面都是按人性化标准来设计的；公平性，人们在互联网上发布和接收信息是平等的；互联网上不分地段、不讲身份，机会平等。

（三）互联网的功能

互联网已经深入到人们生活中的方方面面，极大地方便了人们的生活。总的来说，互联网主要应用在以下几个方面的特点。

1. 信息浏览

报刊、广播和电视是人类获取信息的三类传统媒体。目前，互联网已经超出这几类传统媒体，人们借助互联网可以足不出户就尽览世界各地旖旎风光，尽睹世界风云变幻。

2. 发送电子邮件

电子邮件是互联网上应用广泛的一项服务，互联网上的电子邮件较之普通邮件速度快、可靠，且节省费用。

3. 网上商城购物

互联网发展到今天，已经使网上商城成为现实。消费者在网上商城中可以看到商品的式样、颜色、价格，并且可以订货、付款，网上商城全天 24 小时、每年 365 天营业，人们任何时候都可以购物。

4. 网上科研

科学研究工作者可以通过互联网从各种数据库中检索数据，从世界各地的图书馆中查找资料，并且使得各学科的科研人员能够发现国际级新动态，避免了选择陈旧、重复劳动等许多问题。现在，互联网已成为国内外学术界进行学术交流、召开学术会议的一种重要方式。

5.发布电子广告

在互联网上发布信息宣传范围广，形式生动活泼，交互方式灵活，用户检索方便，无时间和地域限制，更改方便，反馈信息获取及时，因此，互联网上的电子广告正随着互联网的发展而蓬勃发展。目前，互联网上电子广告业务正以每月超过10%的速度增长。

6.电子银行储蓄、结算

自1996年5月23日，全球首家互联网电子银行——美国纽约安全第一网络银行成立以来，许多国家银行均开通电子银行服务。通过网上电子银行，人们足不出户即可办理存款、转账、付账等业务，而且全年每天24小时开放，无须排队等候。电子银行基本都具有"账号设置""客户服务""个人财务""信息查询"等服务。另外，不同的银行还有不同的特色服务。

7.网络电话

网络电话可以让接入互联网的用户通过电子设备进行实时视频电话，由于网络电话可通过互联网络传输压缩数据。因此，通话费用要比普通长途电话低得多。

二、互联网对高校思想政治教育的影响

（一）互联网对高校思想政治教育的积极影响

1.互联网信息的丰富性与信息传输的高速性，有利于大学生道德认识的培养

上网时也有利于教育者开展德育研究。与报纸杂志相比，互联网的信息内容更丰富，传输速度更快，检索更方便。在网上，你几乎可以找到你想要的任何信息。如果你关心时事，可以关注新闻网站的报道，了解新闻信息。如果你要搜索某一资料，只要在"百度"网页输入关键词，就能得到多种信息。如果你要了解某一学术领域的最新动态，只要点击期刊网，一切尽在你掌握之中。而一个人的道德水平的提高，必须以一定的理论修养为基础，我们不能说知识水平高的人道德水平一定高，但可以这么说，道德水平高的人，一般情况下知识水平也是高的。

人的思想品德是知、情、意几方面的有机统一体。其"知"是基础。思想道德教育的基本过程就是晓之以理，动之以情，导之以行。"晓之以理"，就是丰富人的

道德知识，提升人的道德认识，而道德认识则是道德情感、与道德行为的思想基础和内在动力。一个知识缺乏的人，即使有非常高的道德品质，那也是一种朴素的、原始状态的品质，缺乏理论的支撑，面对复杂局面时，往往容易迷失方向。

从德育主体方面来说，网络信息的丰富性和传输的高效性也有利于我们开展德育研究。思想品德教育是一门科学，有许多课题都需要研究，但任何研究都需要有充足的资料，而网络的存在大大方便了德育研究工作者的资料搜集工作。

2. 网络的交互性与互动性，导致老师引导学生，学生启发老师，学生成为思想政治教育教学活动的主动参与者

高校思想政治教育对象是学历层次较高并正在学习和掌握各种新知识的大学生，网络已与他们的学习和生活密切联系在一起。传统的、相对呆板的、说教式的教育方式在网络时代的教育效果非常有限，网络开阔了学生眼界，提高了学生欣赏和认知的层次和品位，这要求高校思想政治教育跟上时代的发展，更新工作方式。过去思想政治教师总是习惯单兵作战，在课堂上，一讲到底，教师扮演着"独角戏"的角色。本应畅通无阻的双车道却人为地堵塞了，造成"偏瘫"。网络时代可促进学生主动参与思想政治教育活动，教师要了解学生的学习动机，倾听学生学习要求，参与学生的活动过程，分享学生的学习，缩小师生之间的距离，促进彼此间的情感交流，建立相互信任的关系。在这种氛围中，教师不仅要向学生传播知识，而且要引导学生沿着正确的道路前进，启发激励学生自主发展，让学生学会学习、学会发展、学会创造，不知不觉中受到思想熏陶。

3. 网络有利于提高大学生的综合素质

互联网有利于提高大学生各方面的素质和能力。网络上的论坛、QQ群等，通过双向或者多向交流，大学生可以作为独立主体参与讨论，平等的交流使大学生可以接受来自多方的不同角度的建议。不受限制的访问自己感兴趣的站点，获取各种信息资源，发展自己的特长，完善了大学生的知识结构。博采众家之长，加以整合形成自己的观点，促进了学生的全面发展。同时，通过网络平台，又可以参与实践，大学生们的大胆尝试、不断开拓，不断创新，有利于学生创新精神的培养。

（二）网络对大学生思想政治教育的负面影响

1. 网络弱化了大学生的道德意识

我国现阶段的大学生一般具有较强的个性，渴望摆脱对他人的依附，迫切地要求表达自己的想法。互联网因为其隐蔽性，使得很多人发表言论时都不需要顾及道

德方面的约束，随意散播突破道德界限的言论。一方面，当大学生们接触到这些言论时，由于他们尚未形成稳定的价值观念，缺乏理性的判断能力，因而很容易被动接收外界信息，导致出现理想信念迷失、价值观混乱等问题，呈现出道德弱化现象。另一方面，我国校园的网络信息在某种程度上处于一种"时间、空间、资讯无屏障"状态，大学生在网络空间里的言行得不到规范，他们有时也会发布一些不实或过激的言论。因此，所引发的道德失范问题越来越严重，造成了青年学生道德责任意识薄弱的现象十分突出。

2. 网络信息来源复杂，直接冲击"三观"教育

帮助大学生树立正确的世界观、人生观和价值观（简称"三观"）是我们思想政治教育的首要任务，但互联网对我们的"三观"教育却造成了巨大的冲击。网络信息浩如烟海，由于网络的互动性、隐蔽性、快速性，使网络信息难以得到完全有效的控制和过滤，各种合法信息和非法信息，有益信息和有害信息混杂在一起，冲击大学生的思想。另一方面，大学生又恰恰处于好奇心强，求知欲旺，接受新事物快的成长阶段，世界观和人生观尚未完全定型，政治辨别力不强，极易受到"西化"的影响，受其蒙蔽甚至迷失方向。比如，一些非法网站散布的黄色信息对青年大学生十分有害，国际上的邪教组织也利用网络发送邪教宣传品，企图把高校作为他们散布歪理邪说的市场。

3. 网络对大学生人际交往的障碍

人际关系是一种建立在人与人之间沟通、交流上的社会关系。而过度沉迷于网络交往的大学生容易患上网络综合征，使其对网络产生依赖，缺乏恒心，产生惰性，引起情感自我的迷失，不喜欢与身边的人交往，不参加集体活动，并导致学业出现问题。网络对大学生人际交往的障碍主要表现在以下几个方面。首先是认知障碍。由于网上交往的种种优势，使得大学生对现实人际交往的意义认识不足，以为这种虚拟世界的交际活动就可以满足人际交往的种种需要。其次是个性障碍。大学生在网络交际中以虚假的身份扮演着不同角色，体验着多种角色的乐趣。但这种多角色的相互冲突，虚拟身份与真实身份的相互矛盾，极易使他们无法将网络中的虚拟形同现实中的真实自我统一起来。再次是语言障碍。一些沉迷于网上交际的大学生，往往因为疏于现实中人与人之间的交流，导致其现实人际交往的勇气与能力没有得到应有的锻炼与培养，他们在网上可以与网友侃侃而谈，而在现实交际中却不善言辞。

三、高校网络思想政治教育的本质与定位

（一）高校网络思想政治教育的本质

高校网络思想政治教育的本质是思想政治教育与网络相结合的一体化质变。从形式上看，网络思想政治教育是思想政治教育与网络的相结合，由此出发、由表及里、去粗取精，开展研究，才是科学揭示网络思想政治教育本质的科学方法。

高校网络思想政治教育本质的一体化质变机理。高校网络思想政治教育是思想政治教育与网络双方优势互补的一体化。即用网络"化"思想政治教育、用思想政治教育"化"网络，是彼此双方内在规律性相结合的统一体，而不是仅仅局限在网络的工具性层面加上思想政治教育内容，也不是处于显性德育地位的思想政治教育"高姿态""施教者"教条化内容的简单化上网。网络的技术性就是网络的工具性、网络的文化性就是网络的文化力。用网络的道德人文性"化"思想政治教育内容的道德人文性文化的缺失或不足，就使思想政治教育具有了更加丰满的道德人文性关怀，从而使思想政治教育的内容"有根""落地"而富有实效性，另一方面，用思想政治教育内容"化"网络的道德人文性，从而提升网络道德。

人文性的层次与水平，超越个体惠及群体以致人文社会，使网络人在道德人文性基础上不断提升其自身的思想政治性修养，并最终达到人们既有道德人文性意义，又有思想政治性的网络思想政治教育目标。一体化质变是网络思想政治教育的本质和最大优势。这种优势是作为单一形式的思想政治教育或网络自身都无法全面具有和达到的。在这里需要指出的是，有一个历史唯物主义的预设，即处于社会中的人的生存与发展，人的人文性是基础和起点、思想政治性是灵魂和高端。人的思想中没有人文性的思想政治性是"无源之水"，也不可能持久长效，人的实践中没有思想政治性的人文性就失去了灵魂而变得"碌碌无为"，人总是客观地在人文性与思想政治性相统一中存在和发展的。

高校网络思想政治教育本质地超越了思想政治教育或网络。

第一，在范围上，网络思想政治教育已突破思想政治教育的覆盖范围。一般而言，高校思想政治教育是面向本校学生的校内校本教育，"高等学校思想政治理论课是大学生思想政治教育的主渠道"，其内容包括校内党团系统的思想政治工作。高校与高校、高校与社会、高校与国际等彼此之间的思想政治教育在范围上则无法

覆盖。而网络思想政治教育则不同，它借助网络平台，走出校园、进入社会、通向国际，跨越了校界、社界与国界范围，在互联网构建的真实"虚拟世界中发挥思想政治教育功能"，不断开拓思想政治教育的校际社际国际话语权。

第二，在内容上，网络思想政治教育拓展和提升了思想政治教育。思想政治教育在本质和重心上是培养学生的思想政治性，而培养学生的人文性严重不足，与此相适应，在高校培养人才的教育实践中就过度扭曲了人文性教育与思想政治教育的辩证逻辑关系，以致思想政治教育"一枝独秀"、人文性教育"明日黄花"，进而造成教师教书与育人背离、学生做事与做人背道。这就是高校思想政治教育总是体现为实效性不强的根本原因所在。而网络思想政治教育则不同，利用网络优势，在内容上不仅包括了思想政治教育内容，也包括了人文性教育内容，并使二者直接或间接地技术化衔接起来，使学生在思想政治教育更广阔的文化视野上去接触、认知和消解。如高校的校园网络上载有校史校训校景或校友名人大师等人文性文化内容，甚至还包括高校所在地的地方特色等传统道德历史文化内容，这些人文性教育内容在单一的思想政治教育中是无法得到直接的大容量体现的，但在网络思想政治教育中就可以便捷地得到全面丰富优美的呈现，从而使网络思想政治教育在内容上拓展和提升了思想政治教育的容量和层次。

第三，在认识上，网络思想政治教育突破了网络的工具性认识递进到网络的本质。网络的工具性是网络存在的基本价值，也是认识网络本质的逻辑起点，但网络呈现为网络文化，就不是网络的工具性所能全面解释的。然而，网络的工具性并不是网络的本质，网络的文化性才是网络的本质，网络在本质上不是一种技术工具，而是一种文化现象，形成一种文化影响力，但这并不是说网络没有技术性、没有工具性。与网络思想政治教育相联系，人们也是从网络的技术性、工具性开始认识网络并逐步提升到网络的本质。网络思想政治工作"就是利用校园网络对学生开展思想政治工作"，"网络思想政治教育，是根据传播学和思想宣传的理论，利用计算机网络所进行的思想政治教育"。随着人们对网络的认识深化，逐步超越了网络工具性认识、深化到网络本质，"网络思想政治教育是指抓住网络本质，针对网络影响，利用网络有目的、有计划、有组织地对网民施加思想观念、政治观点、道德规范和信息素养教育方面的影响，使他们形成符合一定社会发展所需要的思想政治品德和信息素养的网上双向互动的虚拟实践活动"。但这种新认识，只是从网络本质方面透视网络思想政治教育的本质，缺失思想政治教育方面的本质揭示，即思想政治教育升华为网络思想政治教育的新本质属性。

无论是注重网络的工具性及深入网络的本质，还是从思想政治教育与网络工具性的简单叠加，都不能科学全面地揭示网络思想政治教育的本质。只有在马克思主义唯物辩证法与唯物史观方法论指导下，立足思想政治教育与网络相结合，探究二者内在交融优势互补并形成一体化新质变，才能比较科学全面地揭示网络思想政治教育的本质。科学认识和确立网络思想政治教育本质具有重要的方法论意义，即网络思想政治教育不是思想政治教育在网上的工具性、影响性"模板"再现，而是思想政治教育与网络的一体化质变，从而在实践上防止教条化、低俗化和形式主义，真正开辟高校网络思想政治教育更广阔的新天地与德育教育新方式。

（二）高校网络思想政治教育的定位

高校网络思想政治教育定位的理论依据。事物的本质是区分事物的根本标准，事物的本质特征是区分事物的基本标准，事物本质特征的具体表现形态所适应的范围构成事物的科学定位。对于德育，从理论上讲，任何德育总是表现出自身本质要求的德育特征，不同的德育特征又表现为不同的德育具体形态，这些各自不同的表现形态适应着自身要求的德育范围。从实践上看，由于德育的具体表现形态与适应范围不同，那么，它所对应的德育具有不同的德育特征与内在本质。因此，从理论上德育的本质、特征、形态的外移外显到实践上德育的形态、特征、本质的内移内涵实践认识规律看。德育特征担当着衡量德育适应范围、确立定位的基本标准。如高校显性德育或隐性德育，都是因为它们各自具有不同的德育特征所分别。思想政治教育属于显性德育，网络思想政治教育不仅在内容与范围上超越了思想政治教育显性德育，而且在教育过程与方式上更多呈现出高校隐性德育的特征，因而网络思想政治教育是高校隐性德育范围的定位。

高校显性德育与隐性德育。隐形德育是指高校有意识、有目标、有计划与直接的、外显的活动方式开展的学生思想政治教育，即传统思想政治教育。其过程是通过思想政治理论课校本课程教学为主体、学校党团系统组织思想政治活动为辅助来进行。其方式是将思想政治理论、思想道德标准直接呈现在学生面前，没有中间介质。其地位是在高校德育教育中发挥主导性、主阵地、主渠道作用。高校隐性德育则不同，其理论来源于国外隐性课程研究。早在 1968 年美国教育社会学家杰克逊 (P. W. Jackson) 首次在《班级生活》中提出"隐蔽课程"概念。1970 年美国学者 N.V. 奥漫勒又提出"隐性教育"，主张通过校园生活渗透德育教育。我国高校 20 世纪 80

年代开始注意隐性课程与隐性德育。高校隐性德育是指教育者按照社会德育目标，立足学生自身特点，有意识地利用高校内隐性的各种教学资源和地方特色文化资源，间接作用于学生，使其在"潜移默化"的状态下获得道德情感和道德意志经验的德育教育方式。

高校显性德育与隐性德育的不同特征。高校显性德育具有外显性、直接性、灌输性特征。外显性教育目标、教育内容、教育对象均是直观显露的。从目标到内容再到教育对象都是有目标、有组织、有计划，德育目标明确、德育内容清晰、教育对象确定；直接性教育过程是直接的、正面的。从确定德育内容入手，不设教育中介，将思想政治理论等直接呈现于学生面前；灌输性教育方式是追求"立竿见影"的效果。高校隐性德育具有隐蔽性、平等性、渗透性等特征。隐蔽性是指把教育目标隐藏在教育载体中，通过各种形式慢慢融入学生。平等性是指教育主体，与客体没有明确界限，人人都是教育者，人人都是受教育者，师生教育身份平等，学生自由选择接受或不接受。渗透性是指通过缓慢的、循序渐进的、潜移默化的过程，使学生在不知不觉中受到熏陶和感染。高校显性德育与隐性德育都有各自的优缺点，在相互联系中发挥着高校德育育人的教育功能。

网络思想政治教育属于高校隐性德育。网络思想政治教育在教育内容、教育过程和教育方式上，突破了思想政治教育隐性德育的边界，在总体上呈现出隐性德育的德育特征。在教育内容上，网络思想政治教育不仅保留了思想政治教育显性德育的精华，而且增添了隐性德育教育的内容（校园文化、历史文化和地方特色文化等）并使之构成一个比较直观的整体，从而使思想政治教育工作更加丰满和大众化、思想政治教育内容更加"有根"和通俗化，在多样化隐性德育教育，弘扬显性思想政治教育德育的主旋律；在教育过程中，网络思想政治教育突破了思想政治教育隐性德育人与人、面对面的教育形式，而是建立在网络隐蔽性技术支持上的人—机—人、背对背的网络教育形式。教育者与受教育者通过网络联系起来，显性德育条件下的教育主体与教育客体界限分明，逐步演化为隐性德育条件下的教育主体客体化与教育客体主体化的不断变换，即教育者同时又是受教育者，受教育者同时又是教育者。这种网络思想政治教育过程是思想政治教育显性德育达不到的，只有在网络隐性环境，才能实现；在教育方式上，网络思想政治教育突破了思想政治教育显性德育简单的"灌输"方式，而是通过网络连接的人—机—人隐蔽性空间的间接式教育方式，实现教育者与受教育者在网络"虚拟空间"上的平等对话与交流，网络连接的教育者和受教育者可以避免"灌输"必须接受的尴尬或抵触，而变得在道德人文性氛围中获得选择或放弃的自由权利，从而使思想政治教育显性德育的"灌输"方式顷刻间荡然无存。正是因为网络思想政治教育突破了思想政治教育显性德育的边界，拓展和深化了隐性思想政治教育德育的内容，最大限度地展现了高校隐性德育的优势，因此，网络思想政治教育是属于高校隐性德育的定位。

四、网络时代高校思想政治教育面临的机遇与挑战

（一）网络环境带给商校思想政治教育工作的新机遇

网络作为一种新的传播方式，是现代社会条件下认识世界、改造世界的新手段，是一种新的生产力。就教育层面上来讲，它以其独有的优势，为我们提供了一个新的育人环境、新的教育模式、新的工作手段和新的工作载体，为加强和改进高校思想政治教育工作带来了机遇。有些把网络与高校思想政治教育工作联姻起来的先行实践者，已初步尝到了这种新途径带来的甜头。

1. 促进高校学生思想观念的更新

网络文化在高校校园中广泛传播，受到广大学生的欢迎。网络文化具有开放性、多样性等特点，为不同文化的交流和传播提供了条件。网络信息更新快速，一方面为学生获取知识提供了便捷的渠道和平台，开阔了学生的眼界，丰富学生的思想。另一方面也有效地促进了学生思想观念的更新，培养了学生的创新能力。

2. 有利于加强高校思想政治教育工作的针对性

网络心理研究人员认为，由于网络的匿名性和隐藏性，使大多数人在网上流露出的思想往往是比较真实的。通过网络，能够真实地了解上网者的思想情绪和他们所关心的话题。青年大学生常进聊天室和上论坛发表见解的现象，就为想了解他们真实想法的人提供了线索。现代青年大学生由于学习竞争激烈，个性有时受到一些压抑，自己内心深处的牢骚和不满平时可能被积累起来，确实希望能有机会"偷得浮生半日闲"，使自己变成一个暂时的"自在之人"。然而，由于现实的种种原因，他们不能在现实生活中得到真正的放松，但在虚拟空间中，则可以尽情地宣泄自己的情感，表露出自己的本性和真实的想法。因此，教育者在此情况下，就可以通过网络进行深入研究，摸清青年大学生的思想症结，对症下药，做到有的放矢。

3.有利于丰富高校思想政治教育工作的资源

信息网络为学校思想政治教育工作的开展提供了一个全新的教育平台，只要拥有一台联网电脑，便可尽情地听、说、读、写、看。一方面，网络使教育者和被教育者均可根据自己的兴趣和需要有选择地尽情浏览，通过网络可以随时随地了解国内外一些近期发生的政治、经济、科技、教育、军事、文化、体育、娱乐等方面的信息。另一方面，教育者可以下载和引用网上的一些与所讲授内容相关的信息，使之更好地为教学服务。例如，如果教师想要收集最新的时事资料就可以求助相关网络信息。央视国际网站(http://www.cctv.com)的内容可谓"丰富""权威""鲜活"。教师可以撷取其"理""例""图"，有机渗透所要讲授的教案，有条件的地方还可以通过液晶投影仪有选择地将这些"理""例""图"在大屏幕上直接打出来，以增强教学内容的吸引力、说服力和感染力。

4.为高校政治思想教育工作提供更好的教学手段

网络技术的发展为高校学生思想政治教育方法和手段的创新提供了条件。传统的思想政治教育主要是通过课堂、谈话、讲座等方式进行。由于教育者拥有信息资源的有限性，以及受教育者接收信息的被动性，思想政治教育的成效受到很大限制。而网络有既能传播文字，又能传播声音和图像的优势，不仅为思想政治教育提供了声、像、文字相结合的教学课件来辅助教学，使教学手段直观化、形象化、现代化，增强了思想政治教育的感染力；而且网络信息容量大、速度快、覆盖范围广，可使思想政治教育内容在网络中进行全方位、多层次的传输，从而增强思想政治教育的快捷性和影响力。

5.有利于拓展高校思想政治教育工作的范围

在过去社会里，信息反映的是一定地域内人们的知识、情感、文化和社会制度，信息内容的这种地域特殊性在一定程度上是由于人们的沟通不便造成的。与之相适应的学校教育不仅具有相当的地域特殊性，还受到极强的时间限制。然而，在网络时代里，网络是开放的、自由的，它不但没有地域上的界限，也不再有时间上的限制，它打破了传统的教育时空的束缚。就高校思想政治教育工作来说，只要把它与互联网结合起来，设立自己的网站，开设自己的教育教学内容，就可以受到不同地域诸多学者的访问。交互式远程教育使得原来相对狭小的教育空间变成了全社会的开放性立体教育空间，点击便可以进入高校思想政治教育网站的自主学习方式，远比在教室里学习更受欢迎。

（二）网络给思想政治教育工作带来的挑战

1.互联网的极大开放性给思想政治教育内容带来了挑战

网络化的发展使高校思想政治教育的内容受到冲击。互联网的开放性使信息庞杂多样，既有进步、健康、有益的信息，也有低俗、迷信，甚至黄色、反动的内容。这些垃圾信息形成的负面影响极不利于青年学生的成长。西方国家在网络技术上拥有优势，造成了网络信息交流的不平等性，他们利用网络信息传递的隐蔽性，全天候地推销资本主义的价值标准，进行意识形态渗透；由于网络的分散性，使得部分居心叵测的人在网络上散布不负责任的言论，传播小道消息甚至煽风点火，兴风作浪，使部分人为其表面现象所迷惑；在我国，一些非法组织也学会了利用互联网发布信息，传达指令，兴风作浪。所以，网上信息庞杂，"淹没"了思想政治信息。网上"过载"的信息量极易分散学生的注意力，使得思想政治信息很难在学生头脑中积淀，这是网络给高校思想政治教育内容带来的挑战。

2.网络世界的虚拟性使得大学生有远离现实世界的倾向

由于部分大学生缺乏自制力，沉溺于网络，只愿意在网络上寻求虚拟完美的人生，而消极地对待甚至逃避有缺陷的现实世界，荒疏学业、远离集体，甚至患上"网络综合征""网络成瘾"。学生时代是人际交往能力和人际关系形成的重要时期，这样的消极影响则显得更为严重。

3.网络环境给高校思想政治教育工作者的素质和权威地位带来挑战

网络化的发展给教育者自身素质和权威地位带来了极大挑战。在传统模式中，教师处于信息和经验的优势地位，易树立权威，得到尊重。在网络时代，学生通过网络可以方便地查到各种信息。信息多向性为大学生提供了选择和比较的可能，学生自我教育的主动性加强。同时，部分教育工作者没有受过系统的计算机教育，加上英语水平不高，要想在网上获取更多有效信息比较困难。因而，教育者已经没有"先知先觉"的信息优势，甚至面临劣势的境地——面对共同的社会变化和大众传播，有时会出现教育者所接受的信息迟于或少于被教育者，常常出现这么一种情况，教育者讲授的内容学生早就知道，学生说出的新名词新鲜事教师闻所未闻。这不能不说是教育者的尴尬。教育对象、教育方法、教育环境和内容的变化，对教育者的素质提出了挑战，使其感到自身素质存在明显缺陷和不足，其权威地位也面临挑战。

第三节 高校思想政治教育的典型经验与启示

马克思主义大众化是高校思想政治教育的重要内容。2004年以来，全国各高校认真贯彻落实中发16号文件——《关于进一步加强和改进大学生思想政治教育的意见》精神，在多年工作实践与理论研究的基础上，创造性地提出和实践各具特色的大学生思想政治教育模式。既有针对整体的模式，也有涉及局部的模式，可谓百花盛开，争奇斗艳。这些模式所体现出来的亮点——框架的逻辑性、理念的先进性、内容的贴切性，反映了思想政治教育及学生工作的内在规律，体现了模式建构的实用性和可操作性。本书节选了几所高校颇有特色的思想政治教育模式，这些模式将会对全国高校推进马克思主义大众化具有启发和示范意义。

一、东北师范大学的"一本三向六段式"大学生思想政治教育模式

东北师范大学始终坚持"尊重为本、培养至上"的教育理念，积极探索将社会主义核心价值体系融入大学生思想政治教育全过程的新举措、新途径，构建形成"一本三向六段式"的大学生思想政治教育新模式。

把握根本，用社会主义核心价值体系引领大学生思想政治教育。学校坚持用社会主义核心价值体系引领学生的思想观念、价值取向和行为实践，面向全体学生开展系列主题思想政治教育。一是加强系统的马克思主义理论教育。坚持用中国特色社会主义理论体系武装大学生头脑，不断提高大学生运用马克思主义的立场、观点和方法分析问题和解决问题的能力，增强政治意识，树立正确的政治价值标准。二是加强理想信念教育和师魂教育。学校把大学生理想信念教育与职业理想教育相结合，以冯志远、陆家曦、马宪华、郭力华等一大批全国优秀教师、杰出校友为典范，通过组织事迹报告会等形式，引导大学生高度认同并自觉践行"充满爱、有本领、能吃苦、肯奉献"的东北师范大学师魂品质，把实现个人价值与实现社会理想结合起来，切实增强责任意识。三是加强爱国主义教育和创新精神教育。学校紧抓教育契机，以我国发生的重大、突出事件所形成的教育资源为生动教材，通过集体学习、主题讨论等多种教育形式，增强大学生的民族自尊心、自信心和自豪感，以及投身

改革开放和社会主义现代化建设的使命意识。如在四川汶川特大地震发生后，学校以"国魂、青春、使命"为主题面向全校大学生开展了灾后教育活动，收到了较好的教育效果。四是加强社会主义荣辱观和基本道德规范教育。在校内推广《健康文明生活方式公约》，开展"大学生文明修身月"活动；组织寝室文化建设评比活动，引导大学生自觉从小事做起，从自身做起，成为践行社会主义荣辱观的模范。

因"时"制宜，"三向六段式"实现循序渐进。学校在系统调研基础上，根据不同年级阶段的思想特点及成长成才规律，制订"三向六段式"教育规划，组织开展"导向、定向、去向"系列主题教育活动。即：以理想导向、职业定向、毕业去向为基本教育方向，把社会主义核心价值体系教育贯穿到大学生"三向"教育的各个方面、各个环节；以本科生在校学习的四年时间为基础，把一年级和四年级各分为两个教育阶段，与二三年级一起作为"六段式"教育的基本时段，根据不同时段大学生的思想特点及成长成才规律，采取不同的教育方式：第一阶段为适应式教育，第二阶段为疏导式教育，第三阶段为主体式教育，第四阶段为分流式教育，第五阶段为实践式教育，第六阶段为体验式教育。为了把分阶段教育落到实处，学校还探索实施了"年段工作组制"的教育管理模式，把辅导员按学生成长的六个规律性阶段分成六个工作组，根据每个年级段特点设计方案并开展工作。因"人"制宜，"成长的足迹"确保因材施教。为切实服务于大学生成长成才，及时了解各阶段思想政治教育的实际效果，学校要求每名大学生从入学起填写"成长的足迹"规划书，即时记录自己的思想动态，包括成长目标、成长规划、成长困惑、成长感言和成长大事记五方面内容；规划书上交后由辅导员和专业导师分别进行指导，在帮助学生解放思想、生活、学习等各方面困惑的同时，根据教育效果及时调整教育方案，增强思想政治教育的针对性和实效性。

此外，学校还构建了"三三制"大学生心理健康教育模式、"双线"资助模式和"就业指导、职业规划、创业援助"的就业指导模式等，将解决思想问题与解决实际问题相结合，收到了明显成效。

东北师范大学构建的"一本三向六段式"思想政治教育模式，具体说来，"一本"是指把握一个根本，即根据不同年级阶段的思想特点及成长成才规律，确定社会主义核心价值体系教育为根本。"三向"是指以理想导向、职业定向、毕业去向为基本教育方向，组织开展"导向、定向、去向"系列主题教育活动。"六段"是指在大学生成长成才成功的不同时段，采取不同的教育方式。因此，该模式体现了框架构建的内在逻辑性——主要从人的认知的规律性和需求的递进性来构建思想政治教育框架，以提高思想政治教育的科学性和实效性。

二、福州大学"梯链式教育模式"

"梯链式教育模式"以"安全感培育—素质拓展—价值提升—自我实现"为主链条，每一内容都贯穿大学四年生活，但在不同年级，侧重内容不一样。

（一）以安全感培育为基础，构建大学生的物质、环境、心理、认知安全感

英国哲学家霍布斯认为，人的安全乃是至高无上的法律。传统上，"安全教育"较多涉及对用电、用水、交通等外在安全隐患的规避，较少从学生的心理需要来构建"安全"概念。笔者认为，安全教育要以人为本，既要从外部环境的改善着手，更要关注人的内心体验。我们把这种内心安全体验称为"安全感"。安全感可细分为四种：经济安全感、环境安全感、人际安全感、求知安全感。经济安全感是第一位。要使学生思政工作真正做到在物质上帮助学生，在精神上鼓舞学生，在能力上锻炼学生。其次，大学新生对校园环境、周边生活环境具有陌生感，所以，构建学生的环境归属感非常重要。其三，交流群体的改变、交流范围的扩大，使得大学新生容易产生人际疏离，因此，对人际安全感的培育非常重要。其四，大学教育不同于中学教育，需要及时构建大学生求知的安全感，消除专业困惑，树立专业认同。

（二）以素质培养为重点，发展人的主体素质，完善人的个性品质，使大学生德才兼备

解决了内心安全感问题后，就面临着发展问题。素质培养关乎大学生成才目标的实现，关系到大学生成才的方向和质量，甚至影响到社会主义现代化建设的兴衰成败。要将素质培养与所学专业特点相结合、与现代社会的市场需求相结合。首先，就要结合所学专业特点，注重素质培养与科技、人文的结合，以提升大学生科技、人文素质。其次，要结合市场需求，注重素质培养与时代要求的结合，以增强大学生的实践能力。

（三）以价值提升为核心，解决个体与自身、个体与社会、个体与国家命运的价值认识问题

良好的价值观不仅影响大学生的行为及人生选择，更关系到国家和民族的未来

发展。良好的价值观是理想与现实的结合、物质与精神的兼顾、个人价值与社会价值的统一。培育良好价值观需要遵循这样的逻辑过程：先解决自身存在的价值问题，再做价值提升。首先，疏导个人情感，以解决个体对自我的认知问题。其次，培育社会情感，以强化个体对他人、社会的道德意识，对集体、社会的责任意识。要坚持以社会主义核心价值体系为标准，对大学生进行社会情感塑造，使大学生拥有关于规则、正义、善恶、良心、荣辱的判断和处理能力。最后，进行理想信念教育，提高政治素养，以增强大学生将个人理想与国家命运相结合的自觉性。"一个民族有一些关注天空的人，他们才有希望；一个民族只是关心脚下的事情，那是没有未来的。"温家宝同志曾引用黑格尔的这句话与当代中国年轻人共勉，强化他们对国家、民族的责任意识，而作为社会建设的主力军，大学生担当此任，责无旁贷。

（四）以自我实现为目标，强化大学生成才与良好的素质、正确的价值观、新的时代要求的"三结合"

大学生能否顺利实现自我，需要强化大学生成才与自身素质相结合，实现能力与职业相匹配；需要引导大学生将成才与正确价值观相结合，将个体发展与社会奉献相结合，将个人价值与社会价值良好统一；将成才与时代需要相结合，用大学生的前瞻意识、创新意识去创造财富，引领未来。梯链教育模式以"安全感培育—素质拓展—价值提升—自我实现"为主要内容，这一具有阶梯层次的链条既遵循大学生心理成长"从不适应到适应，从不成熟到成熟"的规律，又按照先解决基础问题，再解决发展问题的次序来开展，是对新形势下系统开展大学生思政工作的有益探索。

第二章 全媒体环境下的高校思政教育

第一节 全媒体环境下高校思政教育接受改革

全媒体时代的到来给高校思想政治教育工作带来了机遇和挑战，传统媒体和新兴媒体的融合发展、优势互补为高校思想政治教育接受效果的进一步提升开启了新的空间。在借助全媒体开展育人工作的过程中，全媒体融入大思政育人格局的顶层设计、接受主体的主观能动性、教育者的全媒体素养都将在直面挑战中得到提升，从而进一步改善思想政治教育接受效果。

伴随着信息社会不断发展，新兴媒体影响越来越大。新兴媒体和传统媒体的碰撞催生了全媒体时代的机遇和挑战。习近平总书记在中央政治局进行第十二次集体学习讲话中指出："推动媒体融合发展、建设全媒体就成为我们面临的一项紧迫课题。"新时代赋予高校思想政治教育新使命，全媒体背景下高校思想政治教育接受如何更好地提升效果，更好地服务于立德树人中心环节和培养德智体美劳全面发展的社会主义建设和接班人的根本任务，是高校思想政治教育工作者面临的新考验。

一、高校思想政治教育进入全媒体时代

（一）全媒体的含义

全媒体是"综合运用多种媒介表现形式，如运用文、图、声、光、电全方位、立体化地展示传播内容，同时通过文字、声像、网络、通信等传播手段来传输的一种新的传播形态"。

全媒体包含了传统媒体和新兴媒体，在全媒体时代，"传统媒体和新兴媒体不是取代关系，而是迭代关系；不是谁主谁次，而是此长彼长；不是谁强谁弱，而是

优势互补"。全媒体之"全"既表现在它将传统媒体和新兴媒体融合在一起，吸收了传统媒体运用权威性强、真实性高的优势和新兴媒体传播速度快、覆盖面广的优势，也表现在它是全程媒体、全息媒体、全员媒体、全效媒体之综合，其传播的信息可谓是无处不在、无所不及、无人不用。

（二）全媒体融入高校思想政治教育的必要性

目前，我国网民超过 8 亿，其中手机网民占比超过 98%，而大学生是其中的重要组成部分，大学生利用手机获取信息、发表观点更是极为普遍。这些爆炸式发布的信息良莠不齐、真假混杂，其鉴别和选择对价值观尚未成型、人生阅历尚浅的大学生来说本身就有一定难度，再加上西方一些国家别有用心地通过文化输出等方式宣扬他们那一套价值观，更容易造成大学生价值观的迷茫，进而影响党和国家培养社会主义建设和接班人的伟大事业。因此，在全媒体时代，持续运用传统媒体的育人优势，充分发掘新媒体的育人功能，主动占领全媒体舆论高地全面开展思想政治教育工作具有重要意义。习近平总书记在全国高校思想政治工作会议上指出："要运用新媒体新技术使工作活起来，推动思想政治工作传统优势同信息技术高度融合，增强时代感和吸引力。"就是要求思想政治教育工作者主动抓住全媒体时代的新课题，准确识变、善于应变、主动求变。

（三）全媒体融入高校思想政治教育的可行性

随着 5G、大数据、云计算、物联网、人工智能等技术不断发展，移动媒体进入了加速发展新阶段，这为全媒体助力思想政治教育接受奠定了技术支撑。此外，高校思想政治教育工作者的全媒体素养也在不断提升，除了本身就对全媒体技术有较好掌握的年轻教育者的加入，老一辈教育者也在年轻人的带动下，逐步适应全媒体时代的挑战，这是全媒体助力思想政治教育接受的人员基础。与此同时，全媒体融合发展受到了党中央的高度关心和支持，习近平总书记要求各级党委和政府从政策、资金、人才等方面加大支持力度，这是全媒体助力思想政治教育接受的组织保障。

二、全媒体对高校思想政治教育接受的影响

（一）增强思想政治教育吸引力

研究显示，视觉、听觉、触觉等多重感官的刺激更容易吸引人们的持续关注，

从而提升接受效果。传统的思想政治教育以课堂教学为主，教师讲课，学生听课，形式比较单一，对学生的吸引力有限，学生在课堂上睡觉、玩手机、聊天的情况时有发生，思想政治教育接受效果受到影响；随着全媒体的发展，不仅以思政课为主的第一课堂开始引入视频、音频等多种教学载体，包括校园文化活动、社会实践等在内的第二课堂也给了全媒体广阔的发挥空间，文字、声像、网络各显其能发挥育人载体功能，在很大程度上增强了对学生的吸引力，有利于思想政治教育接受效果的提升。

（二）提升思想政治教育亲和力

传统的思想政治教育以教育者为主体，以受教育者为客体，权威有余而亲和力不足。习近平总书记在全国高校思想政治工作会议上指出，要"提升思想政治教育亲和力和针对性，满足学生成长发展需求和期待"。全媒体的融入为提升思想政治教育亲和力带来了新的机遇。和传统的课堂教学中学生被动接受教育内容相比，全媒体时代的思想政治教育更有学校育人和学生自育相结合的味道。学生有更多的自主权，不仅体现在接受方式的多样化，也体现在学生可以通过刷弹幕、写留言等形式更多地参与育人过程。全媒体时代，多元的选择和较强的互动性都增加了思想政治教育的亲和力，有助于提升思想政治教育接受效果。

（三）加深思想政治教育感召力

传统思想政治教育对学生的影响主要通过教师、教材和考试，形式相对单一，存在学生上完课就把教材束之高阁，直到考前再临时突击应付考试的情况。而在全媒体时代，面对相同的教育主题，可以同时启用微信公众号、视频音频软件等全媒体资源，各类平台在统筹安排下各显其能，充分发挥自身优势，协作宣传、同向同行、形成合力。学生置身全方位的"育人磁场"受到熏陶，达到"随风潜入夜，润物细无声"的效果，提升了思想政治教育的感召力。全媒体的介入可以照顾到学生接受教育渠道偏好的差异性，当他们通过任意一种渠道接触到了某个兴趣点，再通过课堂上和老师的讨论对教育内容予以强化，这样的接受将更为深刻。

全媒体的介入增强了思想政治教育的吸引力、亲和力和感召力，提升了思想政治教育接受效果，总的来说符合党和国家对新时代高校思想政治教育工作的要求和期待。当然，全媒体本身还处于发展融合阶段，自身的不完善和它与高校思想政治教育融合度的不完备也在一定程度上给育人工作带来了挑战。

三、全媒体时代高校思想政治教育接受的挑战

（一）全媒体融合管理有待进一步提升

随着全媒体的发展，各高校其实不缺全媒体平台，缺的是对数量庞杂的平台的有效管理，以及传统媒体与新媒体之间的有机融合。从学校、院系，到班级、社团，都有诸如微信公众号这样的平台，很多平台并未上报登记，这就给内容审核造成了困难；此外，随着新媒体技术的发展，B站、M站等视频、音频播放平台也越来越多地受到大学生的欢迎，平台种类的多样化进一步增加了管理难度。除了平台数量繁多不易管理之外，新旧媒体的融合不足也是一个问题。传统媒体有着成熟的信息审核机制，其传播的内容一般来说总是能够符合主旋律、传播正能量的，但是存在传播渠道比较单一、传播速度较慢、对大学生吸引力欠缺的不足；与之相反，新媒体有着受众广、传播快的优势，但是由于其审核机制不够成熟，传播的内容有时缺乏准确性、权威性，甚至可能出现违背社会主义核心价值观的情况。传统媒体和新媒体融合不够紧密，就会影响思想政治教育合力的形成，给受众带来思想和行动上的困扰，进而影响思想政治教育接受效果。

（二）接受主体的主观能动性有待进一步激发

随着思想政治教育范式的转变，教育者和受教育者之间的关系由主客体关系向双主体关系转变。而在思想政治教育接受中，更是将受教育者置于主体的位置，要求充分尊重其主观能动性。目前，高校的思想政治教育工作在尊重学生主体性方面取得了很大进展，但还可以借助全媒体力量进一步完善。从思想政治教育内容来说，校报、校广播台等高校传统媒体作为意识形态宣传的主要阵地，较好地起到了唱响主旋律的作用，但是其内容有时和学生的日常生活、学生真正关心的热点、痛点有一定差距，缺乏亲和力和感召力；而新媒体平台所传播的内容则能够较快地捕捉到学生的关切问题，但是在主旋律、正能量引导上有疲软之势，在引导学生将个人理想融入国家发展方面还做得不够，无法较好地满足学生成长成才的要求。从思想政治教育形式来说，目前主要是通过教师引导、学生干部团队执行的形式利用全媒体平台开展工作，作为思想政治教育接受主体的广大学生参与的程度还是比较有限，如何更好地发挥学生干部团队的创造力、激发广大学生参与互动交流的热情，是下一阶段需要进一步思考的命题。

（三）教师全媒体素养有待进一步增强

思想政治教育工作队伍的全媒体素养虽说总体而言和过去相比有了进步，但还有继续提升的空间。有的教师满足于会用全媒体平台了解掌握学生的思想状况即可，缺乏利用全媒体技术主动影响学生的精神世界、开展思想政治教育工作的意识；有的教师有这样的意识，但是缺乏实操技能，工作效率较低，影响思想政治教育效果；有的教师还没有转变传统的思想政治教育观念，觉得守好课堂教学主渠道就够了，认为全媒体介入教育不过是锦上添花、可有可无，和思想政治教育范式转型的大趋势背道而行。凡此种种都是思想政治教育工作者全媒体素养需要进一步提升的表现，教育者如果不能把握全媒体时代的机遇和挑战，不能与时俱进地创新工作方式，就不能和朝气蓬勃、与时俱进的"95后""00后"大学生建立平等互动的关系，更无法高屋建瓴地为处于"拔节孕穗期"的学生"扣好第一粒扣子"，引导他们成为堪当民族复兴大任的时代新人。

三、全媒体时代高校思想政治教育接受的提升路径

（一）加强全媒体顶层设计，打造互融互通大思政格局

一是加强全媒体平台库建设。所有全媒体平台实行备案登记、成效追踪和统一管理，对发挥思想政治教育功能显著的平台予以奖励，对还在摸索阶段且有潜力的平台予以帮扶，对"僵尸平台"予以清退，对传播不实信息的平台予以警告，严重者可予以撤销。通过平台库的建设，将所有全媒体平台纳入有序管理，做到多而不杂、各美其美。二是加强全媒体融合发展，使传统媒体和新兴媒体优势互补、互融互通，形成思想政治教育合力，让党的声音传得更开、传得更广、传得更深入。三是建立全媒体"一把手"责任制，包保到人、守土尽责。全校层面的平台由校党委统一管理，院系及以下层面的平台由院系党委统一管理，同时充分运用好辅导员、学生骨干队伍，形成高效可靠的管理梯队。

（二）尊重接受主体主观能动性，引导学生在参与中成长成才

全媒体时代，要想思想政治教育接受效果好，必须充分尊重学生的主体性，发挥学生参与全媒体建设的主观能动性。就全媒体传播的内容而言，既要符合党和国家对青年学子的要求，又要满足学生自身成长的需要，要及时回应学生关心、困惑的问题，既解决实际问题又解决思想问题，更好地发挥强信心、暖人心、筑同心的

作用。就学生参与学校全媒体思政建设的形式而言，要充分调动学生群体对全媒体有热情、有技术、有创意的优势，打造好全媒体运营学生骨干团队；建立全媒体学习师生互助小组，教师引导学生更好地选取和理解全媒体平台上传播的思想政治教育内容，而学生可以帮助老师更好地掌握全媒体使用技能；通过问卷、评比等形式在更广泛的学生群体中搜集热点选题，增强学生的主人翁意识，形成全媒体建设人人有责的良好氛围，有助于高校思想政治教育和学生的"自我教育"相结合，有利于提升思想政治教育接受效果。

（三）加强教师全媒体素质培养，建设新时代能打胜仗的育人队伍

一是加强教师理想信念教育，增强其主动用好全媒体资源开展思想政治教育工作的担当意识。毛泽东同志曾说："思想这个阵地，你不占领，别人就会占领。"习近平总书记说："准确、权威的信息不及时传播，虚假、歪曲的信息就会搞乱人心；积极、正确的思想舆论不发展壮大，消极、错误的言论观点就会肆虐泛滥。"思想政治教育工作者应该有高度的危机意识和责任意识，警惕全媒体时代不良信息对学生思想的裹挟，利用全媒体平台主动出击、勇于作为，以新时代中国特色社会主义思想武装学生头脑，占领高校思想阵地。二是加强教师技能培训，增强其善于利用全媒体平台开展思想政治教育工作的能力和信心。建立市区校三级联动培训机制，鼓励教师修满一定课时的全媒体技能课程，边学习边实践，逐步适应信息化要求、强化互联网思维、提升全媒体实操技能。三是建立考核制度，把教师运用全媒体开展育人工作的成效纳入考核指标体系。为了推进高校思想政治教育由传统向现代转型，鼓励教师与时俱进地使用全媒体新技术开展工作，可实行课堂教学、传统媒介与网络新媒体的全方位考核，确保多条育人渠道同向同行、形成合力。

一代人有一代人的际遇，一代人有一代人的长征路。全媒体时代，高校思想政治教育工作者的使命就是通过不断地学习和实践，全面客观地看待全媒体带给育人工作的机遇和挑战，充分掌握全媒体运营规律、利用全媒体开展教育教学的规律、学生成长成才的规律，因事而化、因时而进、因势而新，推动思想政治工作传统优势同新技术高度融合，努力答好时代答卷，为培养堪当民族复兴大任的时代新人而不懈努力。

四、全媒体传播环境下高校思政教育工作的媒体建设

伴随着全媒体传播环境的形成与发展，媒体建设正在成为当下高校教育教学改革与思政教育深化进程中的重要组成部分，在高校大学生思政教育的教学活动、管理活动和服务项目中，媒体的参与日益频繁且深入。为了更好地推动高校思政教育的媒体化发展，也为了高校思政教育工作更好地适应全媒体传播的语境，高校及教师应当加快高校思政教育全媒体矩阵的建设，掌握高校思政教育在全媒体传播语境中的权威话语权，并借助全媒体传播的手段、渠道和平台，增强高校思政教育教学的影响力。具体来说，要想做好高校思政教育全媒体矩阵的建设，应当做好以下两方面的工作：

一方面，全媒体环境下的高校思政教育工作应当加快以高校为主体的思政教育传播平台的搭建，丰富高校思政教育工作开展的内容、方式、渠道和平台，拓宽思政教育教学的传播范围，增强思政教育教学的传播影响力，为高校思政教育工作的系统实施和规范开展奠定良好的媒体传播基础，让高校在全媒体传播语境下掌握主动权，积极主动地发出自己的声音。面对来势汹汹的全媒体时代，以及线上和线下各类信息及观点的相互碰撞和冲击，高校、教师和学生不应该就此沦为全媒体时代信息舆论的被动接收者，而应该以高校为主体，搭建属于高校思政教育工作本身的媒体传播平台，主动融入全媒体时代，发出高校思政教育工作自己的声音，掌握全媒体时代信息传播共享的主动权，树立高校思政教育的信息权威，为全媒体时代高校思政教育的健康长效开展打下坚实的基础。

另一方面，全媒体环境下的高校思政教育工作应当与其他媒介主体形成交流与合作，站在思政教育宣传与指导的角度，对全媒体渠道和平台中的各项信息进行整体的梳理、选择、传播和控制，让大学生得以在高校思政教育教学的正确引导下选择性地接受有效的媒体信息，减少全媒体传播在高校校内思政教育和文化建设中的负面影响，增强全媒体传播在高校校内思政教育和文化建设中的正面影响。

五、全媒体传播环境下高校思政教育的管理优化

相对传统的高校意识形态建设环境，全媒体环境下高校思政教育工作正变得越来越错综复杂，要想推进高校思政教育工作，高校需要在思政教育工作管理机制与

策略上进一步优化升级，采取多样化的管理手段，探索全媒体环境下思政教育工作开展的有效方法，切实提高高校思政教育工作开展的成效。

第一，全媒体传播环境下高校思政教育工作需要明确管理的目标、任务和关键点，面对海量的全媒体网络信息和错综复杂的思政教育工作，高校思政教育应当始终坚持高校思政教育工作的核心重点，引导学生树立正确的人生观、世界观、价值观，并在积极进取的社会主义意识形态建设中，正确看待新形势下国内外的发展格局，促进学生思想认识的有效提高。

第二，全媒体传播环境下高校思政教育工作需要引进创新性的教学手段与模式，包括网络媒体传播的手段和设备等，革新思政教育的内容，优化思政教育的形式，让思政教育更好地融入全媒体传播语境中，增强学生对高校思政教育的接受程度和理解程度。

第三，全媒体传播环境下高校思政教育工作应当切实促进高校思政教育教学队伍和管理队伍的媒介能力及媒介素养的培养与提升，让高校思政教育的教职工队伍更专业规范地推进思政教育的改革创新工作，提升全媒体环境下高校思政教育工作各措施的切实落地，全面保障高校思政教育管理的优化效果。

总而言之，在全媒体环境下，要想保证高校思政教育工作的顺利展开，要想应对全媒体环境下思政教育工作的诸多障碍与挑战，高校思政教育工作者需要准确把握思政教育宣传工作的正确方向，重新梳理和架构高校校内与校外的思想意识形态格局，借助全媒体传播渠道和平台深入学生的学习和生活，优化思政教育宣传工作的内容资源和方式方法，总结有效的思政教育经验，并协同发展思政教育一线教职工队伍的媒介素养和媒介能力，进而全方位保证高校思政教育教学与传播水平的快速提升。

六、全媒体传播环境下高校思政教育的学生主体性角色

在传统的高校思政教育工作中，思政教育教学的管理者和教学者往往有着绝对的权威，学生则是被动接受的角色，学生的参与热情不高，主动性和积极性逐渐减弱，高校思政教育工作的开展未能取得预期的效果。而在全媒体传播环境下，高校思政教育工作正在通过全媒体的手段、渠道和平台，积极转变教育管理者和学生之间的不平等关系，突出学生在高校思政教育工作中的主体性角色。不仅如此，全媒

体传播环境下，高校思政教育工作的开展正通过全媒体矩阵的搭建，深入渗透到学生的学习、生活和社会实践当中，全面了解学生的信息接收需求、习惯和特征，进而逐步推进思政教育工作的优化设计，切实促进了高校思政教育中师生的互动与交流，提高了高校思政教育工作的人性化特征和有效性结果。就全媒体传播环境下高校思政教育的学生主体性角色来说，高校及教师需要关注以下几点思政教育工作的挑战及应对措施：

第一，全媒体传播环境下学生的主体性角色被强化，学生的需求和感受有了更多的渠道，反馈到高校思政教育工作当中，对此，高校思政教育的教学者和工作者应当高度重视听取学生的心声，了解学生在思政教育教学活动中的需求和体验，切实优化高校思政教育工作的开展、管理和服务，让高校思政教育工作真正做到以学生为本，为学生服务。在传统的高校思政教育中，学生与教师的沟通渠道少，因为一些客观原因，学生不太愿意主动找老师进行倾诉，因此，很容易将自身的问题与疑惑闷在心里，任其发酵，最终导致有些思政教育方面的困惑和问题得不到及时解决，衍生出不好的结果。但是，在全媒体传播时代，学生和教师之间的沟通渠道变得开放、多元且具有一定的隐蔽性。具体来说，在全媒体网络的媒介传播中，学生可以采用匿名的方式与教师进行沟通，方便学生主动将自己的问题和感受真切地表达出来，让教师真正地走近学生，了解学生的真实状态，收集更真实化的思政教育反馈数据，进而有针对性地调整思政教育的教学内容和方式，以学生感兴趣、对学生有指导价值的教学方式和工作方式对学生产生积极有效的影响。

第二，在全媒体环境下，高校思政教育工作面临着外界诸多信息与思想观点的冲击，学生不再成为信息的被动接收者，相反，如果高校和教师未能就思政教育教学给出有效的和有用的信息，学生很可能会将目光转移到校外，接受校外的信息资讯，进而弱化高校思政教育的引导性作用。长期来看，这样的后果显然不利于高校思政教育工作的顺利开展。鉴于此，高校与教师应当加快构建师生的平等交互关系，以平等的互动交流方式开展思政教育教学的相关互动，提高思政教育教学内容与形式的专业性、丰富性和趣味性，主动吸引学生的关注与认同，进而切实增强思政教育教学工作对学生产生的影响。

综上所述，全媒体环境下高校思政教育工作的开展需要充分了解全媒体教育环境的特征与需求，以学生为本，重视学生在全媒体思政教育中的主体性地位，有规划地推进高校思政教育在媒体平台搭建、教育教学管理和学生服务等方面的工作，切实解决高校大学生思政教育工作中的新问题，提升高校大学生思政教育工作的媒介化水平、信息化水平和现代化水平，让高校思政教育工作的效率、质量和有效性得到显著增强，真正促进学生在思政教育方面的成长与发展。

第二节　全媒体环境下高校思政教育的四个维度改革

全媒体不断发展，出现了全程媒体、全息媒体、全员媒体、全效媒体，即"四全"媒体。全媒体时代高校思想政治教育工作创新发展要以"四全"媒体为依托，深刻把握以下四个维度：一是依托全程媒体，助力构建"大思政"教育格局；二是依托全息媒体，充分发挥思政课主渠道作用；三是依托全员媒体，扎实推进全员育人；四是依托全效媒体，构建高校思想政治教育传播矩阵。全媒体时代需要将"四全"媒体融入高校思想政治教育改革与创新之中，切实提升高校思想政治教育工作的针对性和实效性。

全媒体作为高校思想政治教育传播的重要载体，具有鲜明的时代特征，贯穿高校思想政治教育工作全过程，为思想政治教育的创新发展创造了重要条件。因此，高校思想政治教育工作要适应全媒体发展所带来的传播技术变革新环境，依托"四全"媒体，推进思想政治教育传统优势同信息技术高度融合，构建"大思政"教育格局，充分发挥思想政治理论课主渠道作用和师生主体作用，构建全方位的思想政治教育传播矩阵，切实增强高校思想政治教育工作的时代感和吸引力。

一、依托全程媒体，助力构建"大思政"教育格局

所谓全程媒体，指的是一个事件从开始到结束，媒体都对其进行跟进，使得事件的每一步进展消息都能即时向公众发布。习近平总书记在全国高校思想政治工作会议上强调，要坚持把立德树人作为中心环节，把思想政治工作贯穿教育教学全过程，要构建高校"大思政"工作机制。"大思政"的教育理念需要以全程媒体作为思想政治教育资源传播的主要技术载体，有效融合全程媒体的记录和传播功能与思想政治教育资源，发挥思政课的主渠道作用，深入挖掘课程思政、校园文化等隐性思想政治教育资源，以信息化形式将思想政治教育融入教学科研、校园文化、社会实践、学生工作之中，助力高校构建"大思政"教育格局。

（一）推进高校校园媒体融合发展

全媒体时代，媒体融合是大势所趋，构建"大思政"教育格局首先要推进校园传统媒体和新兴媒体融合发展。高校校园媒体是联系师生的纽带，是高校基层党组织做好宣传教育、舆论引导工作的主要媒介。推进高校校园媒体融合，高校党委要明确校园媒体融合的目标和要求，坚持一体化发展方向，推进校园传统媒体与新兴媒体从相加阶段迈向相融阶段。结合高校思想政治教育工作特点，运用互联网思维重新厘清校园媒体融合思路，形成科学、长效的校园媒体传播管理机制。确立"互联网+"思维，推进校园内各种教育资源的整合利用，促进教学育人、管理育人、服务育人、科研育人、实践育人，实现全员、全过程、全方位的舆论引导，构建"大思政"模式下协同联动的舆论引导机制。坚持党管媒体的原则，坚持管建同步、管建并举，把阵地和人员都管起来。无论是传统媒体还是新兴媒体，都要坚持一个标准、一体管理，借助全程媒体，营造良好舆论氛围，优化思想政治教育舆论环境，维护高校意识形态安全。要整合校园媒体平台和各类思想政治教育资源，进行统一管理。

第一，整合校园媒体平台。目前，高校各部门、各单位，甚至一些教师都有自己的媒体平台，如校园网、微博、公众号等，但由于力量分散，难以形成合力。因此，高校要以党委宣传部为核心，将校园网、校报、校园广播台、校园电视台、官方微博、微信、客户端等校级、院级及教师个人的媒体平台整合到一起，不仅可以发挥所有平台的教育导向作用，而且可以监督平台的有效运营，也便于学生获取信息，使学生的所有问题都能在这个平台上得到一站式解决。

第二，整合全媒体技术和思想政治教育人才资源。组织计算机和多媒体专业教师，网络信息部门、宣传部等技术人员，组成全媒体技术人才资源库；整合马克思主义学院专业教师、学生处、辅导员队伍等思想政治教育工作者，组成思想政治教育人才资源库。汇聚以上人才资源库的资源，利用全程媒体记录、存储和传播优势，充分发挥其覆盖面广、针对性强、信息获取便利的特点，打破时空的限制，使学校、家庭、社会的思想政治教育力量在全程媒体平台中得到有效整合，共同打造全媒体背景下的高校思想政治教育传播中心。

（二）坚持"内容为王"的原则

依托全程媒体构建"大思政"工作格局，主要是运用全程媒体的传播功能和技术手段，将思想政治教育的内容进行有效转化，提升思想政治教育工作的趣味性和感染力。由于全程媒体传播注重受众的参与性和交互性，发布者和受众之间的角色实际上是相互转换的，他们在同一个平台相互讨论、阐述观点、发表意见，受众更希望把有限的时间放在对自己有用的信息上，对阅读的内容和质量都有更高的要求。因此，"内容为王"在全程媒体传播中受到越来越多的重视。

第一，必须坚定正确的政治方向。高校的根本任务是立德树人，高校思想政治教育工作要贯彻党的教育方针，解决好培养什么人、怎样培养人、为谁培养人这个首要问题。因此，高校思想政治教育必须始终围绕马克思主义基本原理和中国特色社会主义理论，将马克思主义的立场、观点、方法和习近平新时代中国特色社会主义思想贯穿于教育教学全过程，针对青年学生的特点，对教育的内容进行深入解读和凝练，形成容易被学生接受的知识体系、内容形式和展示风格。同时，深入挖掘政治教育、思想教育、道德教育、心理教育等思想政治教育资源，融入中华优秀传统文化成果，深耕校园文化，形成内容丰富、形式多样的思想政治教育教学体系。依托全程媒体技术，转化思想政治教育资源内容供给形式，增加主题视频和实践课堂产出量，以寓教于乐的形式传递社会正能量，激励学生树立远大理想，勇担时代责任。

第二，思想政治工作要做到以理服人，内容上必须紧密联系大学生的思想实际。思想政治教育的对象是青年学生，他们在学习生活中的思想困惑是什么，理论期待是什么，这些问题都需要思想政治教育工作者深入思考。思想政治教育就是要解决好学生的思想问题，要解决好思想问题，就必须了解学生的思想实际，从他们关切的问题和生活中所遇到的困惑入手，对具有时代性和专业性的思想政治教育内容进行划分、整合，采用专题教学等方式开展有针对性的教育。同时，要加强教育引导，在教育过程中，议题设置后，如果没有深入地分析和解读，没有明确的观点引导，就可能使学生产生更大的困惑。因此，在教育教学过程中，要与学生做深入的情感交流和互动，调动起学生主动参与的积极性，让学生听得懂，听得进去。

二、依托全息媒体，充分发挥思政课主渠道作用

全息媒体包含两方面含义：一方面，当前的媒体信息已经突破传统的物理状态，所有信息的形成、传播、存储等均表现为数据流动；另一方面，全息媒体又表现为新技术的广泛应用，AR、VR、MR 等具有较强表现力的新兴技术手段在媒介产品

中应用广泛，从而加速了传统媒体与新兴媒体融合的趋势。习近平总书记强调，思政课是落实立德树人根本任务的关键课程，全面贯彻党的教育方针，就要充分发挥好思政课主渠道作用。全媒体时代高校思政课以文本语言为主的单一教育模式受到了极大挑战，随着全息媒体技术的快速发展，高校思政课教学模式的改革创新迫在眉睫。因此，高校思政课既要因势而谋，又要因势而动，运用全息媒体技术推进教学模式改革、课程内容革新与学习方式变革，增强思政课话语体系的解释能力和转换能力，让思政课既有润物无声的效果，也有惊涛拍岸的声势，以信息技术为助手，创设学生真心喜欢、终身受益的思政课。

找准全息媒体技术体验性与传统思政课堂的契合点。全息媒体为传统的思政课堂提供强大的超时空、跨终端、互动性和体验性等技术支撑，突破了传统教育方式的时空限制。比如，利用 AR、VR 开展场景式教学，让学生有身临其境的体验感。5G 技术正在走进我们的生活当中，其作为基础通信技术，将为全息媒体的发展提供更高的网速，使受制于网速限制的直播、AR、VR 等媒体形式大放异彩。全息媒体技术带来的不是单向式的传达而是交互式的传播，通过立体化、多方位、多渠道的展示，内容更生动、更形象、更直观，在给学生带来强烈的视觉和听觉冲击的同时，更能激发学生的参与性和互动性，有助于思政课教师把具有明显时代特征和深刻内涵的思想政治教育内容、观点借助一些鲜活元素表达出来，赋予思政课新意与活力、情感与温度，达到促进互动、建构共识、引起共鸣的"融入式"教学效果。如北京理工大学已经建成"重走长征路""青年马克思演说""人类命运共同体"三个虚拟仿真 VR 思政课堂。运用全息媒体把思政课变成舞台剧。国内首部以思政课为主题的大型原创励志音乐剧《追梦·青春》在人民大会堂公演，辽宁省各高校师生通过网络媒体观看了整个剧目的直播，深受感染。《追梦·青春》以大学思政课社会实践为情节线索，以展现青春理想为主题，通过四个故事展现工匠精神、延安精神、塞罕坝精神、"两弹一星"精神，完成了一场有感染力又有引导作用的思想政治教育。参与创作与演出的有近千名师生，从创作、排练到演出通过网站、视频、微博等媒体进行传播和宣传，这本身就是一堂生动的思政课。

找准全息媒体技术与思政教师队伍建设的契合点。习近平总书记强调，办好思政课关键在教师，关键在发挥教师的积极性、主动性、创造性。全息媒体环境下，思政教师作为思政课的教育主体，要适应信息技术的发展变化给思政课教学模式带来的影响与挑战，并以积极的心态学习和掌握全媒体技术，主动融入网络世界，了解网络文化，以及学生所处的网络环境、网络舆情的特征和潜在的网络风险等，从而开展更具针对性的思想政治教育教学活动。思政教师要提升掌握和运用全息媒体技术的能力。高校既要做好顶层设计，又要抓好基层建设，组织思政教师开展全媒体和信息化专业培训，在政策上和硬件设备上给予大力支持。积极组织思政教师开展以"微课""慕课"等形式为代表的网络思政课堂教学，促进"线上""线下"融合，实现"线上"观看教学视频、扩充课堂知识，"线下"细致讲解与充分互动、研讨相结合。着力打造一批名师在线课程，拓展网络思政课教学渠道、影响力和覆盖面，推动学生从被灌输到主动学习的转变。通过移动通信和数字媒体形成以"弹幕""点赞"等为代表的新型网络话语，实现全员同步互动，让思政课堂"活起来"，有效激发学生的学习热情，拉近师生距离，达到引导学生主动学习思想政治教育知识体系、掌握马克思主义科学理论内在逻辑的目的。

三、依托全员媒体，扎实推进全员育人

所谓全员媒体，是从传播范围角度来说的，指的是发挥全社会力量参与，同时积极发动内部全员参与。具体说来，在当前先进的媒介技术生态环境下，每个人都有麦克风，每个人都可以是自媒体。尤其需要说明的是，用户在新闻选择中占据着越来越大的主动权，这就要求媒体既要利用众包的力量，积极动员更多的用户为媒体做贡献，同时又要积极发动内部员工实现全员参与传播。全媒体时代的思想政治教育工作，教育者和教育对象都可以自主获取大量思想政治教育资源，通过快捷分享和点评、交流，分享彼此的经验、观点，表达个人的想法，打破了传统教育模式中灌输和说理教育的弊端。这就意味着高校的每一位教师和学生都可能成为思想政治教育的主体，通过网络、微博、微信、自媒体等媒介弘扬中华优秀传统文化、传递社会正能量。在全员媒体环境下，着力提升思想政治教育工作质量，扎实推进全员育人，要充分发挥专业教师、辅导员和学生干部、学生党员的主体作用。

充分发挥专业教师和辅导员等思想政治教育工作队伍的主体作用。要打造一批具有全媒体素养的高校思想政治教育工作队伍。全员媒体要求教育者首先要适应全媒体的环境变化，主动接触和学习，逐步掌握全媒体平台的运用技巧和传播特点。一要抓专业教师队伍建设。专业教师要结合专业课特点将其与思想政治教育内容有效融合，将习近平新时代中国特色社会主义思想和社会主义核心价值观教育融入日

常教学中，强化自身在课上和课下积极开展"课程思政"的意识，提升熟练运用全媒体开展丰富多彩的思想政治教育活动的能力。二要抓辅导员队伍建设。辅导员始终工作在高校思想政治教育工作的第一线，与学生接触最为密切，他们时刻关注着每一位学生的思想动态，对学生最了解也最熟悉。其工作是否到位，直接影响学生的成长和发展。而学生的全媒体"圈子"往往带有隐匿性，存在的问题往往容易被忽视。因此，辅导员要熟悉运用全媒体开展工作的方式方法，主动融入学生的全媒体"圈子"中，准确把握学生在网络世界的精神状态和思想动向，平等与学生开展对话，充分尊重学生，对发现的问题及时采取措施，对学生进行正确的教育引导，同时也起到监督管理的作用。

充分发挥学生干部和学生党员的主体作用。高校学生干部和学生党员与普通学生共同生活、学习，熟悉身边学生平时的思想状况和精神状态，同时，作为各项活动的积极参与者，学生干部和学生党员也是对普通学生影响最大的群体之一。因此，发挥全员媒体的育人作用，离不开学生干部和学生党员。

第一，加强对学生干部和学生党员政治素养和价值观的培养。切实提升他们的道德品质和内在涵养，使其发挥示范引领作用。学校及各学院要定期组织学生干部和学生党员开展提升党性修养、增强服务意识、树立社会主义核心价值观等学习教育及志愿服务、社会实践等活动，使学生干部和学生党员不断提升自身的思想政治水平，培养良好的道德情操，充分发挥自身在年级、班级、社团、寝室、网络中的"朋辈优势"。

第二，加强对学生干部和学生党员的媒介素养教育。媒介素养教育就是培养学生对各种媒介信息的解读、批判能力，以及在个人生活、学习中正确使用媒介信息的能力的过程。媒介素养是大学生认识媒体、理解媒体、运用媒体能力的体现，也是大学生形成良好的网络行为习惯的重要组成部分。大学生的媒介素养是衡量高校思想政治教育效果重要指标之一。加强学生干部和学生党员媒介素养教育应做到如下几点：一是要将媒介素养教育和网络行为规范融入日常教育教学中。增强学生干部和学生党员的网络分辨能力，强化其政治意识和法律意识，使其能够正确对待网络舆情，不妄加评论，不煽风点火，真正认识到网络并非法外之地，同样要受到法律约束。二是引导学生干部和学生党员关注主流媒体。主流媒体承担着重要的宣传任务，其覆盖面广、品牌性强、影响力大。要以学生干部和学生党员为主体，加强对主流媒体内容的宣传和舆论引导，不断扩大主流媒体的受众范围。如通过关注"学习强国"、《人民日报》、新华社、中央电视台、《求是》杂志等代表党和国家喉舌的主流媒体，让学生干部和学生党员养成了解国内国际时事政治和党的方针政策的习惯，主动接受先进人物的先进事迹熏陶，在网络中正确发声，传递社会正能量，从而达到自我教育、自我提升的目的。

四、依托全效媒体，构建高校思想政治教育传播矩阵

全效媒体的内涵如下：一是媒体实现"功能转型"，具有信息传播、社交服务、金融理财、娱乐休闲等功能，"媒体服务"的内涵与外延得到巨大扩展；二是媒体的"传播效果"成为一个综合指数，既包含经济效益又包含社会效益，既注重用户服务又体现思想价值引领，媒体"传播效果"进入追求全面效果的新时代。全媒体时代信息传播不断呈分众化发展趋势，用户画像越来越清晰，场景匹配越来越精准。受众的差异化需求也可以利用大数据进行全面掌控。全效媒体使思想政治教育的传播更趋精准化，受众群体更清晰，反馈更迅速，师生互动更频繁。同时，利用大数据的系统分析功能，使思想政治教育评价模式更加科学化、人性化。

（一）加强思想政治教育平台和阵地建设

高校思想政治教育工作一贯强调阵地意识和平台建设，全效媒体不断发展为思政课教学平台建设带来了新的变革，网络和移动端的思想政治教育阵地建设也进入一个崭新时代。

第一，建设思政课教学新平台和立体化传播矩阵。近年来，以全媒体发展为契机，各高校积极探索思政课教学平台建设，打造出一批内容鲜活、资源丰富、形式多样的教育教学平台和特色教学模式。依托全效媒体可以有效推进各高校思想政治教育资源信息共建共享，发挥全效媒体的技术优势和高校思政课教育教学的人才优势和资源优势，建设一个具有综合性功能的思想政治理论教学平台。例如，由北京市委教育工委、市教委支持成立的北京高校思想政治理论课高精尖创新中心，通过建设马克思主义理论研究和文献支撑平台、思想政治理论课教学资源共享平台、思想政治理论课数字化教学平台、高校思想政治教育质量评估平台和大学生思想动态调查分析平台，为高校思政课教育教学提供全方位、立体化服务。通过凝聚国内外马克思主义理论学科顶尖学者，培养优秀的学生和优质的师资，发挥汇聚和培养马克思主义理论研究和教学人才的集装箱和孵化器的功能。

第二，在网络端和移动端共同打造具有广泛影响力的立体化思想政治教育传播矩阵。全效媒体使信息传播更加精准化，高校党建网站和思想政治教育工作平台作为高校宣传党的方针政策、高校党建动态和社会主义核心价值观的主要媒介，要以主流媒体为导向，结合高校党建和思想政治教育工作实际，与时俱进，发挥高校媒体的教育引领作用，坚持社会主义办学方向。要积极建设移动端思想政治教育阵地，以"两微一端"为代表的移动媒体平台已经成为现代青年学生获取信息的主要渠道，做好大学生思想政治工作，高校要适应移动信息发展的新环境，主动占领移动思想政治教育阵地，将丰富的思想政治教育资源通过移动端媒体进行分众传播，做到精准施教。

（二）改革思政课教育评价体系

大数据的分析与挖掘功能及云计算、人工智能等技术，通过对海量信息进行收集分析，可以实现教育精准化，了解学生对思想政治教育内容和传播形式的接受程度，利用全效媒体的数据分析功能对思想政治教育的实际效果进行动态监测和客观评价，进一步优化思想政治教育评价体系和评价模式，提高思政育人的科学性。

第一，以全效媒体为手段，建立思想政治教育常态化评价体系。高校思想政治教育是一个常态化、系统化的教育过程，坚持常态化评价是促进思想政治教育效果提升的重要一环。因此，需要构建合理的评价方案和评价模型，利用大数据、智慧校园、思想政治教育平台等，建设以学生个体和思想状况为因变量、以思想政治教育过程要素为自变量的评价模型，挖掘出对思想政治教育真正产生影响的、潜在的、尚未开发的相关因素指标，进一步优化现行的监测与评价指标体系，科学探寻数据背后的影响因素与作用效果。

第二，坚持以人为本的原则，优化思想政治教育评价模式。全效媒体下的思想政治教育评价方法不仅需要技术进行量化评价，还需要对思想政治教育主客体进行情感评价；既要对教育政策、教育内容、教育模式、教育环境、教育载体等进行研究，又要对主客体的行为特点进行纵向和横向比较分析。建立思想政治教育主客体意见反馈体系，最大限度地将思想政治教育的内容通过全效媒体终端呈现出来，通过思想政治教育工作平台进行教育教学实时记录与统计，通过大数据进行定量分析，对标找差，优化内容输送模式。同时，以人文关怀和人的因素作为评价的逻辑起点，关注和维护师生群体的切身利益、真实需求，尊重思想政治教育客体特征与个体感受，融入思想政治教育主体的情感评价，凸显"人情味"，真正发挥思政育人的提升效应和集聚效应。

第三节 全媒体时代思政课翻转课堂教学改革

随着信息网络技术和新媒体技术的快速发展，高校思政课的教学模式由过去传统的教学模式逐渐发展成现在的翻转课堂教学模式。教学载体可借力多种新兴技术手段和互动平台，将之运用到高校思想政治教育中来，增强高校思想政治教育实效性和获得感。

2019 年 1 月 25 日，中央政治局就全媒体时代和媒体融合发展举行第十二次集体学习，习近平总书记在主持学习时强调指出："全媒体不断发展，出现了全程媒体、全息媒体、全员媒体、全效媒体，信息无处不在、无所不及、无人不用，导致舆论生态、媒体格局、传播方式的深刻变化。"在全媒体时代背景下，借助新媒体技术的教学模式有着更多的优势。例如，可以借助新媒体使书本上的内容更加形象，借助新媒体软件还可以提高教学效率等。在思政课的教学过程中，新媒体技术的应用经历了一系列的转变，最终形成了现在的翻转课堂教学模式，在思政课堂上得到了普遍推广。

习近平总书记在全国高校思想政治工作会议中指出："要运用新媒体新技术使工作活起来，推动思想政治工作传统优势同信息技术高度融合，增强时代感和吸引力。"全媒体的内涵随着时代的发展不断变化，现在的新媒体有着更多的种类和优势，如微博、QQ、微信、VR 技术、App、微课、微电影、抖音、快手视频，以及一些新闻网站、社交网站等。其中，移动传媒日益成为主流传播方式，人人皆能成为传播主体。因此，思政理论课要着眼构建以移动传播为重点、以分众传播为关键、以优质产品为核心的全媒体思政教育新体系。极大地丰富开展思想政治工作手段，创新思政教育教学模式，实现思想政治教育路径的拓展、创新和优化。

一、翻转课堂教学模式

在传统的教学模式当中，教师主要在课堂中传授知识，并在课后布置一定量的作业，让同学们对学习到的知识进行巩固和实践。而翻转课堂的教学模式则恰恰颠倒了这一过程，在课程开始之前，教师将课程内容讲解的视频上传到网络上，然后由同学们在课前自行学习，记录在学习过程中遇到的问题，在上课过程中同学们可以彼此探讨自主学习中的困惑，也可以通过老师来解决疑问，这样在课堂之上教师的主要工作不再是循规蹈矩的进行知识传授，而是针对学生在学习中遇到的疑问及学生的学习程度来进行讲解，同时教师还可以在学生理解的基础上加以深入地分析、总结和归纳。

从翻转课堂的教学模式中可以看出，教师已经不再占据课堂中的主导地位，学生逐渐成为课堂的主导者。教师不再按照课本循规蹈矩进行知识的讲解，而是在学生自学的基础之上解决学生的疑问、加深学生的理解程度，过去以传授知识为主的课堂转变成为现在以答疑解惑为主的课堂。从翻转课堂模式的实践经验来看，相比过去的传统教学模式，翻转课堂的教学模式主要有以下三个优点。

第一，学习时间更加自由，可以根据自己的实际需求自主调整学习的内容和频率，充分提高学生学习时间的利用效率。

第二，教师的教学内容更加具有针对性，学生可以在课堂中根据自己的疑问与教师进行讨论，从而加深对知识的理解，增强课堂中教师的教学效果。

第三，在翻转课堂的教学模式下，教师可以更加简便的检测学生的学习程度，并有针对性地进行知识复习，弥补学生在学习过程中有所疏漏的地方。另外，在现代全媒体背景下的翻转课堂教学模式则更加多样，教师可以将自己的教学视频上传到微信群等教学平台，并布置作业或者答疑解惑。

二、全媒体时代下的思政课翻转课堂教学模式

（一）全媒体时代下的翻转课堂教学模式的应用价值

在全媒体背景下的翻转课堂模式极大地改变了教师们过去的教学理念，是现代教育理念探索创新的成果。翻转课堂的教学模式最早由美国的一名高校教师提出并进行实行，后来因其优秀的教学效果逐渐在教育领域内部推广开来。翻转课堂的教学模式改变了过去教学的流程，学生们在课前学习教师上传到网络上的教学视频和资料，从自己的角度理解知识并提出问题，在课堂当中同学之间、师生之间探讨彼此的问题，进行思维的碰撞，从而加深对知识的理解。在现在新媒体技术高度发达的条件下，翻转课堂的教学模式的学习环境更加良好，教师可以通过多样的新媒体平台和软件丰富自己的课前教学内容，学生可以在慕课等新媒体教学平台上直接学习教师上传的教学视频，阅读教师推荐的学习资料，还可以在平台的讨论区提出自

己的疑问和其他同学进行讨论。新媒体平台还可以借助网络，实现课堂上无法实现的效果，并突破线下课堂的时间限制，充分提高教学质量。根据翻转课堂模式在高校思政课的实践效果来看，这种新型的教学模式极大地提高了学生们学习的主动性，并且使得学生的学习内容不再局限于课本，更加符合现代的时政特点。在一定程度上改变了教师和学生之间的关系，学生开始占据课堂中的主导地位，教师更多的则成为学生学习的引导者。教师不再一味地传授自己的观点，而是引导学生对知识产生自己的理解，引导学生主动思考。这恰恰符合了高校思政课的教学要求，改变了传统教学模式的弊端。现在，我国很多高校的思政课都开始采用翻转课堂的教学模式，从其应用过程来看，也的确取得了良好的教学效果。

（二）全媒体时代下的思政课翻转课堂教学模式

建立在新媒体基础上的思政课翻转课堂教学模式也更加多样起来，在思政课翻转课堂教学中借助不同的新媒体平台可以实现不同的教学效果。针对高校思政课中具体的课程，翻转课堂在实际应用过程中也应该根据实际情况做出一些调整，使用更加合适的新媒体平台和教学方法。下面主要介绍了我国高校思政课在应用翻转课堂模式中几种不同的教学模式，它们分别是基于不同的新媒体平台具体的思政课程。

1. 基于社交平台与校园网的思政课翻转课堂教学模式

在这种教学模式下使用的新媒体主要是社交平台和高校校园网，高校思政课的教师可以通过校园网将课前学习的教学视频和资料上传到学校内部的教学平台上。教师可以通过 QQ 群、微信群等方式建立起和学生们交流沟通的渠道，并可以以此来提前收集学生们在自主学习过程中产生的疑问，从而在备课时做好准备，以便在课堂上给予学生更加充分的解答，提高课堂的教学效果。思政课教师还可以在学校内部的教学平台上根据最新的时政热点结合教学内容进行分析，以此来引发同学们对时政热点的讨论，在这个过程中既增强了学生对于国家时政的关心程度，也加强了学生对于教学内容的理解程度。另外，微博作为在学生群体中非常受欢迎的一个社交平台，其传递的信息种类多样，可以有文字、图片和视频等，其时效性也非常强，经常引发人们对社会热点问题的大范围讨论，对学生的影响力也很强。因此，在基于社交平台的翻转课堂的教学模式中一些高校教师也在逐渐尝试使用微博和同学们进行沟通并开展视频教学，还建立自己的微话题用来讨论时政热点。

2. 基于慕课的思政课翻转课堂教学模式

在慕课这种教学模式中，思政课教师们将慕课作为学生们进行课前学习与讨论的平台。在这个平台中拥有大量国内外名校教师上传的教学视频，其包含的课程非常全面，而且几乎全部免费开放给学生学习。借助慕课这一新媒体网络学习平台来进行高校思政课的反转课堂教学有非常大的优势，教师可以在慕课上建立自己的课程，然后上传相应的教学视频，布置课程作业和检测，还可以便捷收集学生在学习中的疑问。学生在慕课上进行课前学习时，不仅可以学习教师的教学课程，还可以借助慕课丰富的资源来学习其他高校的思政教学内容，综合起来加深自己对知识的理解。基于此，高校思政课教师应该更加深入地开发慕课平台在翻转课堂教学中的应用价值，高校也应该提倡老师制作精良的慕课教学视频，丰富慕课学习平台的资源。

3. 基于思政不同课程的思政课翻转课堂教学模式

思政课作为高校的公共基础课，包括《毛泽东思想与中国特色社会主义理论体系概论》《中国近代史纲要》《马克思主义基本原理概论》《形式与政策》等等，这些课程的学习内容和教学特点都有着不小的区别，所以，在翻转课堂的实际应用过程中也应该根据具体课程的实际特点加以调整。例如，在《毛泽东思想与中国特色社会主义理论体系概论》课程中，课程中需要学习的内容对于大多数学生而言都比较艰涩难懂，学生在学习过程中缺乏足够的动力，针对这种情况，在翻转课堂中，应该使用相应的 App 平台，这种 App 除了可以上传教师的教学视频，还可以在课堂中和学生进行互动，增强学习的趣味性。在《中国近代史纲要》课程中，鉴于该课程的课时比较短，而且课程中需要记忆大量的历史性事件，教师在进行翻转课堂教学时可以将"叙述性微课"这一概念引入教学中，通过借助相应的视频来增强课程内容的故事性和趣味性，从而便于学生记忆。在《形式与政策》课程中，课程内容大部分是对现在国家政策和时事热点的分析，因此在翻转课堂教学中可以使用微博这一热点汇聚的软件，借助微博的影响充分激发学生对于时政热点的关注和讨论，促使学生主动思考和分析，从而提高教学效果。

以 App 平台为载体，用"教师评价＋线上线下教师培训"实现教师发展，用海量的资源＋平台＋服务，全面支撑思政课教学改革。包括精品视频案例，突出"全、精、新、活"四大特点；时事热点跟踪；精品思政课件；思政讲座直播；图书音像和备课资源库；自建校本优质思政资源库；产学研合作，共建共享优质教学资源。最后，简要介绍"超星学习通"的主要功能：课前利用海量资源备课、发布调查问卷、发放资料供学生预习、发送课堂学习任务通知、设计课堂教学活动；课中通过App 高效签到、发送测验快速了解学情、发布抢答题、组织课堂讨论、课内资料分享；

课后进行线下讨论交流、发放课后作业，并批改、分享资料延伸阅读、直播互动远程答疑、调整教学方案、组织管理线下活动、数据统计反馈。通过"超星学习通"，可以组织课堂签到、问题抢答、课堂投票、课堂测验、多屏互动、随机选人、资料共享、课堂报告、大数据分析、电子教案、教学评价等，从而激活思政课堂，让思政课动起来、活起来、火起来，成为教师喜爱、学生受用、学了管用的思政课。目前，"超星学习通"已经服务于全国100余所高校的思政课教学改革，正在向全国大部分高校推广使用。

4. 基于"App+VR"平台载体的思政课翻转课堂教学模式

VR 是 Virtual Reality 的缩写，VR 可翻译为虚拟现实，是一种计算机仿真系统，可以用来创建并且体验虚拟世界。"用户可以在不同地区通过计算机和电子装置获得足够的显示感觉和交互，似身临其境并可介入对现场的遥控操作。"

在思政课反转课堂教学模式中使用 VR 技术，可以将一些学生难以理解的一些历史事件，变成虚拟现实的场景让学生沉浸其中，也可以将一些抽象的概念通过一些具体的虚拟故事场景解释出来，从而提高学生的理解程度。最后，老师的课前教学视频也可以制作成 VR 的形式，给学生以身临其境的教学效果。例如，在"中国近现代史纲要"课上，为了让学生深刻体会红军爬雪山、过草地的艰辛不易，可以采用让学生戴 VR 眼镜进入长征情境来了解长征的情境，白雪皑皑的草地上，陡峭的悬崖山路上，跟随红军战士的脚步，体验长征艰难路程，书本上的文字变得鲜活起来。

2019 年是中华人民共和国成立 70 周年，在思政课教学实践中，可以将 VR 精品课件"辉煌七十载，共筑中国梦"给学生观看，带领学生在课堂上身临其境地感受这些年来祖国在经济、社会、教育、科技等多个领域日新月异的发展变化，让思政课呈现更多的"打开方式"，提升学生在思政课上的获得感，

总而言之，思政课教师应该将翻转课堂这一教学模式和新媒体结合起来，顺应全媒体传播时代变革，优化思政课教育资源配置，充分发挥两者的教学价值，结合不同课程的实际特点来选择合适的新媒体平台提高教学质量。

第四节　全媒体环境下高校思政教育实效性改革

全媒体时代背景下，高校思政教育工作既面临挑战，也迎来机遇。对此，以深入剖析上海教育系统的有关做法为切入点，以着力构建"学生——学校——政府"递进式互动传播模式为出发点，通过全媒体时代下加强高校思政教育关键路径和重点策略的研究分析，努力为新时代加强高校思政教育提供兼具理论性和实践性的借鉴参考。

近年来，全媒体快速发展，导致国内舆论生态、媒体格局、传播方式发生深刻变化，使得包括高校学生在内的广大受众在心理、需求、地位等方面发生转变，传统教育引导方式受到严峻挑战。2016 年，习近平总书记在全国高校思想政治工作会议上强调，做好高校思政工作要"因事而化、因时而进、因势而新"，要"沿用好办法、改进老办法、探索新办法"。在新时期、新形势的格局下，在新任务、新目标的背景下，全媒体时代应运而生，不容忽视。"全媒体"是指"综合运用多种媒介表现形式，如文、图、声、光、电，来全方位、立体化展示传播内容，同时，通过文字、声像、网络、通信等传播手段来传输的一种新的传播形态"。对此，要客观分析全媒体时代高校思想政治教育面临的难点，引导学生更加准确地通过高速发展的新兴媒介在潜移默化中实现自觉参与、自我教育、自我提高，积极探索提升高校思政教育实效性的新路径、好办法。

一、全媒体时代提升高校思政教育实效性面临的现实挑战

传播渠道由"单核"到"多元"，教育引导的权威性被弱化。传统媒体时代，信息传播主要通过统一渠道的"单核"输出，自上而下抵达包括学生在内的广大受众，信息的接收者和教育的服务对象都处于"被动"接受的地位，心理上被感化、需求上强导入、地位上处末端，这种"单一来源"的信息传播模式与传统教育方法模式一致，往往能得到比较好的教育传播效果。然而，面对全媒体时代自由而广泛的信息输出渠道，学生作为受众群体心理上更自信、需求上易满足、地位上更平等，以"自媒体"为代表的个体话语权不断增强，海量多元的信息内容鱼龙混杂、泥沙俱下。同时，这些片面或者错误的信息往往更具隐蔽性和诱惑性，传播主旋律、弘

扬正能量的传统话语体系的权威性不断弱化，心智尚未完全成熟、甄别能力还不强的学生群体受不良信息的诱惑，思想遭到侵蚀，轻则价值观扭曲，重则走极端。

内容呈现由"系统"到"碎片"，内容供给的逻辑性被淡化。传统媒体时代，信息输出的主要形式呈现系统化、集成化，有统筹、有步骤、有计划的内容输出可以在润物无声中有效引导学生循序渐进地学会理性分析、深度思考，久而久之，更有可能形成正确、健康、积极的思维习惯和行为逻辑，达到良好的"育人"效果。全媒体时代，包括时间、空间和内容等三方面信息碎片化无差别呈现。这种状况虽然在一定程度上可以拓宽学生的知识面，但由于这些信息往往缺乏系统性和逻辑性，充斥着各类情绪化的表达，长此以往，会对学生的阅读习惯造成不良影响。学生依赖于信息到达效率最高的网络，思维习惯、情感深度和历史认知趋向浅层，通过网络上大量出现的迎合他们需求的"短平快"的视频、音频、图片和短文信息，获得视觉快感和内心愉悦，不再追求深层思考，会逐渐导致学生注意力难以集中、思考力不断下降等一系列不良后果，并可能陷入兴趣广泛与爱好不多并存，情绪激动与情感冷漠同在，思维灵活与固执己见并行的窘境。

意见表达由"实体"到"虚拟"，实践检验的规范性被虚化。传统媒体时代，包括学生在内的受众意见表达的渠道非常有限，报纸、电视等传统主流媒体发表言论的容量不大，"实名留痕"的要求也让发言者必须承担自己言论带来的后果和影响。随着全媒体时代的来临，学生在虚拟空间获得了最大限度地自由，他们可以毫无顾忌地输出自我意志和发表个人观点，不再受到来自教师、家长和社会的过多限制。同时，这种表达大多不需要承担任何责任，更加激发了他们在虚拟世界中表达自我的积极性。但是，正因为缺乏必要的引导和规范，越来越多的大学生沉迷从自媒体获得的短暂的快感和虚拟的成就感，不自觉地屏蔽了他们认为"无趣"的说教内容，忽视了作为"社会主义建设者和接班人"理应在社会建设发展中承担的责任，责任意识逐渐淡薄、规则意识逐渐丧失、自律意识逐渐淡漠，甚至对主流的价值趋向产生逆反心理，成为立德树人工作入脑入耳入心的阻碍。

二、全媒体时代加强高校思政教育实效性的关键路径

近年来，面对现实挑战，各地教育系统积极响应中央号召，把握机遇、主动作为，努力提升思政教育的质量与水平。在此过程中，如何在思政教育传播的创造性转化、

创新性发展上充分发挥学生、学校的主体作用是重中之重。对此，我们应当着力构建"学生——学校——政府"递进式互动传播模式，以"自转"带动"公转"，以"公转"服务"自转"，切实把高校思想政治工作传统优势与互联网传播技术深入融合起来，在网内网外同心圆的协同联动下实现全媒体时代高校思想政治教育的新发展新提升。

搭建学校展示平台，激发"自转"活力，丰富育人维度。注重师生参与，升华文化自信，丰富增强思想政治教育底气的维度，触动心灵深处的情感，才更容易实现教育与人的同频共振。我们要遵循网络传播转化规律，积极以做强高校自媒体平台来做活思政教育工作。比如，2019年5月，上海推出"我和我的祖国"主题快闪活动，组织上海各大高校以本校微信公众号为平台开展网络拉歌接力，以快闪视频的形式庆祝中华人民共和国成立70周年。在复旦大学与上海交通大学的"网络拉歌"活动中，复旦学子唱响《复旦校歌》《青春无悔》和《歌唱祖国》，分别献给迎来114岁校庆的复旦，每一名志存高远的年轻人，以及伟大的祖国母亲；上海交通大学师生则选择了《我和我的祖国》和《上海交通大学校歌》，礼赞祖国，表白上海。两校知名教授、教师代表及年轻学子在快闪视频中相继现身，伴随着经典歌曲，充分展现两校深厚底蕴和青年学子蓬勃向上的精神面貌，巩固树立文化自信，激发爱国热情。

协同社会主流媒体，提升"公转"引力，拓展育人广度。如果说，学生和学校的积极互动形成了第一层"自转与公转"的良好传播效果，那么，尝试与具备强权威、高速度、广覆盖的社会主流媒体合作，就是高校间协同参与共同围绕思政教育"大中心""公转"的一个有力尝试。比如，2018年9月，上海市教卫工作党委协同上海人民广播电台与上海30所高校合作，推出系列短音频《一句·上海高校校训的故事》。以校训为入口，挖掘凝练在各高校校训背后的来历掌故、建校故事、知名校友事迹等，既充满历史厚重感，又生动活泼，具有很强的可听性。上海交通大学篇中提道："在云南大理，年过花甲的孔海南教授，用13年坚守洗净了洱海256平方公里湖水；在大洋深处，凝聚着上海交大智慧的无人探测器，不断突破极限，探寻未知的海底世界。"短短几句话，便勾勒出一代代上海交大人践行"饮水思源爱国荣校"校训的生动形象，引导大学生对正能量的感悟和追求。

联动线下现场活动，凝聚"品牌"合力，探索育人深度。整合一切可以整合的资源和力量进行聚焦育人，这是全媒体时代加强高校思想政治教育的新动力，也是切实实现"开门办思政"的有效途径。比如，近年来，上海以校际联动、区校联动、校社联动、校企联动等"四个联动"为抓手，实施"百千万工程"，着力形成上海思政育人的品牌亮点。为庆祝中华人民共和国成立70周年，上海推出了"给'00后'讲讲共和国"演讲展示活动，广泛开展大学生思政教育。该活动以"我和我的祖国"为主题，邀请高校领导、知名教授、杰出校友、优秀学生等，结合自身专业特长、教育教学经历、学习生活阅历，通过主题演讲、沙龙讲座、党团活动等方式，将共和国历史和成就与高校思政教育相结合，让学生懂中国、爱中国。同时，为进一步做精内容、做大影响，上海市教卫工作党委、市教委还于2019年9月举办了"我和我的祖国——上海市教育系统庆祝中华人民共和国成立70周年主题活动《给'00后'讲讲共和国》特别节目"。特别节目邀请了中共一大会址纪念馆副馆长徐明、上海对外经贸大学教授刘光溪、著名小提琴演奏家俞丽拿、国产大飞机C919首飞机长蔡俊，以及东华大学党委常委、副校长陈南梁等嘉宾现场演讲。面对来自上海交通大学、东华大学、上海音乐学院等院校的1000多名学生代表，嘉宾们结合自身奋斗历程，回顾中华人民共和国成立70周年来的辉煌成就，帮助学生正确认识肩负的时代责任和历史使命。

三、全媒体时代加强高校思政教育实效性的重点策略

全媒体时代高校思政教育要不断深入，不断提高工作质量，尊重学生的主体地位，在搭建协同平台、加强传播转化、培育特色品牌上下功夫，形成全员全过程全方位育人格局，切实提高工作亲和力和针对性，引导学生在参与中易接受、有获得。

着力激发学生能量，提升思政教育参与性和获得感。能否调动人的积极性，是思想政治教育取得成效的关键环节，通过内容视角、情感共鸣等多种方式把这种能量真正激发出来，才能取得事半功倍的效果。一方面，在内容视角上既要在宏观层面树立和坚持正确的历史观、民族观、国家观、文化观，又要在微观层面遵循学生成长和发展的规律，满足学生的需求和期待。如《一句·上海高校校训的故事》中校训虽然只有几个字，却承载着一所高校几代人的共同记忆，蕴含着深厚的精神内涵，选题角度符合在校师生乃至毕业校友的内心精神诉求。另一方面，在情感表达上要"从群众中来，到群众中去"，充分发挥学生的主观能动性，让学生从旁观者变成参与者、推动者、传播者。如在"我和我的祖国"主题快闪活动中，各高校学

生展现了极大的自主性和积极性，或是积极参与拍摄，或是参与后期制作，或是自发浏览、转发，学生纷纷表示，"自己的内容、自己的平台、自己的创意，第一次发现我确实可以为祖国做点事儿，真切地感受到什么是我和我的祖国"。只有内容与精神同频共振，传统广播与新兴媒体相得益彰，才能够极大丰富上海高校思政教育的内容和形式，提升传播效果，有力助推在全社会形成良好的育人氛围。

大力创新传播形式，提升思政教育针对性和亲和力。思政教育要赢得学生认可、取得良好效果，形式与方法的适用性、创造性同样需要高度重视。一是要在传播广度上下功夫，广泛应用多种平台全方位推广内容，扩大覆盖面和影响力，有效抵御不良信息。如《一句·上海高校校训的故事》除在广播高峰时段播出外，还在新媒体平台阿基米德 App 上线，"上海教育"官方微信同步转载；《给'00后'讲讲共和国》特别节目通过看看"新闻 knees""话匣子 FM""阿基米德 FM""腾讯·大申网""腾讯教育平台"等新媒体进行了同步直播，总浏览量近百万，打造形成思政立体化教育格局。二是要在传播深度上下功夫，专注应用有效平台精准化推广内容，提高内容与形式的契合度，推进落细落小落实。如自媒体传播与"快闪拉歌"这一表现形式属性契合，贴近当代年轻受众信息接收习惯。复旦大学传媒与舆情调查中心公布的数据显示，上海高校官方微信 2019 年 5 月，十大高阅读量文章中，"我和我的祖国"主题快闪系列占据了四席，可见这一传播形式为学生们所喜闻乐见，有效拉近了学生与思政教育之间的距离，达到了"润物细无声"的思政教育效果。

不断丰富成果转化，提升思政教育生动性和影响力。兴趣是最好的老师，也是思想政治教育的重要关注点，学生在哪里，我们的工作就要做到哪里，就要把引导放在哪里，就要把教育放在哪里，而教育要抵达学生内心，更要创新表现形式，符合学生的接受需求。在全媒体时代背景下，更要做精线下，做活线上。此外，除了成果形式"单边"转化，还要进一步探索成果内容"多边"转化，延续品牌效应，形成育人啮合齿轮。我国将于 2020 年全面建成小康社会，届时上海将推出"给'00后'讲讲小康社会"系列活动，在各学校开展各具特色的主题思政教育活动，打造"给'00后'讲讲 +"经典思政教育品牌，才能更好地强化资源共享、责任共担、人才共育。

综上，全媒体时代提升高校思想政治教育实效性并非一日之功，更不是千篇一律，要着眼于通俗易懂、表现力增强、覆盖广泛，要因时因势形成思政育人资源"中央厨房"，更要因校因人不断提高思政育人科学化、规范化、制度化水平，才能有效发挥"公转"与"自转"相契合的齿轮效应，汇聚正能量、振奋精气神。

四、全媒体时代高校思想政治工作创新探讨

全媒体时代背景下，高校思想政治工作以更为丰富的教育资源作为根本，对师生的精神生活产生了很大影响，如何以全媒体背景作为基础，深化改革传统高校的思政工作模式是我们当前需要积极分析的问题。下文重点分析了全媒体时代下高校思政工作的创新路径，希望本研究内容可供思政工作者参考。

以数字化技术作为基础的新媒体带动了社交网站、微博、移动客户端的广泛应用，新媒体迅速发展是大众在信息获取和互动上的方式在不断发生变化，这种情况的持续发展对大众的思维形式和行为模式产生一定影响，基于此，想要实现高校思政教育工作目标，作为思政工作者需要积极创新工作模式，促进思政教育内容丰富发展，为高校思想政治工作模式改革提供更大可能性。

整合思政教育资源。

第一，整合师生力量。师生力量的整合不是对二者的机械累加，而是实现思政教育在二者之间的有效渗透，具体来说，就是发挥教师对学生教育和指导作用。思想性和学术性方面的培训由学校党委宣传部门和思想政治理论教学部门共同负责，信息技术服务和管理中心肩负起技术培训任务。

第二，整合传统媒体和新媒体资源。传统媒体资源应用过程中应该积极借鉴现代媒体技术优势，如讲座，传统的思政教育资源传播方式受空间和时间局限比较大，因此受众有局限性；新媒体技术可以实现网络在线思政教育，以文字、图片和视频方式组合资源，突破时空局限，受众能够更为广泛的接受德育。

第三，管理资源整合。全媒体现代高校思政工作中还没有被管理者和广大教师熟悉，因此在管理环节上相对薄弱，整合管理资源力量，利于使全媒体的优势得到全面发挥。比如，学校安保部门可以负责处理大学生投诉的全媒体不良信息，鉴定后存在危害性的信息要上报主管部门。

推进思想政治教育队伍建设。高校思政教育工作开展过程必然需要教育人员队伍作为支撑，因此，当前基于全媒体形式建立新型的高校思政教育工作团队是非常重要的，尤其是互联网时代发展进程中，高校思政教育工作者需要掌握理论知识以外的更多管理方法和技能，具备创新工作意识，以高水平的工作能力完成思政工作任务。高校在组建高素质思政教育人员队伍的过程中，要积极完善学校的招聘、管

理、培训工作制度，提升思政教育工作岗位的聘用门槛，最大限度地避免思想政治工作岗位出现任人唯亲和随意选派的现象，提升高校思政教育工作人员队伍的专业水平。此外，加大人员培训力度，促进理论学习和实践参与的有机结合，将学术交流、研讨会及座谈会等多种培训形式结合起来，引导高校思政教育工作者全面了解思政工作前沿理论，全面提升自我专业素养和管理能力，发展创新意识，成为高等教育事业的服务者和支持者。

创新高校思政教育工作方法。首先，高校思政工作方法要切合实际。结合大学生的就业、情感等在高等教育进程中常见的问题，选择合适的思政教育方式参与实践工作，以全媒体发展背景作为基础，结合大学生的实际需求，给他们的就业提供有价值的指导和帮助。其次，思政工作方法要具有人性化特征。作为思政教育工作者，应该耐心关注学生的实际需求，积极采纳学生给出的意见和建议，平等对待每一位学生，给学生提供耐心的指导，不能以自己的主观意愿强加给学生，让学生在思政教育活动参与过程中处于被动地位。最后，促进高校思政教育方法多样化发展。立足现代移动终端设备，高校思政教育工作方法需要实现转变。以多样化的社会实践活动引导大学生发展优秀的意志品质，提升社会适应能力，锻炼学生的团队意识和吃苦耐劳的能力，引导大学生由被动接受教育转变为自我约束和评价、提升。

创新思政工作评价机制。目前，很多高校思政工作评价机制存在不完善的实际问题，这使得高校思政教育工作面临难以突破的现实困境，为了有效解决这一问题，建立健全高校思政工作评价机制是我们当前的重要工作。首先，促进自我评价和相互评价的有机结合。互评模式突破了传统评价机制"一次性评价"的局限性，形成了互动性反馈评价模式。而全媒体发展形势给互评机制应用提供了更大可能性，教师对学生实施直接评价并且学生可以得到反馈；另一方面，学生之间进行互评。将自我评价和互评方式结合起来，教师可以明确自身的组织思政工作的水平，学生可以清楚知道自己在思政学习中的具体水平。其次，线上评价与线下评价相结合。传统的高校思政教育评价模式以线下调查问卷的形式开展，比较耗时耗力，结果分析工作量比较大。而全媒体给我们提供了新的工作思路，展开线上评价能够突破以往线下评价方式的局限性，将线上和线下评价方式有机结合起来。

第一，线上评价，针对调查对象能够不受时间和地点局限，统计数据结果以统计学方式展开分析，获得分析结果的过程被简化了，省去很多人力和物力。

第二，线上评价方式体现了对学生主体性关注，利于调动学生参与调查的积极性和主动性。将线上和线下两种方式有机结合起来，可以帮助优化高校思政工作评价效果。

全媒体时代背景下，高校思政工作开展面临新挑战和新契机，结合媒体技术优势我们尝试立足高校思政工作目标落实需求，创新工作模式，同时也要接受来自媒体浪潮下的多元化的思想、意识影响，转变传统高校思政教育的劣势，全面优化思政工作方法，体现全媒体时代高校思政工作的创新性。本节尝试以全媒体时代作为背景，分析高校思政工作开展的创新路径，希望本研究观点可供参考。

改革开放以来，历史虚无主义、普世价值和新自由主义等社会思潮对青年大学生的思想行为产生了巨大负面影响。特别是随着全媒体时代的来临，社会思潮的传播呈现出传播内容多元化、传播方式立体化、传播范围全球化等新特征，对大学生的思想道德建设和世界观、人生观、价值观的形成造成巨大冲击，给高校思想政治教育工作带来了新挑战。应对全媒体时代社会思潮的不良影响，必须大力夯实思想政治理论课的主渠道作用，适时打造全媒体思想政治教育平台，不断加强高校意识形态队伍建设，推动社会主义核心价值观对社会思潮的引领作用。

习近平总书记指出，做好高校思想政治工作必须关注全媒体时代所引发的多元社会思潮及传播。全媒体是指融合文字、图像、语音、动画和视频等多媒体介质的综合传播形态，具有广角度覆盖、全时空渗透、精准化推送、多终端传输等突出特征，它颠覆了传统意义上点对点式的信息传播模式，能够在极短时间内形成舆论风暴，使得社会思潮传播影响呈现新特征新动向。大学生作为全媒体的主要受众群体，其价值观极易被社会思潮所裹挟，社会思潮对大学生思想道德的影响已远超历史任何时期，这给高校思想政治教育工作提出了新的时代命题。

五、当代主要负面社会思潮的源起、谱系及实质

虽然，目前学术界尚未对"社会思潮"定义形成统一意见，但综合各家观点来看，指的就是在特定时期内或环境中，能够体现某一特定阶级阶层利益诉求和群体心理，在一定社会群体内广为传播，并能够对社会生活产生重要影响的集体意识。由此可见，社会思潮属于社会意识形态的范畴，并且具有鲜明的阶级性、排他性、指向性和暂时性。当前，我国社会中比较有影响力的负面社会思潮大多是伴随改革开放的大门敞开而涌入，它们的立场、观点、特征和诉求不尽相同，但带来的消极影响和

负面作用却是相同的，其中，对大学生思想道德影响最大的是历史虚无主义、普世价值和新自由主义等。

（一）历史虚无主义思潮的发展、特征及实质

历史虚无主义是以西方虚无主义文化为理论内核，进而逐步演变为一种具有现实性和影响力的社会思潮。它自近代以来才传入中国，随着社会变革历经多次跌宕起伏，对中国社会政治文化产生了十分消极的负面影响。特别值得警惕的是，改革开放以来历史虚无主义思潮在我国沉渣泛起、卷土重来，借助全球化浪潮和互联网迅猛发展的势头愈演愈烈、持续增强，其打着"反思历史""还原历史""重评历史"的旗号，妄评影视历史剧、讨论教科书、议论历史人物和历史事件等，以期达到贬损否定中国革命、否定五四运动、否定社会主义改造、否定马克思主义指导、否定中国共产党领导的邪恶用心。事实已经充分证明，历史虚无主义思潮的实质就是"消解主流意识形态""搞乱人们思想""从根本上动摇社会主义中国的立国之本和强国之路"。

（二）普世价值思潮的发展、特征及实质

普世价值的概念诞生于 20 世纪 90 年代初，自提出之时就带着明确的政治意识形态属性，并逐渐成为西方国家标榜民主、自由和人权的前台道具。普世价值思潮在我国的传播先后经历了 90 年代初学术讨论、2005 年境内外敌对势力和自由派知识分子攻击我国的社会主义民主政治建设、2008 年某些媒体借汶川地震话题引发社会争论三个阶段。综合前期已有研究来看，普世价值思潮的实质就是西方输出价值观、推行霸权主义和强权政治的幌子，也是颠覆我国社会主义政治制度的思想武器，它对涉世未深、价值观尚未固化的大学生而言具有极强的迷惑性，意图实现淡化马克思主义信仰、消解社会责任感、颠倒迷惑价值取向等目的。它已经成为"西方进行意识形态渗透的主要方式，也是我们坚持中国特色社会主义、深入改革开放所必须克服的重大干扰"。

（三）新自由主义思潮的发展、特征及实质

新自由主义起源于 20 世纪 30 年代、兴起于 70 年代以后，在改革开放后逐渐传入我国，它是由众多的理论学派和学说主张构成的一个理论群体，其观点主要集中表现为"否定公有制，鼓吹私有制""否定国家干预，鼓吹自由化""否定社会主义，鼓吹全球资本主义化"等三个方面。自 20 世纪 80 年代起，随着公派留学和出

国访问的不断增多、西方论文著作的大量翻译出版，新自由主义思想在国内渐成气候。特别是 21 世纪以来，新自由主义思潮更是渗透到我国社会生活的各方面，甚至在部分高校和研究机构俘获一大批"拥趸"，严重冲击了社会主义核心价值观的主流意识形态，误导改革开放政策的走向，对我国的经济基础造成负面影响。新自由主义思潮的实质就是西方资本主义国家为实现由国家垄断向国际垄断而进行的意识形态传输，其深刻反映并体现着西方自由主义思想文化传统和资本主义的当代意识形态。

六、全媒体语境下社会思潮的传播特点

全媒体以其信息传播的双向互动性、传播瞬时性、载体多元性等特征，对社会思潮传播的助推作用是传统媒体无法比拟的，甚至在很大程度上改变了社会思潮传播的速度、广度和深度，双向搅动了现实生活舆论场和虚拟网络舆论场，在传播内容、传播方式和传播时效等方面具有鲜明特征。

（一）社会思潮传播内容日趋多元化

全媒体充分融合吸收了人际传播、大众传播和网络传播的优势，通过电脑、手机、电视和传统媒介等多类终端为用户提供信息服务，内容来源十分广泛，极大增强了传播内容的信息载荷。全媒体语境下，社会思潮在话语表达上实现了由政治性、抽象性到去政治性、通俗性的语态转向，许多社会思潮观点潜藏在段子语言、数据量表、视频短片等载体上，以"披露真相""史实爆料""解密档案""发掘花边新闻"等为噱头，最大限度地吸引社会大众的眼球和关注度，不断增强社会思潮传播内容的吸引力。另外，社会思潮的传播内容不再聚焦理论和说教，而是往往聚焦百姓收入、房价、教育、医疗等现实社会热点问题，并力图从不同视角对这些问题的成因、发展和解决"兜售"自己的观点，进而实现输出价值观的目的。

（二）社会思潮传播方式呈现立体化

全媒体的信息传播模式，是集影、音、图、文等多种媒介为一体，具有集成、兼容、立体的传播特性，它深刻地改变着社会思潮传播逻辑和人们信息接收格局。社会思潮传播逐渐趋向时代化、大众化和立体化，彻底改变传统意义上"权威发声""我说你听"的单向传播结构，使得信息内容能在极短时间内实现多点齐发、动态演绎的全时空传播效果。特别是随着移动互联网的普及，许多社会思潮观点被包装成短

小精悍的图片或视频，充分迎合了当前人们浅层阅读的习惯和特质，轻易跨越了不同年龄层面代际间的知识语境鸿沟，能够在短时间内抢占社会大众的注意力，并对社会舆论的形成产生推波助澜的作用。同时，许多社会思潮观点充分借助全媒体进行分众传播、小众传播和个性传播，诸如通过门户网站、微信账号、微博账户和App客户端等，实现分群体分时段地对传播信息的精准推送、个性化推送和"订餐式"服务。

（三）社会思潮传播范围愈加全球化

伴随信息化时代的到来，人们借助移动互联网能够方便快捷、随时随地接收来自全世界的信息。全媒体突破了传统媒体传播内容制作周期长、成本大、推送滞后等时效性壁垒，为社会思潮传播内容即时制作、即时传送、即时更新提供了便利条件，也让社会思潮的影响力不再仅仅局限于某一特定区域，彻底打破了信息传播内容制作、发行等时空因素的制约。同时，全媒体空间的多元性和开放性极大地推动了社会思潮在时间和地域上的全球覆盖，极大拓展了社会思潮传播的广度、深度和宽度。例如，随着新媒体技术的迅猛发展，广泛散播西方宪政、新自由主义的社会思潮在苏联和中东、北非地区误导舆论，煽风点火，策动多个国家相继发生了"颜色革命"，而散布这些对政府不满情绪和对抗意识的社会思潮，往往肇始于西方国家或者由西方国家资助支持的社会组织。

七、全媒体语境下多元社会思潮对大学生思政教育的负面影响

全媒体背景下，历史虚无主义、普世价值、新自由主义等社会思潮的负面影响非但没有消解，反而有进一步强化的动向和趋势。全媒体多点齐发、交叉双向的"裂变式"传播方式，使得信息的传播方式更随意、更隐蔽、更多样，强化了社会思潮对大学生的作用和影响。

（一）从教育对象来看，多元化社会思潮影响大学生社会主义核心价值观的形成和树立

当前大学生的主体是"95后"甚至是"00后"，他们过分依赖网络化的生存方式，价值观念也更为多元。在全媒体普适性、隐匿性和新颖性的语境下，当前社会思潮传播不再像20世纪七八十年代的传播方式那样有着明显的指向性和针对性，而是把理论观点植入在影视剧、网络公共课、讲座视频、网络文章等传播载体上。由于

大学生的世界观、人生观、价值观尚未最终定型，大学生对传播内容里充斥的大量极具迷惑性的消极内容、错误观点缺乏有效甄别，往往容易被其中渗透着的西方错误社会思潮所影响。特别是近些年来，我国正处于社会转型期、改革攻坚期和矛盾凸显期，群体性聚集事件时有发生，西方敌对势力借题发挥、炒作话题，并通过培植所谓的"舆论领袖""网络大V"推动网络舆论的走向，直接或间接地抹黑历史、抹黑中国、抹黑党的领导，变相地传播灌输西方的价值观，诱使部分大学生产生了功利主义、享乐主义、拜金主义、自由主义等错误倾向，以致出现理想信念淡化、社会责任淡薄、价值观念混乱等情形，严重影响了社会主义核心价值观在大学生群体中的培育和践行。

（二）从教育主体来看，多元化社会思潮干扰高校思想政治教育工作的目标和成效

新形势下高校思想政治工作具有极端重要性。习近平总书记在全国高校，思想政治工作会议上指出："高校思想政治工作关系高校培养什么样的人、如何培养人，以及为谁培养人这个根本问题。"坚持把立德树人作为教育的中心环节，培养德智体美全面发展的社会主义事业建设者和接班人，是现阶段我国高校思想政治教育的目标，也可看作是检验高校思想政治工作成效的重要标志。在全媒体时代，社会思潮的立体化、裂变式传播使得各种思想观点交锋日趋复杂，各种错误思潮对我国主流意识形态产生碰撞、造成冲击，通过散布网络政治谣言等多种方式，不断挤压马克思主义主流意识形态话语权的空间。这些错误思潮的传播目的十分明确，意在消解大学生对马克思主义的认同、对中国共产党的认同、对中国特色社会主义的认同，造成少数大学生对思想政治理论课产生厌烦和抵制情绪，给高校思想政治工作带来严峻挑战。

八、创新全媒体环境下大学生思想政治教育的实践路径

习近平总书记指出，做好高校思想政治工作要遵循思想政治工作规律，遵循教书育人规律，遵循学生成长规律。在全媒体环境下，针对多元社会思潮对大学生思想道德造成的负面影响，必须深入研究社会思潮的特点和传播规律，在坚持社会主义核心价值观引领的前提下，引导大学生深刻认识社会发展的客观规律，不断创新新形势下大学生思想政治教育的实践路径。

（一）充分发挥思想政治理论课的主渠道作用，增强社会主义核心价值观的育人实效性

作为对大学生进行思想政治教育的主渠道，思想政治理论课要结合中国国情、社会实际和"95后"学生特点，通过研究大学生的学习兴趣和社会思潮的传播规律，适时调整授课内容、授课方式、授课节奏和授课载体，有计划地把社会主义核心价值观有机融入思想政治理论课，深入浅出地引导大学生深刻理解和把握社会主义核心价值观的内涵和真谛，教育大学生掌握和运用马克思主义的立场、观点和方法，同时正确认识社会思潮的来源和本质，提高科学理性地批判各类错误思潮的能力，最大限度地在大学生群体中形成社会共识。特别是要针对全媒体语境下大学生的接受方式，积极探索创新多样化的思想政治理论课教育渠道，充分整合利用微电影、微视频、广播、电台、书籍报刊等载体优化教学环境，实现课堂教学对社会思潮的利益整合、道德整合、思想整合和价值观整合。

（二）全力打造全媒体思想政治教育平台，不断提高主流价值理论的吸引力和说服力

全媒体时代的信息传播模式彻底扩大了人们的社会交往方式，改变了大学生们的信息接收方式和自我表达方式，对高校思想舆论引导提出尖锐挑战。因此，全媒体视域下的高校思想政治教育工作亟须打造全媒体思想引领平台，既要促进校内媒体的资源融合发展，还要加大校外媒体的思政功能转化。一是创新全媒体管理机制。按照网络生态和运行规律，要综合运用法律手段、技术手段和市场手段，加强高校网络安全管理，完善高校网络信息内容监管机制，让网络空间成为激发正能量的坚强阵地。二是建设优质的网络思政课。邀请全国社科领域的名家大家，以慕课、翻转课堂等多种形式不断丰富线上思想政治教育资源，全面实现思想政治理论课进网络进头脑。三是推动新媒体与传统媒体融合发展。充分发挥新媒体和传统媒体的各自优势，实现优势叠加、资源互补、创新发展，不断拓宽全媒体思想政治教育工作领域。

（三）切实加强高校意识形态队伍建设，进一步完善高校全媒体舆论阵地的管控和反应机制

全媒体改变了高校舆论阵地的格局，多元社会思潮给高校意识形态带来严峻考验，基于"人才是第一资源"的考量，抓好高校意识形态队伍建设则是重点领域和关键环节。一是着力构建专兼结合的意识形态工作队伍。按照党和国家对思政课教师、专职辅导员和班主任等有关规定和要求，选优配强校院两级相关专兼职人员，密切关注网络舆情的变化、态势和走向，打造全天候、全方位、全覆盖的意识形态工作队伍。二是不断扩大网络评论员队伍建设。大力培养网络意见领袖，逐步构建以宣传部门、学工部门和学生骨干等为主体的宣传思想工作网络，同时在广大师生、校友及友好单位中广泛选拔壮大志愿者队伍，弘扬主旋律，传播正能量。三是不断加强对高校意识形态队伍的培训力度。通过定期开展学习研讨、理论研究和实践培训，有针对性地对高校意识形态队伍进行系统的政策培训、理论培训、技能培训和纪律培训，不断提高高校意识形态队伍的整体实力，以适应全媒体形势下的高校思想政治工作要求。

第五节　传统文化在高校思想政治教育中的价值及实现

中国传统文化源远流长，博大精深，它承载着中华民族的血液，也是我们所有中华儿女得以凝聚的精神纽带。中国传统文化在历史文明进程中从未有过中断，经过了数千年来的扬弃和积淀，它根深蒂固地植入了中华儿女的思想和行为中，在潜移默化中影响着我们的经济、政治和生活。中国传统文化作为思想政治教育的重要资源，蕴含着丰富的哲学思想和人文精神，但是在如今的高校思想政治教育中却颇有缺失，没有充分发挥传统文化在思想政治教育中的重要作用。就目前高校思想政治教育中所面临的问题，以及中国传统文化在思想政治教育中的价值，做简要探析。

一、传统文化的概念及特征

（一）传统文化的概念

传统文化由"传统"和"文化"两个词语组成，其中"传统"主要是指对前人社会经验的传承和统一，是具有自身特点的社会历史经验的总结，如一些社会风俗、思想观念、民间艺术等。而"文化"一词则是19世纪从西方引进，《辞海》中对"文化"的界定为："从广义上来说，指人类社会历史实践过程中所创造的物质财富的总和。从狭义来说，指社会的意识形态，以及与之相适应的制度和组织机构。"然而，历史上出现过数以万计的文化流派，它们之间不断地交流、整合，不断地发展、流传。综上，在历史发展过程中形成并保留在现实生活中的、具有相对稳定性的文化即为传统文化。传统经过历史的积淀、传承，具有中华民族特色并且可以展现中华民族风貌。

（二）传统文化的特征

包容性和多样性。中华民族是一个多民族国家，多元性和混合性的民族特征为中国传统文化的包容性和多样性奠定了基础，同时，多元的文化也为传统文化的包容性提供了前提条件。举例来说，在秦汉时期，秦始皇完成了大一统，在统一六国之后，实施了一系列改革措施，如统一文字、统一货币等。而汉武帝后，大力提倡儒家文化，鼓励对外交流学习，丰富完善自身文化。而中华传统文化的主线儒家文化由孔子创立之后，经过董仲舒的发展，更是形成了儒家、佛教、道教文化共存的局面。中国传统文化的包容性不仅仅体现在本民族内各种文化的相互交融、不断同化，更体现在对外来文化的吸收借鉴，这也是中华文明生生不息、源远流长的根本原因所在。

传承性和创新性。中国的传统文化是一脉相承的，人类文明史上的四大文明只有中华文明从未中断，一直延续至今。在文化不断继承发展的同时，并不是一成不变的，而是与时俱进、不断创新的，是顺应不同历史时代发展的。传统文化在发展过程中，也曾遇见过多次挑战，在漫长又曲折的发展中，不断地注入新鲜血液，确保了中国传统文化的不断完善和成熟。

生命力和凝聚力。正是因为中国传统文化的包容性、传承性、创新性等特征，才能够使其一直具有顽强的生命力，在近六千年的人类文明中一直延续不衰。中国传统文化具有十分强大的凝聚力，这种凝聚力的主要表现形式是以爱国主义为核心的民族精神。在爱国主义精神引领下，中华人民不畏艰难险阻，自强不息。自古流传下来的众多伟大爱国事迹，无一不时刻教诲着我们顽强拼搏，勇往直前。

除了上述特征之外，传统文化还有民族性、开放性等特征，在此不做具体讨论。面对传统文化，我们要做到取其精华，去其糟粕，批判继承，推陈出新。在社会主义文明下，对优秀的传统文化做到古为今用，认真学习其中丰富的内涵，为当下高校的思想政治教育提供优质教育资源。

二、传统文化在高校思想政治教育中的价值

（一）传统文化融入思想政治教育中的必要性

高校思政课开设的最终目标是培养具有优秀道德品质、树立科学三观的大学生，而就目前情况来看，教育目标与现实情况仍有一定距离。在当代大学生群体中，不乏出现盲目从众、肆意攀比、社会责任感薄弱等不良现象，如此种种必然会影响大学生的全面发展。优秀的传统文化是我们中华民族整体智慧的结晶，是中华传统美德的集中体现，每个中华儿女都在这样的文化背景下成长，大学生更应当继续发扬和传承传统文化。因此，我们必须将优秀的传统文化转化为高校思想政治教育的重要资源。

（二）传统文化与思想政治教育结合的可能性

中国的传统文化是从古至今延续下来的，在不同的历史发展阶段都起着重要作用，在面临各种外来文化冲击、信息快速传播的当下，思想还未完全成熟的大学生群体很容易受到影响。文化虽然是被人们所创造的，但同时也对人们的自身发展起着反作用。中国传统文化中蕴含着丰富的教育资源和教育功能，与高校的思想政治教育目标接近、内容互补、方法相似，使两者的结合具有可能性。

教育目标接近。在中国传统文化中我们注重强烈的爱国主义精神、高尚的思想道德修养，以及强烈的社会责任意识等，如范仲淹的"先天下之忧而忧，后天下之乐而乐"；顾炎武的"天下兴亡，匹夫有责"；《周易》中的"天行健，君子以自强不息"；《论语》中的"言必信，行必果"等。在当代大学生思想教育中，我们注重大学生的思想品德，培养大学生树立正确的三观，明确发展方向，这一点与传统文化教育目标是一致的。

教育内容互补。中国传统文化中的道德修养和爱国情怀为大学生思想政治教育奠定基础，并以马克思主义为指导，用一定思想观念、政治观点、道德规范对大学生进行思想引导。传统文化之所以经久不衰就是因为其在传承过程中也在不断吸收新鲜血液，顺应时代发展。因此，传统文化和思想政治教育内容互补，相互借鉴。

教育方法相似。无论是传统文化教育还是大学生思想政治教育，理论灌输和榜样教育都是必不可少的。如孔子提出"其身真，不令而行；其身不正，虽令不行"，随着社会的进步发展，可能会有更多的教育方法出现，但是理论教育和利用先进人

物事迹进行的榜样教育都不会被历史淘汰。

（三）传统文化在高校思想政治教育中的价值

传统文化为高校思想政治教育提供教育资源。优秀的传统文化可以开拓教育者的视野，扩大高校思想政治教育内容。首先，爱国主义精神是民族精神核心，是中华民族克服外患、实现统一、不断发展的精神支柱。在中国历史发展长河中，多少英雄志士为国家赴汤蹈火、牺牲自己，多少英雄为国捐躯！习近平同志曾说过："爱国主义始终是把中华民族坚强团结在一起的精神力量，改革创新始终是鞭策我们在改革开放中与时俱进的精神力量。"因此，爱国主义是传统文化的核心，也必定是高校思想政治教育的核心。其次，中华民族历经磨难，最终昂首站在世界前列，其中自强不息的伟大精神是我们积极进取的不竭动力。最后，和而不同的和谐思想告诉我们，既要坚持自己的原则也要听取不同的声音，尊重差异，做到求同存异。此外，克己修身、诚实守信、天人合一等都为思想政治教育提供丰富资源。

（四）传统文化为高校思想教育提供有效的教育方法

对大学生之所以要进行思想政治教育，其根本目的在于将符合社会发展的思想观念、道德观点和道德规范教授给学生，并且能够使其内化为自身的品质，自觉地转化为行为。在传统文化中，"吾日三省吾身"的内省方法告诉我们要时刻反省自身，不断促进自己的进步。"有教无类"的教学方法告诉我们对待所有的学生都要一视同仁，每个学生都有学习知识的权利，而针对不同的学生，也要做到"因材施教"，针对不同教育对象，要制定不同教育方案。在传统文化中，"知行合一"是判别一个人好坏的标准，也就是说，并不是知道了什么是道德，就可以成为一个品德高尚的人，重要的还在于"行"，因此，在思想政治教育中，我们不仅要"听其言"，更要"观其行"。

（五）传统文化引导大学生树立正确的世界观、人生观和价值观

大学生尚在发展阶段，其科学文化素养和思想道德修养都处于不断完善过程中。如今的信息化时代使大学生面临着多元文化的冲击，更有可能受到一些不利于大学生正确三观培养的腐朽文化的侵蚀。但是，优秀的传统文化可以为大学生提供丰富的道德榜样经典，培养大学生的民族精神。底蕴深厚的传统文化也可以为大学生创造浓郁的文化氛围，潜移默化的塑造大学生的精神风貌，引导大学生树立正确的世界观、人生观和价值观。

三、传统文化在高校思想政治教育中的问题及原因分析

（一）传统文化在高校思想政治教育中的问题

传统文化在高校思想政治教育中教育机制过于单一。目前，高校的思政课程主要包括《思想道德修养与法律基础》《中国近代史纲要》《马克思主义基本原理概论》《毛泽东思想与中国特色社会主义理论体系概论》和《形式与政策》，这些公共课程政治性强，教育意义明显，但其中涉及传统文化的课程少之又少，仅有一些高校开设相关选修课程。在教学方式上，大部分都是理论灌输，教育者与受教育者界限清晰，单向灌输很难将传统教育深入人心。

大学生对传统文化认知程度不高。现在每年都有数以百万计的大学生毕业，大学生面临着严峻的就业形势和生活压力。在当今的教育中，大家普遍重视科学文化素质的提升，将知识技能放在思想道德之前。音乐、戏曲、习俗、节日等都是优秀传统文化传承的载体，而就传统节日来看，在大学生群体中，西方节日如圣诞节、情人节的火热程度都超过传统节日。此类现象也值得引起我们重视和思考。

大学生传统美德观念薄弱。传统美德是传统文化的精髓，尊老爱幼、诚实守信、乐于助人、勤俭节约等都是中华民族的精神财富。但是，如今大学考试中学生作弊现象屡禁不止，公共场所一些大学生不注意个人行为举止，同学之间互相攀比甚至出现严重的利己主义和拜金主义。种种行为现象都反映出部分大学生不注重自身传统美德的培养和学习，导致价值观念偏离正轨。

（二）传统文化在高校思想政治教育中存在问题的原因

高校对传统文化的忽视和思想政治教育课程模式的弊端。在我国现行的教育体制之下存在许多矛盾，高校和学生都过于追求就业和专业技能的提升，认为传统文化的传承与发展与自身关系不大，甚至毫无关联。而且，在目前思想政治教育中，教学课程简单并且不受学生重视，其中传统文化内容少之又少，都影响着传统文化在思想政治教育中作用的发挥。

传统文化历经批判，在传承中被弱化。虽然，中国传统文化经久不衰，流传千年，但是在传承过程中饱受批判。洋务运动提出"师夷长技以制夷"，加大对西方文化的学习；新民主主义革命的开端五四运动，提倡"民主"与"科学"，大力推崇西方文化；中华人民共和国成立后的"文化大革命"，要求"除四旧"。在一次次打击下，

传统文化不断被弱化。

社会转型期及多元文化的冲击。改革开放后，我们的整体社会风貌都发生了巨大变化，无论是衣食住行还是思想文化，无一不受到外来文化影响。我国正处在社会转型时期，经济发展迅速，多元文化并存，而大学生的思想尚未发展成熟，很容易受到外界影响。另外，现在是信息化时代，网络的渗透更是时刻影响着大学生的思维方向，如此种种均对大学生的思想发展有不同程度影响。

四、传统文化在高校思想政治教育中的应用途径

（一）改变现状，加强高校对传统文化的重视程度

调整课程体系，强化思想政治与传统文化课程重要性。在高校课程体系中，思政课属于公共课程，然而在高校的教育工作中，思政课往往处于一个边缘化位置，受到其他教育工作者和学生们的忽视，更不用说传统文化课程。因此，高校要加强对传统文化的重视程度，调整课程体系，将传统文化融入思政课程教育中，并纳入必修课程中，编订针对性教材，将中国传统文化合理地融入教育教学当中。

增强高校学生对传统文化的认知程度。学生作为受教育者，是知识传播的客体，因此加强学生对传统文化的认知，增强传统文化在大学生中的地位和影响力异常关键。大学生作为未来社会接班人，理应加强自身道德素养，继承传统文化中有利于自身发展部分，培养责任感和使命感，认真学习知识和技能，从而为建设更美好的国家贡献力量。

加强高校师资力量建设，组建高素质、专业化师资队伍。教师是传道授业主体，在课程教学上占主导地位，因而教师的素质水平非常重要。一方面教师要有师德，有正确的教育观、质量观和人才观，在工作中勇于探索创新，尊重学生人格，不断提高自身思想政治素质和业务素质，严格要求自己，以身作则；另一方面，教师需要有过硬的专业知识，有深厚的传统文化素养，能够对中华传统文化进行科学专业的解读，将专业知识融入日常教育教学当中。真正将传统文化带入课堂，带入学生心中。

（二）创新高校思想政治教育模式，拓宽传统文化应用渠道

大学生课堂教育与自我教育相结合。学习是个双向互动过程，对于传统文化的学习，大学生不仅要通过课堂学习方式，还要加强自我学习的积极性，将自我教育

与课堂教育结合起来。大学生可以通过阅读与传统文化相关的书籍，观看相关电影，并且将观看后的想法记录下来，与其他同学交流。因此，传统文化教育工作者要制定激励措施，鼓励大学生自我教育的积极性，提高大学生自我教育自我成长的热情和信心。

打造特色传统文化课程。2001 年央视科教频道一档《百家讲坛》节目红遍大江南北，节目中邀请很多传统文化教育工作者给观众带来传统文化大餐。这个对打造高校传统文化课程很有借鉴意义。高校应多开设类似的讲授中国传统文化的课程，鼓励学生积极参与；多举办一些文化讲座、论坛，逐渐使其制度化、规范化；同时，我们需要增加传统文化课程在总课程中的比重，培养受教育者的文化内涵。教育者要紧随时代发展步伐，将传统文化融入实事中去，使课程生动新鲜，具有借鉴意义。

（三）丰富教育方法，积极开展实践活动

在教育方式上，我们可以博采众长，创新手段，努力寻找新颖的教育方法。除了日常的课程灌输，我们可以采用榜样激励法，在学生中进行传统文化知识竞赛、传统人物故事系列主题演讲等方式，对于在活动中表现优异的同学给予奖励、颁发奖状。另外，高校可以组织课外实践活动，如参观当地历史文化古迹、纪念馆、博物馆等，通过亲身体验，增强对传统文化认同感，提升民族自尊心和自信心。只有将课堂知识融入实践活动中，才能获得更加深刻的理解。

（四）充分利用多种方式，加强思想引导

探索网络平台，开展网络教育。网络时代飞速发展，人们的生产生活等各项活动早已离不开互联网，如今的网络可以更加快捷全面地带来各种信息。如今的大学生是伴随着互联网成长的一代，更加容易接受新事物，因此，我们要抓住"互联网+"这个契机，利用互联网这个平台，打造传统文化传播的新途径，发挥网络作用。创办相关网站，将理论变为视频、音频这些更容易被大家接受的方式。当然，教育工作者要熟练掌握网络技术，及时指导，避免负面信息对学生造成不良影响。

借助新媒体，提高传统文化影响力。如今，广播、报纸、电视早已满足不了人们获取新鲜事物的要求，微博、微信等新媒体在大众传媒中地位日益举足轻重。如今，几乎人人都有微信，关注各种微信公众号，这为传统文化在高校中的传播提供了契机。高校可以成立传统文化相关公众号，搜集名人典故、传统文化常识、历史典故等，使大学生能更加方便快捷的接受文化熏陶，培养文化内涵，增强传统文化

的认同感和自豪感。

中华传统文化是数千年来经过历史洗礼和积淀的优秀文化，也是无数位学者的智慧结晶，虽然如今社会已经发生了翻天覆地的变化，思想也得到了空前解放，但传统文化对于我们的影响仍无处不在。我们应该在继承中对其不断发展、创新，使中国传统文化更好地进行传承。

本节就传统文化内涵、特征及其在当代高校思想政治教育中的重要作用和价值体现做一探讨，分析高校思想政治教育中出现的问题及其原因；列举传统文化与思想政治教育结合的几种途径和原则。传统文化是思想政治教育中丰富的教学资源，思想政治教育者仍要不断地探索二者结合的有效方法，使传统文化在思想政治教育中的价值得到更好体现。

第三章 高校思政课程育人体系建设

第一节 高校大学生生命教育

人的生命是宝贵的，没有了人的世界是残缺的世界，世界正是因为有了人的生命，因为人的生命创造性的演绎，才有了如此的精彩。然而，在现实生活中，作为天之骄子的大学生，有人却不能正确理解和把握生命，自杀、伤人或者伤害动物等漠视生命的事件时有发生。因此，让大学生明白生命的真谛是非常必要的，珍惜自己和他人的生命，快乐健康地成长。正是从这一意义上说，在高校开展生命教育，任重道远，刻不容缓。

生命教育内容的确定是建立在学者对生命本质和生命内涵的理解基础之上的。当前，因为对生命教育内涵的理解各有侧重，因此，学界对生命教育的内容划分也不尽相同。综合国内研究者的观点，有的是强调死亡取向教育，有的是强调心理取向教育，有的是强调道德或宗教、伦理取向教育，有的是强调生活取向、生涯发展取向教育。有的学者又认为，生命教育的目标与内容主要包括学会珍爱生命、学会创造生命价值、自觉提升生命价值等；也有学者认为，生命教育的内容是帮助学生领悟生命的意义和价值、树立正确的人际关系、认识生命的可贵、珍惜生命的存在和欣赏生命的美好等。有的学者是从生命的自然属性、关系属性和价值属性来确立生命教育的内容体系，确立了生命的知识领域、生命的关系领域和生命的价值领域三大类内容体系；也有的学者是从自然生命、精神生命和社会生命来建立生命教育的内容体系。此外，还有的学者指出了"生命意识教育"的内容与目标，包括生命文化建设，生命价值伦理观的培育，生命认识与情感、意志教育等。其中，比较有代表性的几种观点有生命价值论、生命至上论等。笔者在综合研究者的成果基础上，根据生命教育的目标，将高校生命教育内容确定为生命意识教育、生存教育、生命境遇教育和生命道德教育。

一、生命意识教育

苏格兰哲学家托马斯·卡莱尔曾说："生命意识是个体对生命的理解与态度。它是人的生命为了适应自身生存和发展的需要，依据先天的基因，加上后天的教化而形成的对于生存和生存价值的体认和感悟。生命意识包括了浅层次的生存意识和深层次的生命价值意识。生存意识即生存意志，是个体维护生命存在和延续的欲望。生存意识的强烈与否，对个体的成长和发展有着极大的影响。"大学生的生命意识，是其对个体生命存在所产生的一种自觉的意识，是对生命的理性思考和感性体验，是对生命终极价值的审视。应该说，生命意识是人类文明发展的核心主题。然而，纵观当前高校，大学生生命意识淡薄的现象较为普遍。中国青年报社会调查中心通过腾讯网教育频道，对 7080 名大学生进行地一项调查发现，55.1% 的大学生认为高校应该加强生命教育。2004 年 4 月在杭州召开的内地与港澳台"教师、课程与人格建构研讨会"上，来自北京、上海、南京、杭州、香港、台湾等地的四十多位专家教授纷纷呼吁，必须重视校园"生命教育"这一教育理念。根据 2006 年全国两会专栏报道所载，针对大学生轻生、自杀所暴露出来的心理健康问题，全国人大代表呼吁开设"生命教育"课，打造"心理长城"。整个社会的关注、专家的重视、人大代表的呼吁及大学生冷漠的反应，一方面显示了生命教育的重要性，另一方面也反映了当前高校生命意识教育的缺失。而在高校进行生命意识教育，本身也是教育目标中关注人的价值、关怀人的生命的重要体现。正如爱因斯坦所说，"学校应该永远以此为目标：学生离开学校时，是一个和谐的人，而不是一个专家"。生命意识的培养是生命教育的起点，是大学生正确、科学、完整认识生命的基础，帮助大学生热爱、善待、敬畏、欣赏生命，并能主动维护生命的尊严。生命意识教育主要包括以下几个方面的内容。

（一）认识和理解生命的意识

人的生命与其他生物生命最大的区别在于："动物和它的生命是直接同一的，它没有自己和自己的生命活动之间的区别，它就是这种生命活动。人则把自己的生活活动本身变成自己的意志和意识的对象。"人能凭借思维，清晰地认识到自己所处的状态。因此，要理解生命就必须对生命的基本特征进行认识。在对生命的认识中，我们发现人的生命具有独特性。

第一，人的生命是有限的。关于生命的有限性，主要从以下两个方面来理解：首先，人的自然生命是有限的，死亡是人生必然的结局。其次，人生的际遇是不可控制的。人的一生很难完全按照事先的设计执行，突如其来的自然灾害、疾病及种种偶然因素，都会导致个体生命的突然消失。比如，2008 年的汶川大地震，原本还处在花季的孩子们，原本还希望通过自己的努力去创造未来美好生活的孩子们，却因灾难永远地失去了生命。据相关统计数据，在汶川地震震中的映秀小学，400 名学生加上 47 名老师，活着走出来的只有 100 多个。生命的不可控及其不可逆转，让我们觉得惋惜和遗憾。正因为如此，作为社会个体的我们更应该珍惜生命。

第二，人的生命具有独特性与完整性。每一个生命都是独特的个体，世界上没有两个完全相同的人，正如世界上没有两片相同的树叶。遗传的差异是个体保持独特性的生物性基础，但人的独特性更多是来自后天环境、教育和个人实践活动的影响。生命既具有独特性也具有完整性。当我们人为地划分生命的结构时，殊不知却忽略了生命的完整性。哲学家雅斯贝尔斯曾经说过："毋庸置疑，生命是完整的，它有年龄、自我实现、成熟和生命可能性等形式，作为生命的自我存在也向往着成为完整的，只有通过对生命来说是合适的内在联系，生命才能是完整的。"每一个个体在追求完整性的同时追求着个性，因此，任何对生命的解读和理解都必须建立在对生命完整性和独特性的基础之上。

第三，生命具有精神性和超越性。人的生命不仅仅是自然赋予的肉体生命，还包括后天发展起来的精神生命，这也正是人的生命完整性的体现。人生存于世界之中，生存于自我的意识之中，能够意识到自身生命在世界之中的活动，并在人的意识之中给出人的活动，人对人的生命活动的意识构成生命的意义。人的生命是一种追求意义的存在，而探索有意义的存在是实存的核心。人生的过程不仅仅是物理时间延长的过程，更是一个不断追求生命意义、实现生命价值的过程。在此过程中，人们改变和创造社会，并不断超越自我，提升自我，走向新的解放，生成新的自我。

第四，生命具有实践性的特点。独特的个体、完整的个体、超越的个体，都是在实践中展示和表达出来的。应该说，实践是人类存在的最基本方式。个体在实践中去体验生命的困惑，在实践中去追求生存意义，在实践中去创造美好的未来。认识生命的本质特征是我们生命实践的基本前提。

此外，认识和理解生命还应该了解完整生命的三重性。人的生命包括三个层次

：自然生命、社会生命和精神生命。第一重生命是自然生命，亦即肉体生命。中国传统文化有"贵生"的思想，如孔子所说的"子钓而不纲，弋不射宿"，荀子所说的"水火有气而无生，草木有生而无知，禽兽有知而无义，人有气、有生、有知，亦且有义，故最为天下贵也"，自然生命也有其尊严和价值。于是，饮食代谢、生生息息、衰老病死，这些生物学层次的生命都是我们应该尊重的。这一重生命如人的脚，虽"低俗"，却是后两重生命的基础和"载体"（至少是一段时间的载体）。这是生命的最低状态，但也不乏精彩和灿烂。可光有它，太可怜；而没有它，更可怜——一切都将无从谈起。说到底，它是"1"，后面的都是"0"；爱惜、尊重和敬畏它，是人生的首义。第二重，社会生命，亦即人际生命。每个人不仅是自然的个体，也是社会的个体。从社会学的意义来看，每个自然生命被赋予了社会的意义和价值后，他就不再仅是自然生命，而是与社会发生了千丝万缕的联系，包括社会生活的多重角色、权利义务、社会关系等。这种社会学意义上的生命层次，使个体承担更多的责任，同时也赋予了人生更多的意义，承上启下、展现风采，位居生命的中间状态，有着10倍于"1"的生命质量，更精彩、更灿烂。例如，中国生命存在的最高境界就是"舍生取义"。"'生，亦我所欲也，义，亦我所欲也。二者不可得兼，舍生而取义者也。'其中，'生'是自然生命之生，而'义'则象征着个体在社会中的精神生命之存在，'舍生取义'并不是不珍惜人的生命，而是在不可兼得之时以自然生命之死换得精神生命之生。"第三重，精神生命，亦即永恒生命——传感真谛、承系天地、永世长存，属于心理学和哲学层面。这重生命是人区别于其他生物的根本标志。这重生命如人的头颅，主宰着人生大义，为最高层次，至少有100倍于"1"的生命质量，最精彩、最灿烂。个体的精神生命可以使我们从小我走向大我，为民族、为国家、为世界、为人类做出贡献。所谓"生命有涯，精神不死"，这是精神生命相较于肉体生命和社会生命所传达给后人的精神影响。

（二）热爱和珍惜生命的意识

在认识和理解生命的基础上，大学生生命教育要培养学生热爱和珍惜生命的意识。热爱是一种深厚、积极、稳定的情感，热爱生命是情感的培养。高校生命教育意识培养，要求大学生在实践活动中去亲身体验和经历。这种对生命热爱的情感一旦养成，再经过加强和巩固，有助于他们在未来社会生活中无论遇到怎样的挫折都能从容面对。契诃夫的短篇小说《打赌》讲述了，一位法律学家与一位企业家在一次沙龙聚会中谈到一个新近被判15年徒刑的囚徒时争执起来：企业家认为在监狱里蹲 15 年还不如判死刑；法律学家则认为活着总比死了好，活着就是希望。二人争执不休，最后打起赌来，赌注是法律学家让企业家把他关起来，15 年后如果法律学家不违约，企业家的全部财产归法律学家所有。第二天早晨，法律学家便被企业家关进自己后花园的一间小屋，这间小屋只有一个送食物的小小窗口。法律学家蹲在这个与世隔绝的小屋里开始过监狱生活，企业家每天给他提供所要读的书。时间一天天流逝，法律学家读完了政治、经济、哲学、科学、神学、文学大全。15 年的时间终于到了。这时的企业家因在生意场中失利，他知道时间一到自己便会变成一个穷光蛋，于是他决定在到期的头天夜里杀死法律学家。企业家好不容易打开那把 15 年来从来没有打开过的生锈的铁锁，发现法律学家正在残烛前伏案熟睡。企业家正欲趁机杀死这形容枯槁的法律学家时，却发现桌上放着一封给他的信。信中法律学家说，他感谢企业家，15 年来他读了许多书，这些知识将是他终身用不尽的财富；他还明白了许多道理，他决定不再要企业家的财产，将于第二天拂晓前破窗而出，自动毁约。企业家看完信决定放弃杀死法律学家的念头。第二天拂晓前法律学家果然毁约破窗而出，既保留了企业家的财产，也保住了自己的生命。

这篇小说包含许多人生哲理，世间一切事物中最宝贵的就是生命。热爱生命，活着便是希望，应该是它的主题。首先，热爱生命并不等于贪生怕死，"人生自古谁无死"？秋瑾有一首诗："不惜千金买宝刀，貂裘换酒也堪豪。一腔热血勤珍重，洒去犹能化碧涛。"古今中外一切取得伟大成就的人都是懂得生命价值和追求更高生命价值的。一切正常人都是珍惜生命、热爱生命的。"人固有一死，或轻如鸿毛，或重于泰山。"当然在生活中不可能每一个人的死都重于泰山，然而，却不可以轻如鸿毛。人是不可以轻生的。大仲马曾经说过：人类的全部幸福就在于希望和等待之中。活着是幸福，希望是幸福，等待是幸福。整个人类社会的一切都是在为了人类的生存和追求幸福而运作，活着和幸福是人类的主题和目的。离开了活着和幸福，人类的一切便将失去意义。

热爱生命、珍惜生命就要养成健康的生活方式。1992 年世界卫生组织 (WHO) 在加拿大维多利亚召开了国际心脏健康会议。会议发表的《维多利亚宣言》指出，在数百种健康因素中，以合理膳食、适量运动、规律生活 (含戒烟限酒) 和心理平衡最为重要。这四大基石构成的健康生活方式，若能做到并长期坚持，可解决 70% 的健康问题。校园是非常有利于养成健康生活方式的环境，大学生要抓住这个机会，养成一生的健康生活方式。首先要合理膳食，养成健康的睡眠习惯。这对于一部分大学生有一定的难度。他们沉溺游戏,生物钟混乱,因长期缺乏睡眠导致精神涣散、学习效率下降。其次,要保持良好的心态。每个人的生活不可能一帆风顺,来自学习的压力、人际交往的压力,以及情感问题往往会使大学生陷入苦恼之中。这就要求大学生以平常心对待,因为情绪大起大落的波动容易导致身体和精神上的疾病,不好的情绪易破坏人体免疫功能,加速人体衰老过程。所以,生活、工作中非原则问题无须过分坚持,要懂得欣赏自己所拥有的,时刻提醒自己要保持轻松愉悦的心情。最后要进行适当的锻炼。选择一种自己喜欢并适合每日锻炼的方法,如跑步、游泳、打球、健身等,日复一日地坚持下去。但必须注意选择自己所喜欢的运动,如果逼自己做不喜欢做的事情,便很难坚持。所以,需要尝试找到合适的、喜欢的运动。运动不但能提高身体素质,有助于改善体型,还可以调节身体功能,减低脂肪含量,使我们拥有健康的身体。

热爱和珍惜生命就要求大学生学会体验生命的快乐和精彩。对他人要爱人如己,关爱他人,与他人和谐共处;对自然要学会珍惜生存环境,热爱自然中的一切生命,热爱树木花草,与自然和谐共处。杰克·伦敦的名篇《热爱生命》中讲述了两个淘金人历尽苦难和艰辛,从死亡线上挣扎过来的感人故事;让我们感受到人的生命力是多么强大,人的生存欲望是多么强烈,人在死亡的边缘才会深切感受到生的可贵。生命在其发展过程中是会遇到许多艰难困苦的,这恰好证明了生的可贵。生命是一切上层建筑和物质世界的基础,因为人类有了生命,才有了思想,才有了希望和追求,才有了这个五彩缤纷、像万花筒一样美好的世界。生命面对时间和空间,正如苏轼所说:"若自其变者而观之则天地曾不能以一瞬;若自其不变者而观之则物与我皆无尽。"人生是短暂的,也是永恒的。人世间的生活才是实实在在的,有天伦之乐、朋友之谊、恋人之情,有理想,有美好,有追求,有梦幻,热爱和珍惜生命,我们才可以过上快活的人生。应该说,热爱和珍惜生命,就是要在认识和理解生命的基础上,把保存生命作为人生的最大价值,并以此为前提去充实生命的应有内涵,实现生命的价值和意义。

(三)尊重和敬畏生命的意识

尊重和敬畏生命在大学生生命意识培养中尤其重要,因为只有在认识和理解了生命的独特性后,我们才能学会尊重和敬畏生命。

尊重生命有三个层次。

第一,尊重自己的生命。一个连自己的生命都不尊重的人,是不可能懂得尊重别人的生命的。尊重自己的生命，当然也包括珍惜生命、热爱生命，但更重要的是承担自己的义务，努力做好眼前的事情、身边的事情，做自主生活的强者。尊重生命就是要热爱生命、珍惜生命、直面挫折，勇敢地担负起对自己的责任、对父母的责任、对学校的责任、对社会的责任，永不放弃生的希望，做生命的主人。对每一个人来说，人的生命只有一次，在人类历史的长河中，生命是短暂的，但在个体的成长过程中，生命又是漫长的。每个人从出生到死亡，要经历一个跌宕起伏的曲折过程。人生的意义不在于生命的长短，而在于生命的意义，在于生活是否精彩。

第二，要尊重他人的生命。生命具有最大的普遍性。每个人都希望自己的生命不要受到伤害，都希望别人尊重自己的生命。这就要求我们每个人都尊重他人的生命，绝不去伤害他人的生命，这是道德的底线，也是最具有普遍意义的道德。那么，尊重他人生命的道德基础是什么？周国平认为，人有两个本能，一个本能是爱自己的生命，对自己生命有利的东西，就喜欢，就想得到；对自己生命有害的东西，就厌恶，就想避开，这就是所谓的"趋利避害"。从这个意义上可以说，利己是人的本性。另一个是同情本能，就是看见别人的生命有了危险，遭到了威胁或损害，会设身处地去感受。尊重生命就要有包容之心和爱心。有的生命精美绝伦，有的生命并不那么完美，我们尊重生命，就要以包容之心去对待一切生命现象，而不要以唯美的标准去苛求他人，要学会接受生命的不完美。对一名教师而言，尊重生命就是要尊重每个学生的独特个性，接受每个孩子的优点和缺点，努力培养学生健全、丰富的情感。

第三，要尊重自然界所有的生命。生命是自然界的奇迹，人类本身也是生命形态之一，这种生命形态与其他的生命形态息息相关，并不能脱离其他的生命形态而独善其身。因此，人类不仅要尊重自己的生命，还要尊重别人的生命及一切生命形态，而对自然的尊重就是对人类自己的尊重。大自然是伟大的，一草一木都有其存在的意义。生命是崇高的，在自然的生命面前，一切生命都是平等而珍贵的。现代社会，人们往往将物欲等同于生命欲望，殊不知物欲是社会发展的，绝不是生命本身的需要。中西方的哲学家早就认识到了生命对物欲的需要是十分有限的。

敬畏在现代汉语词典中被解释为"又尊敬又害怕"，敬畏是一种掺杂着惊讶、恐惧的尊崇的情感。敬畏不等于恐惧，恐惧产生卑怯感，而敬畏则产生崇高感。因此，不畏者不敬，畏和敬是不可分的。生命之所以值得敬畏的本质在于生命的不可重复性和创造性。敬畏生命要求大学生对所有的生命保持最基本的善意，在力所能及的范围之内，避免伤害生命并救助生命。阿尔贝特·史怀泽提出了"敬畏生命"的概念，并以此为基础构建了生命伦理学，还将生命伦理学扩展到自然万物。他说："我的生命对于我来说充满了意义，我身边的这些生命一定也有相当重要的意义。如果我想要其他生命尊重我的生命，那么我也必须尊重其他的生命。传统道德观念一直局限在人与人之间，这是极其狭隘的，我们应当有一种没有界限的道德观，把其他动物也包括在内。"史怀泽指出，对一切生命负责的根本理由是对自己负责，如果没有对所有生命的尊重，人对自己的尊重也是没有保障的。任何生命都有自己的价值和存在的权力，若习惯把某种生命看作没有价值的，就会陷于认为人的生命也是没有价值的危险之中。对非人的生命的蔑视最终会导致对人自身的蔑视，世界大战的接连出现就是明证。

敬畏生命特别强调对生命的责任。我国著名哲学家、北京大学教授张岱年先生曾说，人之所以为人应该具备两个条件：一是拥有独立人格，即对自然、社会、自我的关系有充分的认识能力；二是有社会责任感。个人的成长过程就是个人从不完整的人成长为完整的人、不断提高自我认识能力和社会责任感的过程。孔子的伟大与崇高，源于他对"自然"与"人道"的敬畏，并把这种敬畏感付诸生命的行动与追求，从而树立了崇高的人格和不朽的精神。孔子曰："吾十有五而志于学，三十而立，四十而不惑，五十而知天命。"孔子所说的"知命"，就是以敬畏的心态承担自己的责任。做一个堂堂正正的人，履行自己的责任，以"人道"的原则要求自己、锻炼自己、鞭策自己、提升自己、完善自己。这是孔子对人生观的一种表述，也是对自己人生历程和生命意义的总结。要"知天命"，就不能不对生命心存敬畏，并且要躬身行之而不可有丝毫懈怠和轻忽，更不可有侮慢之心，因为这不是我们通常所讲的认识问题，而是生命的意义问题，也是生命的归属问题。然而，近年来部分高校大学生的心理问题突出，甚至出现了一些犯罪行为。不能认真地对待生命，更别提理想或精神追求了。这些问题一再提醒教育工作者，在教育中应该着力培养孩子的敬畏感，包括敬畏生命、敬畏自然、敬畏崇高、敬畏美好、敬畏师长等，也就是要培养孩子对生命价值的认识，对自然的亲近，对崇高事物的追求和向往。如果青年没有这种敬畏之情的话，就很可能成为一个对自己的内心世界没有约束的人，一个缺少憧憬与精神追求的人，将来可能会是一个"背着炸药包"走上社会、危害社会的人。所以，丰子恺先生曾多次善意地劝告小孩子，不要肆意用脚去踩蚂蚁，不要肆意用火或用水去残害蚂蚁。他认为自己那样做不仅仅出于怜悯之心，更是怕小孩子那一点点残忍心以后扩大开来。想想看，先生的做法，也是想从小孩子的身上就开始培养一种对生命的敬畏之心吧！敬畏生命还要正确地对待死亡，只有敬畏生命才能尊重生命！

（四）创造和超越生命的意识

格里芬曾指出："从根本上来说，我们是'创造性'的存在物，每一个人都体现了创造性的能量，人类作为整体显然最大限度地体现了这种创造性的能量（至少在这个星球上如此）。"生命的本质在于创造。一方面，我们能在社会实践中创造出社会上原本不存在的东西，影响和改变世界，从而满足人类社会生存和发展的需要。另一方面，生命在不断的创造中得以发展和壮大。人类从来不满足于自己的生存现状，凭借人类的智慧，不断超越生命存在的现实，提升生命的创造力，更新和丰富生命存在的内容和方式。存在不是生命的根本价值，生命的存在是为了追求更有意义、更有品质和更有价值的生活。印度哲学家奥修说："一个伟大的导师，不是让他的学生学会了多少知识，而是让他的学生拥有了创造力，去创造他们所想要的一切。"奥修所提到的创造力就是生命的本质，当一个伟大的导师能让跟随他的学生认识到自己生命的本质时，那个时候学生也就拥有了全世界，拥有了他所想要的一切。因为生命中最重要的是创造力，其他的都是附加的报酬。但是，社会的物欲横流，让一些人根本没有时间思考什么是生命的本质，反思幸福的源泉，他们希望得到的是可以看到、触摸到、使用到的实实在在的东西；一些大学生所关心的也只是能否评上"三好学生""优秀干部"，能否加"量化分"，能否多拿一个证书为未来求职增加砝码。人们在追逐名利、金钱、事业成就、地位等的过程中永远都不会满足，在得到的时候人们只能获得短暂的快乐和满足，随之而来的是更深的匮乏感和更多的欲望。他们原以为只要拥有了自己想要得到的东西，就会得到幸福，可却由此发现自己离生命存在最深的渴望——幸福，越来越远。

人们之所以在无限追逐成功的过程中感受不到幸福，是因为很多人本末倒置，将追寻生命幸福的手段当作目的，脱离甚至忘记了自己生命原本最重要的来源——创造。当人们都没有办法进入创造之流的时候，就会寻找替代品，有的替代品就是去追逐原来只是跟随创造而来的报酬，如金钱、名利、关系。他们以为最重要的是这些，而忘记了创造力这个本质的存在。当人们能认识到生命中最重要的是创造，其他的都是附加报酬时，就不会脱离生命的本质。所以，当我们回到创造本身，而不是执着于外在替代品，我们就能真正享受到由创造而衍生出来的报酬——金钱、关系、名利，而不是陷入金钱、关系、名利中不能自拔。而所有的宗教、心灵成长的过程，其最终的目的都是让我们清醒过来，不要沉迷于外界的物质世界，真正能让我们的生命长存并具有存在意义的就是认识到创造之流的存在，无论我们现在拥有什么，或者没有什么，其实都不是最重要的，重要的是我们是否能够发挥创造力，为自己、为世界而创造。

台湾著名的励志演说家谢昆山，12岁时就失去双手、一条腿，后来又失去了一只眼睛，可他却为了当代人的生命积极正面的励志偶像，成为一名出色的画家，一名充满爱心的社会义务工作者，为许许多多的人扬起了生命的风帆。他比很多的正常人生活得更加积极、更加幸福、更加具有创造力。他生存于这个世界，同样需要金钱、关系、名利等一切正常人所需要的，可正是因为他认识到生命的本质是创造，而不是其他，所以，就算他失去了很多在我们看来非常重要的东西，依然能比一般人生活得更幸福、更出色。正如前面所谈到的，生命中最重要的是创造力，其他的都是附加的报酬，而真正幸福的人就是进入创造之流的人。哲学家尼采也曾经说过生命的本质在于创造，人只有在创造中才有自由，因而尼采特别强调艺术的创造性，他喜欢将艺术同自然的生殖性联系起来，祈望艺术像自然一样，"在万象变幻中，做永远创造、永远生气勃勃、永远热爱现象之变化的始母"。从生命的理想来看，人类的一切智慧都力图超越自然生命的有限性，进而去追求精神生命的无限性，并实现二者的统一，超越生命。生命具有通过人的实践活动去超越生命本身的能力，人的生命就是一个不断去创造和发展的过程。相较无法超越的动物生命，人的生命本质就是在创造中超越自己。然而，当今社会的一些人，只是被动地接纳社会的个体，将原本扩散型的生命历程简化为线性的生命历程，单调而重复，十年如一日地重复。没有了超越性，人的生命的存在就如同动物的生命一般，最终也会丧失作为人的本质的存在。

超越生命的极限，也是高等学校生命教育的重要内容。教育是要从人的生命深处唤醒人沉睡的自我意识，激发人的创造力、生命力、价值观，使人具有一种觉悟，触及人的灵魂，使人心灵震撼，催醒人内心深处沉睡的意识，使人灵魂的眼睛抽身返回自身之内，内在地透视自己的灵体。在人生中，只有教育才能使人不断认识，不断改正，不断总结，不断积累，不断适应，不断成熟，使人的生命连续发展，不断发展进步，不断创新升华，直到人生命的最大值，即人生命的最大极限，最后坦然走向死亡。死亡是必然，人有生必有死，这是自然的，无论高贵还是卑微都回避不了。但是，人可以超越生命的最大极限，即延长人的有限生命，超越人固有的生命。

这些目标的达成，都与教育有着密切的联系。因为人在世界上，活得时间越长，走得越远，拥有的综合能力就会越强，知识智慧就会越多，生活阅历就越丰富。人们常说，在世长寿，多得福，是修来的。这个"修"字就离不开教育。修身厉行，要想厉行必须修炼，修身修心，修身养性。身是外在的，而心态和性格是内在的，是看不见的东西，只有通过言语行为表现出来，所以，提倡教育要弘扬个性生命。这是对生命的尊重，是对生命价值的尊重，是尊重生命的独特性。

二、生存教育

生存，是人类在发展中面临的共同课题，也备受世界各国学者的关注。1972 年，联合国教科文组织在《学会生存——教育世界的今天和明天》报告中，就曾指出"教育的使命，正是为了准备未来，使我们的受教育者学会生存"，并且向全世界提出"学会生存"的倡议。1996 年，国际 21 世纪教育委员会的报告《教育——财富蕴藏其中》指出，未来教育的四大支柱是学会认知、学会做事、学会共同生活、学会生存。学会生存是未来教育四大支柱的基础，因此，结合中国社会现状，在高校开展生存教育是很有必要的。首先，从自然角度分析。近年来，我国地震等自然灾害频发，对国家的经济社会发展和人民生产安全带来了重大的损失。掌握最基本的生存能力，是在困境中自我脱险的前提。2008 年汶川特大地震中惨重的人员伤亡使得高校更加重视生存教育问题，将其作为生命教育的重要内容。其次，从社会角度分析。中国在改革开放 40 年来，经济社会飞速发展，社会生活正发生翻天覆地的变化，在转型时期，经济发展的"软着陆"与政治体制的深化可能会引发一系列的社会问题。大学生作为未来社会发展的主力军，他们生存能力的高低直接影响着中国社会未来的发展。

生存教育简单来说就是生存能力的教育。生存能力是指一个人为了保存和发展自己，通过自身的努力在对自己的生存环境和条件进行适应、利用、斗争、创造时所表现出来的综合能力。以培养和训练学生生存能力为主要目的的教育，就是生存教育。当前世界各国广泛开展了对青少年的生存教育能力的培养。如日本从 20 世纪 80 年代开始，提出在"轻松宽裕"的环境下培养学生的"生存能力"，并强化社会教育功能，以学校与社区联合、融合的方式，培养青少年"切实的学力""丰富的人性""健康与体力"等各个方面的能力。英国沿袭教育传统，重视"绅士教育"，学校与家庭配合共同实现教育目的。在家庭中，家长不娇惯孩子，在尊重他们独立人格的前提下，对孩子进行严格管束。在学校，学生必须接受磨难训练。如著名的伊顿公学，其教育经验之一就是让学生吃苦。英国的冬天很冷，但学校不设暖气，让学生只盖一条毛毯睡觉，洗澡也得用冷水。此外还采取了一系列的措施，引导学生树立自尊、自律、自强意识，增强辨别是非和自我保护的能力。在美国，家长从孩子小时候起就引导他们认识劳动的价值。德国则十分强调和重视基础教育中的劳动技术教育，并将其看作学生未来职业生活和社会生活的重要准备，以及学生全面素质发展的重要组成部分。相较发达国家较为成熟的青少年生存教育，我国的青少年生存教育存在普遍缺失的现状。云南省在 2008 年实施了以生命教育、生存教育和生活教育为主要内容的"三生教育"试点工作，目的在于帮助学生掌握生存的基本知识与技能，保护生存环境，提高生存的适应能力、发展能力和创造能力，实现生命的意义和价值。在当今社会，我们更多的是遵循法律、道德和社会规则，但还有一样东西虽看不见却贯穿生活始终，那就是最原始的自然法则。放眼社会，能取得成功的人都践行着自然法则，其中包括拥有坚忍不拔的意志、永不服输的精神。引导孩子进行一些野外生存训练，是在提高孩子对自然和人类探索的兴趣和发现问题、脱离困境的一种能力，对孩子的未来成长大有裨益。根据教育的连贯性与一致性，在青少年时代缺失生存教育的孩子进入大学后，也容易表现出各种不适应，各种案例不胜枚举。国内高校的生存教育处于起步阶段，没有系统的课程设计和实施方案。一些当代青年由于缺乏基本的生存技能和社会生活法则而引发的社会问题也引起了全社会的普遍关注，如"月光族""啃老族"的出现，大龄未婚群体人数的上涨等。按照爱因斯坦的说法，大学的基本任务不是培养专家，而是培养身心和谐发展的人，当代的大学生不仅要具备一定的专业知识和专业技能，更应该具备基本的生存知识和能力。这既是高等教育的目标之一，也体现了高等教育的完善程度。

（一）生存价值教育

在高校开展生存教育，要注意培养大学生的生存意识，进行生存价值教育，使其养成良好的生活习惯。生存意识，也被称为"本能意识"，是人类的最基本精神，影响和调控着人类的一切行为。人类通过实践和劳动衍化出了精神领域的其他意识和能力，如人的学习意识、审美意识、创造意识、求职意识等。应该说，生存意识是其他意识的母体，它充溢在人类的一切活动之中，而子体又以不同的表现形式体现了人类的生存意识。古今中外的学者对于生存有着自己独到的见解。在西方，萨特、尼采、海德格尔、雅斯贝尔斯等大哲学家都对生存进行了深刻地阐述，并以此为基础构建了存在主义哲学的大厦。尼采曾经说过："我们必须在自己面前对我们的生存负责，因此，我们需做这生存的真正舵手，不允许我们存在类似一个盲目的偶然。"马克思也从实践的角度去解释生存："一是人的对象性的生存实践活动是对象人化的活动，同时也是人对象化的活动；二是人的对象性的生存实践活动是人生意义的源泉，也是人合理地对待人生智慧之源；三是人智慧地对待'生'，也就意味着智慧地对待'死'。"而中华民族顽强的生命力来源于中国传统文化中的生存意识，中国人重视生存，能够在极其艰难的环境下顽强地生活，并延续和创造文化。1988年，诺贝尔奖获得者瑞典物理学家汉内斯·阿尔文博士曾说过："如果我们人类还要继续生存下去，我们就一定要倒退回去两千五百年，去追寻孔子的智慧。"孔子以"和"求生存，以"和"求德行，以"和"求发展。

儒家以孔子为代表的关于"人能弘道，非道弘人""行'恭、宽、信、敏、惠'仁德于天下""礼之用，和为贵，先王之道，斯为美"等，以及道家的"本真自然"的生存理念与生存智慧对于现代人磨砺生存意志，缓和生存境遇中的人与自然、人与人、人与社会之间的矛盾，促进社会和谐有着重要的意义与教育价值。人类在生存中创造文化，而文化的一个重要功能就是帮助生存。要加强大学生生存意识的培养，使他们能够拥有对生命的责任感，在面对危害的时候拥有自救能力，在面临人生困境时永远以生命为唯一的选择前提，并在此基础上改变人的意识、思想和行为，以此为基点，让大学生意识到人的价值就在于为民族、为国家、为人类、为世界做贡献。

生存价值教育是为了让学生了解生存的价值与意义，了解生存是实现生命价值的基本途径。当代社会生存异化现象较为严重，高校中也存在生存异化的现象。究其缘由，在于当代社会政治、经济生活发生了巨大的变化，生活方式的变革、外来文化的侵袭，以及价值观念的多元导致了人在自我认知中的失度。严重的生存悖论造成了人的困惑，大学生也不例外。他们时时会对自己提问：生存的目的是什么？上大学是为了什么？一旦这些问题的答案被"自我中心""征服""占有"的利己取向指挥，就会导致他们的生存异化——物质化。因而，高校的生存教育必须正确而又深刻地回答大学生的世界观和价值观问题，给他们提出的问题一个具有说服力而又令人满意的回答。"学会生存、适应生存"是生存哲学在当代重要的价值旨趣。然而"生存"并不仅是生存，而应该是生存的"生存"，也就是说，我们要构建生存的社会化方式，在社会生活与社会关系中学会生存，实现生存的价值与意义。生存教育的价值旨趣是"成为人自身"，它包括对人"本源性"的生存状态的澄明和回归、对人的"超越性"的承诺、对人的"整体性"的呼唤。使生存"超越"沉沦，彰显人的"本源性"和"整体性"存在，是生存哲学所追求的境界，是生存教育所要实现的价值本质，也是生存教育回归教育的生命价值本源的核心所在。总体来说，大学生生存价值教育要让学生充分意识到提高生存能力的必要性，端正生活态度，树立人的自我身心、人与社会、人与自然的和谐观念。

此外，针对"95后""00"大学生，应该培养他们吃苦耐劳的精神，使他们养成勤俭节约等良好的生活习惯。生存教育在世界各国的推行中都以学生的习惯为抓手，从小培养学生的良好习惯，为儿童未来应对社会上的激烈竞争作准备，比如，在生存教育中强调培养学生的吃苦耐劳教育。日本从幼儿园就开始注意培养孩子的"吃苦"精神，并将这一内容写入了幼儿园的保育大纲中。此外，大部分幼儿园和学校都坚持"赤体教育"，就是让3至6岁的小孩子，无论严寒酷暑，一年365天，都只穿蓝色运动短裤、白色运动鞋，进行一定时间的室外锻炼。从1992年开始，日本废止了小学阶段低年级的理科和社会科，新开设了生活科。开设这类综合课程的目的就在于让儿童通过具体的活动和体验，形成对自己、对身边的社会和自然的联系的关心，去考虑自身和自己的生活。在这个过程中，掌握生活必要的习惯和技能，形成走向自立的基础。日本的中小学每年都要定期举办"田间学校""孤岛学校"活动，组织学生到田间、海岛或森林"留学"，培养他们吃苦耐劳的精神和克服困难的毅力。在英美国家，家庭、学校、社会三位一体，互相配合，着力培养孩子的吃苦耐劳精神和劳动意识。这样做，不仅培养了孩子的劳动能力，也有利于培养孩子的责任感，让他们清晰地意识到作为一个家庭成员、社会公民应尽的责任和义务。反观我国在独生子女生育政策背景下成长起来的青少年，从孙云晓的儿童报告文学《草原上的较量》中我们就可以看到，我们的基础教育除了在知识教育方面能拿得出手，其他方面还比较落后。再比如勤俭节约美德的培养。勤俭节约是中华的传统美德，但随着我国经济的迅速发展，国民的经济收入大幅度增加，不少人认为勤俭节约是社会物质生产的极大不丰富而倡导的一种生活方式，认为在教育中再谈勤俭节约已经没法引起学生的共鸣。而在发达的资本主义国家——英国，社会倡导节约这一美德，并在教育中全面贯彻。此外，《公立学校德育大纲》对不同年级学生的节约行为及美德都有明确的规定。比如，对于小学五年级学生来说，学校要开展三种节约教育：一是科学使用金钱，不得浪费；二是任何小东西都必须妥善使用；三是必须懂得节约性消费，避免各种奢侈浪费。对小学六年级的学生开展两种节约教育：一是养成储蓄习惯，学会正确储蓄的方法；二是懂得饮酒的危害和因此而造成的浪费。中学一年级则开展三种节约教育：一是生活要俭朴，二是不轻易借贷，三是懂得赌博这种恶习的危害。此外，新加坡、泰国、马来西亚、日本、印度尼西亚、美国等国家，均在教育中通过各种不同的方式培养学生良好的习惯，培养其节约的意识。

教育家杜威认为，每个人拥有生存发展的能力，而教育的作用正是为人类实现生存发展的能力，为实现发展（继续生长）的愿望提供有效方法，并促使愿望的实现。高校生存意识、生存价值教育，以及对大学生良好生活习惯的培养，其最终目标还是"人本身"。

（二）生存知识和技能的教育

全国每年因突发公共事件造成的损失非常惊人。国家行政学院公共管理教研部李军鹏提供的资料显示：2003 年，我国因生产事故损失 2500 亿、各种自然灾害损失 1500 亿元、交通事故损失 2000 亿元、卫生和传染病突发事件损失 500 亿元，以上共计达 6500 亿元人民币，相当于损失我国国内生产总值的 6%。全国人大常务委员会委员、中国人民大学劳动人事学院副院长郑功成所做的统计显示：2004 年，全国发生各类突发事件 561 万起，造成 21 万人死亡、175 万人受伤。全年自然灾害、事故灾难和社会安全事件造成的直接经济损失超过 4550 亿元。从 2003 年我国的突发公共卫生事件，到印度洋海啸转瞬间夺走 23 万人的生命，100 多万人沦为灾民，50 个国家的人民失去同胞，再到 2008 年汶川地震的巨大人员伤亡和经济损失，我们开始痛定思痛，国家更加关注国际合作和责任、世界公民意识、全球化等重大问题。2016 年 11 月 20 日，亚太经合组织第二十四次领导人非正式会议在秘鲁利马举行。国家主席习近平出席并发表题为《面向未来开拓进取　促进亚太发展繁荣》的重要讲话，指出"我们要坚定不移引领经济全球化进程，引领经济全球化向更加包容普惠的方向发展，反对一切形式的保护主义"。因此，在高校进行生存教育，让学生掌握日常的安全知识及应对自然灾害的必要常识，能及时帮助学生建立适合自己的生存追求，在价值多元及众多生存异化的现象中，学会判断和选择正确的生存方式，学会应对危机和摆脱困境的知识和方法，满足个体在社会上安身立命的需求。

衣庆泳等人在对辽宁省大连地区三所高校的大学生进行安全意识抽样调查后得

出以下的结论：大学生具备一定的安全防范意识，但深度与广度还需加强。73.2%的大学生能做到"使用煤气后会进行检查"，78.4%的大学生表示"在家睡觉前会检查门窗是否关紧"，68.6%的大学生能够做到"总是按使用说明书正确使用家用电器"。但是，56.9%的大学生表示不清楚"有机食品、绿色食品、无公害农产品之间的差别"，42.4%的大学生没有"曾检查过家中电线有无老化现象"。与安全防范意识状况相比，大多数大学生欠缺危险应对意识。74.5%的大学生表示"知道医药箱的存放位置"。但是，55.6%的大学生不清楚"食物中毒的急救措施"，53.7%的大学生不清楚"如何使用公共场所的消防栓或灭火器"，46.4%的大学生不清楚"天灾（如地震、洪水等）征兆与应对措施"。因此，在高校开展生存知识和技能的教育十分有必要。

高校生存知识和技能的教育既包括日常安全知识，也包括应对自然灾害、突发事件的必要常识。首先，要普及大学生日常安全知识。随着社会发展进步，大学生的生活空间也随之扩展，交流领域也在不断地拓宽。大学生不仅要在校园内学习、生活，而且还要走出校园参加社会活动，危及安全的因素也随之不断增多，诸如无序的交通、变质的食品、水电隐患。若是不慎就可能会造成不幸，给家庭造成痛苦，给社会造成负担。进行人身安全教育，帮助学生了解人身安全的基本常识，掌握处理各种应急情况的技能，提高自身的防御能力，就显得尤为重要。针对当前普遍存在的大学生财产安全意识薄弱、轻信他人、财物保护观念差的现象，更要加强大学生安全意识教育，提高大学生的自我防范意识和能力。在高校发生的各类案件中，盗窃案高达90%以上。大学生日常安全涉及每个人的学习及日常生活，包括人身安全、财产安全、防火安全、生活安全、交通安全等。

其次，还要普及大学生应对自然灾害和突发事件的必要常识。学生意外伤害事件的频频发生，不仅给家庭造成了无法弥补的伤害，也为学校工作带来了难题。第十届全国人民代表大会常务委员会第二十九次会议通过《中华人民共和国突发事件应对法》，并于2007年11月1日起正式施行。该法案第三十条明确规定：各级各类学校应当把应急知识教育纳入教学内容，对学生进行应急知识教育，培养学生的安全知识和自救与互救能力。在大学生应对自然灾害的常识中应该普及躲避地震的常识。当今全球已经进入了地震的多发时代，因此，地震应对常识是我们在生存教育中必须讲授和让学生模拟体验的内容。此外，台风、雷击、洪水等自然灾害也是我们生存教育的重要内容。

除了向学生进行日常安全教育和应对自然灾害与突发事件必要的常识教育，我们还需要教授一些必备的技能技巧。在我国，从基础教育到高等教育，生存教育还未被正式纳入教学体系，加之社会民众缺乏生存教育意识，使得人们缺乏防灾意识和自救、救护的能力。现代化社会，人们应该具备一定的急救知识和技能，因为这不仅代表了一个国家国民的综合素质、文明程度和发展水平，同时也标志了一个国家现代医疗健康保障体系的完善程度。在这方面，我国与发达国家的差距十分明显。比如，新加坡的国民接受生存教育的比例是 8 ：1；澳大利亚的国民接受生存教育的比例是 20 ：1，美国的国民接受生存教育的比例是 25 ：1，而北京 2004 年国民接受生存教育的比例仅能达到 150 ：1。根据北京市政府要求，在 2008 年奥运会召开之前，北京市民接受生存教育的比例达到 60 ：1。与理论知识介绍相结合的实践技能的培养应该是构成生存教育的重要组成部分。比如，教会学生使用灭火器，掌握人工呼吸和胸外心肺复苏挤压的基本技巧，等等。因此，大学生生存教育应该让学生充分了解日常生活中的水、火、电，以及自然界中的地震、台风、洪水、雷击，以及一些社会性伤害事件如踩踏、抢劫、盗窃等对人的身心造成的伤害，加强防范意识和能力，并且要在教育过程中提高学生的自救和互救能力，培养学生坚强的意志力和承受挫折的能力，帮助学生树立正确的人生观和价值观，使学生通过自己的不断努力，推动社会的进步与发展。

（三）职业生涯教育

大学生职业生涯教育是高校生存教育的重要组成部分。所谓大学生职业生涯教育，就是帮助大学生进行深度的自我探索、职业定位，提升职业决策能力和职业素质，从而使他们能够科学地规划自己的学习、生活和未来的职业选择，最终达到人与职业的最优结合和个人的全面发展。应该说，职业生涯教育从人的全面发展角度出发，通过课程和多种课外实践活动的形式，让大学生树立正确的职业观和劳动观，培养他们对职业生涯的规划意识，使其掌握相应的知识和技能，为未来进入社会奠定基础。职业生涯教育旨在从人的全面发展的角度出发，引导个体树立正确的劳动观和职业观，培养他们规划职业生涯的意识与技能，形成自我调节和自我引导的能力，目标是让每个学生过上适合自己的美满生活。

我国的职业生涯教育萌芽于陶行知先生的"生活教育"思想，以及黄炎培先生的"生计教育"，虽然起步较早，但因为当时国内复杂的社会政治环境，发展非常缓慢，也并没有实质性的进展。职业生涯教育真正引起教育者重视是在 20 世纪 90

年代，我们引进和借鉴西方发达国家先进教育经验的基础，逐步在高校中推进职业生涯教育。世界各国的职业生涯教育发展日趋成熟且各有特色。比如，美国在1989年就颁布了《国家职业发展指导方针》，规定职业生涯教育要从6岁开始，并对从基础教育阶段的幼儿园、小学、中学到大学都有明确的职业生涯教育内容规定。日本则通过国家立法的方式，保证了职业生涯课程在中小学必修课程中的学科地位，并且日本节部科学省还制定了适用于整个日本的职业生涯教育的完整框架。应该说，在职业生涯教育方法上，西方国家和日本远远地走在了我们的前面。学者在对青少年群体的大量观察及大学中进行的抽样调查，以及在对青少年群体的长期观察与研究中发现，对职业的陌生感、对职业生涯的困惑感，在我国当下年轻人中非常普遍，给他们的职业发展和人生成长带来了很大的困扰。比如在高中阶段填报志愿时，许多学生不但对大学的专业学什么、将来能做什么一无所知，就连对自己的兴趣与适合的东西也表现得不够了解。实际上，在大学阶段，许多学生由于选择了不感兴趣的专业而懈怠甚至荒废学业。还有一些年轻人，读了很多年的书，一直在换专业，总也找不到自己喜欢的，甚至有些人参加工作后，还在为寻找自己的兴趣或适合自己的东西而继续摸索、不断跳槽。

从2008年教育部明确要求高等学校要"组织实施本校的大学生职业发展与就业指导课程建设和教学活动，积极促进高校毕业生就业"之后，全国各大高校都开设了大学生职业生涯教育课程。与此同时，职业生涯规划交流范围不断扩大，2007和2008年，分别召开了一次"中国职业生涯规划国际论坛暨GCDF全球峰会"，2010年10月，"职业生涯规划体系的多元化发展模式与技术实践"国际论坛在北京举行。但当前高校在开设职业生涯生计课程时仍然存在一些问题。

第一，教育层次不高。大多数高校的大学生职业生涯规划都设置在招生就业处，主要针对大学毕业生进行就业宣传及就业准备的指导，其目的主要在于帮助学生实现就业，使其掌握转变为职业人的知识与技能。但是，这种了结式的就业目标指导，在整个职业生涯教育中处于较低层次。职业生涯的最高目标在于培养大学生自主择业的意识、理念及能力，以谋求其长远的职业发展。而这种低层次的职业教育目标在实现过程中往往会流于形式，并不能保证大学生未来能够拥有良好的职业理念和职业水平。

第二，高校职业教育的形式比较单一，主要以课程讲授为主。以四川省某地方高校为例，大学生职业生涯规划课程只有16个学时，且教学形式以讲授为主，内容集中于就业政策解读、面试的技能技巧、就业信息发布等，缺乏心理咨询和职业训练，对职业的决策和实践能力培养也相对较少。

第三，高校专业人员不足。当前高校负责就业指导教师为两大群体，第一类群体是从事毕业生就业管理的工作人员，还有一类是兼职的高校辅导员。这两类群体的教师都是兼职人员，在繁重的本职工作之余，没有太多的时间和精力为学生主动开拓就业市场，开展个性化服务。再加上我国高校毕业生从 2001 年的 114 万人激增到 2016 年的 745 万人，人数大幅度上升，社会没能给他们提供充足的就业岗位，大学生就业难的问题引起了全社会的关注。在这样的背景下，高校进行职业生涯教育有了时代的紧迫性。

在高校开展职业生涯教育要加强大学生的专业知识和技能培训，培养职业情感和态度。高等教育大众化后，高校教育质量问题备受争议，且当前的教学模式大多集中于专业课程的理论学习，缺乏企业所需要的知识结构和专业能力，这些问题都是影响大学生就业的不利因素。据 2011 年就业蓝皮书调查显示，2010 届毕业生中无论是本科毕业生还是高职高专毕业生，其毕业时的基本工作能力水平 (本科 53%，高职高专 50%) 均低于工作岗位要求的水平。因此，要设计综合化的职业生涯教育模式，通过课内讲授和课外实践活动等形式，让学生系统地学习教育学、心理学、管理学等职业生涯相关知识，并发展职业能力，建立职业生涯规划的意识，掌握职业生涯规划的方法和技巧，在国家政府支持、社会企业参与、高校主导三位一体协同联动下，引导他们主动思考人生目标、筹划生命方案、追求幸福人生。

职业生涯教育是一个连续不断的教育过程，它需要各阶段教育的相互配合，也需要各主体的互相支撑，进而使得大学生能结合自身条件和现实就业环境，对社会的就业形式有清楚的了解，并在此基础上将个人的人生理想和社会的现实需求有机地统一起来，进行准确的职业定位，实现成功就业。

（四）环境保护教育

生存环境教育是生命教育在每个学段的教育任务。生命教育在达成人的身心和谐、人与社会和谐的同时，也强调达成人与自然的和谐统一。因为，人类生存环境的变化对人的生命质量高低影响重大。20 世纪，地球环境遭受了巨大的破坏，一是两次世界大战给环境带来了巨大伤害，二是世界各国发展经济以破坏环境为代价，环境与生态问题日益凸显。生态危机已经成了世界各国面临的重大课题。从 1972 年起，联合国人类环境会议在瑞典斯德哥尔摩举行，会议的目的是促使人们和各国政府注意人类活动正在破坏自然环境，并给人类的生存和发展造成了严重的威胁。这是世界各国政府共同讨论当代环境问题，探讨保护全球环境战略的第一次国际会议。会议通过了《联合国人类环境会议宣言》(简称《人类环境宣言》)，呼吁各国政府和人民为维护和改善人类环境、造福全体人民、造福后代而共同努力。此后，1992 年 6 月在巴西首都巴西利亚召开的联合国环境与发展大会上，通过了《21 世纪议程》。该行动计划涉及与地球持续发展有关的所有领域。而后的世界环保大会、巴黎世界气候大会等国际环保会议，表现出世界各国治理环境和保护环境的决心。

随着环境保护运动的开展，20 世纪 60 年代发达国家开始倡导"环境教育"，亦称"生态复兴运动"。1975 年联合国教科文组织和环境规划署国际环境教育规划司在塞尔维亚共和国的首都贝尔格莱德召开了环境教育的会议。1997 年国际环境教育大会在第比利斯召开，68 个国家的与会者在会议上争相发言，使得"环境教育"趋于成熟和完善。近年来，环境教育更是为世人所关注，成为世界各国关注的焦点问题之一。美国的联邦教育局设立了"环境教育科"，进行 STS 教育和环境教育；英国制定了以 8 至 18 岁学生为对象的《环境教育计划》；俄罗斯新近公布的中小学教学计划，则把"生态学"和"生命活动安全基础"列为单独开设的课程；日本在1992 年颁布新教学大纲时，就曾要求提高对环境教育重要性的认识，进一步充实各学科的教学内容，还编印了环境教育指导资料。除了发达国家，发展中国家如印度、菲律宾、泰国等，都制订了对青少年进行环境教育的计划，向青少年介绍有关污染、资源、居民等方面的环保知识，有的国家还开设了环境教育课。

中国的环境教育萌芽于 20 世纪 70 年代。1973 年，中国召开了第一次全国环境保护会议并颁布了《关于保护和改善环境的若干规定》，号召要努力开展有关环境保护的研究、宣传和教育工作，要求有关高等院校开设环境保护的专业和课程。这标志着中国环境保护和环境教育的起步，也奠定了中国环境教育概念的基本结构。1983 年召开的第二次环境保护会议将环境保护确定为一项基本国策，并要求在中小学融汇贯彻环境教育的内容。为了推进环境教育的深入开展，教育部在 2003 年颁布了两个文件——《中小学环境教育专题教育大纲》和《中小学环境教育实施指南(试行)》，要求在中小学正式实施环境教育。但是，当前的环境教育仍然存在一些问题，如理论体系尚未形成，环境教育的实践效果有待加强等，因此，在作为基础教育补充的大学教育中，环境教育的内容同样也是生存教育的重要内容。高校主要从环境观教育、环境理论知识教育、环境治理技术教育、环境史教育及一些专项问题的角度开展环境教育。对于非环境专业的学生，高校可以根据环境教育的内容和目标，采用课堂讲授、讲座、公益宣传、观察体验、科学研究等多种方式进行，让大学生在了解中外环境历史的基础上，了解环境教育的理论知识和治理技术，进而培养大学生对人与自然双向关系的认知，确立正确的环境观念。

21世纪是一个创新的时代，充满着竞争和挑战。它对大学生的知识、能力、生存能力提出了更高的要求，也对高校人才培养的目标提出了更高的要求。高校不仅要培养学有所长的未来建设者，同时也要让学生学会生存，使其拥有善待生命、健康生活的社会智能。正如杜威所说，每个人都拥有生存发展的能力，而教育的作用正是为人类提高生存发展的能力，为实现发展（继续生长）的愿望提供方法，并促使愿望的实现。人类若要生存，就需要接受教育、不断学习。教育为人类学会如何生存提供了可能。

三、生命境遇教育

人生境遇即人的命运，每个人的生命都会有不同的境遇，有快乐，也有苦闷。快乐时，内心光明，充满无限惊喜，热爱生活，善待身边的人和事；苦闷时，内心充满愤恨与不平、报复等种种恶念，眼前世界一片黑暗。这些都是人在面临不同境遇时候的正常反应，但是，人毕竟具有主观能动性，对环境有正确的认知，对情绪能进行自我调节。然而，在激情状态下，大学生却可能做出伤害自己或他人生命的行为。

所以，我们绝不能忽视中国大学生的自杀现象。自进入21世纪后，升学、就业、感情等问题给大学生带来的压力越来越大，极少数大学生因此而走上了轻生的道路。此外，大学生杀人的案件也偶有发生，大学生犯罪率有所上升。究其缘由，是因为这些大学生陷入了人生的不同困境，在某种激情的状态下，选择了极端的解决问题的方法。

马克思从人与环境的双向互动的角度阐释了人的命运的决定因素。

第一，客观环境决定了每个人的人生必然会遭遇困境。尽管人的实践活动具有主动性和目的性，但人的主观能动性是有一定限度的，在无法顺利解决的时候，必然会陷入人生的逆境。

第二，命运的偶然性。与必然会遭遇的困境不同，人生充满了未知和不确定。

比如，凡尔纳偶撞大仲马，而后与之合作创作剧本《折断的麦秆》，最后成了科学幻想小说之父；刘备慧眼识卧龙，三顾茅庐，求贤若渴，方有"说三分，道天下"的千古佳话。这些是人生的机遇。又如，一个人在行走中，飞来横祸，这就是遭遇。人生正是因为有无数的偶然才更加精彩。

第三，个人主观能动性。人们依靠主观能动性努力，能够对事情形成正确的认知。虽然，我们相信"人定胜天"，但如前所述，人的能动性毕竟是有限的，因此，当逆境无法改变的时候，我们应把自己的主观能动性放在调整心态、找到解决问题的正确方法上。大学生在学习和生活中会遭遇不同的境遇，因此，加强大学生挫折教育、情爱教育、心理健康教育、死亡教育，以及应对突发事件的教育都是大学生生命教育中的重要内容。

（一）挫折教育

挫折感是一种心理现象。对于"挫折"一词，《现代汉语词典》中解释有二，一是"压制，阻碍，使削弱或停顿"，二是"失败，失利"。而作为一个心理学概念，挫折是意志行动中最常出现的心理现象，是指个体的意志行为受到无法克服的干扰或障碍，预定目标不能实现时所产生的一种紧张感或情绪反应，也就是俗话所说的"碰钉子"。挫折包含三层含义：挫折情境、挫折认知和挫折行为。挫折情境指产生挫折的原因，也就是使预定目标无法实现的客观因素或主观因素，因此，它可以是人也可以是物，也可能是各种自然环境和社会环境。挫折认知是人们对于挫折情境的知觉、认识和评价。而挫折行为是人们在遭遇挫折后，伴随着挫折认知所表现出来的反应，它包括情绪性反应、理智型反应和个性变化。情绪性反应是个体在遭遇挫折后出现的强烈的心理体验或特定的行为反应，如攻击、冷漠、退化、固执、幻想、逃避、自我等。而理智型反应是个体在遭遇挫折后采取的积极进取的态度，用于克服困难、排除阻碍，毫不动摇地朝着预定目标前进。个性变化是个体在遭遇重大挫折后产生持续的紧张状态而形成的较为固定的个性特点。而挫折教育是一种有目的、有计划、有组织的教育行为，它不同于学生在日常生活中遭受的挫折打击，并不是教人如何回避困难，而是主张以一种积极的心态去面对挫折，并在战胜挫折中成长。

大学生大多为18至23岁，人生经历较单一，在成长过程中除了学业挫折，几乎鲜少遇到其他困境。在犹如小型社会的大学中，他们遭遇的挫折很多都是人生的第一次，包括学习挫折、生活挫折、工作挫折、就业挫折等。由于经验缺乏，心理承受能力较弱，出现了极少数大学生行为倒退甚至是伤害生命的情况。这些情况的发生，再一次给高校管理者敲响了警钟。事实上，大学生挫折教育是世界教育关注的一个焦点，各个国家都在积极加强大学生挫折教育。在美国，为了培养大孩子的自立精神，孩子刚满 18 岁，父母便要求他们尽量经济独立，进行挫折教育和生活教育。英国很早就将挫折教育纳入大学正式的教育教学计划。英国一所顶级的女子学校开设"失败周"教育学生。校方在这周里设计一套数学测试题，难度超过大多数中学生的能力极限。校方负责人表示，该校绝大多数学生都很优秀，校方担心因为自身完美而产生的优越感会让她们今后经不起挫折或裹足不前。学校表示，希望通过这种挫折教育法让这些"完美小姐"从小认识到"完美是求知的敌人"。2013年年初，英国另一所顶级女子学校——伦敦温布尔登中学推出了"失败周"活动，邀请了很多成功人士出席。活动中，这些特邀嘉宾和学生们分享了自己人生当中的失败经历，告诉她们"偶尔失败完全可以接受"，关键是如何正确面对失败。德国重视大学生的动手能力，通过动手操练应对面临的挫折问题，并专门制定相关法律法规。在中小学开设死亡课，让孩子模拟应对父母死亡的情境，将社会的阴暗面如种族歧视、违法犯法等课题加入课堂，其宗旨是引导学生思考和解释各种社会现象。日本早在十多年前就已经把"野外文化教育"和挫折教育列入大学和中学教育内容。在日本，父母非常重视对孩子进行自立与忍耐的教育，因为日本人信奉这样的理念：只有让孩子经受一定的以忍耐为内容的身心训练，而不是满足他们的各种要求，才能培养孩子独立克服困难的能力，养成坚韧和顽强的品质。在全球化发展、国际社会竞争日益剧烈的今天，大学生作为未来社会的中坚力量，将会迎接前所未有的挑战，因此，增强大学生承受挫折的能力，不仅是高校生命教育的重要内容，还为人才强国提供智力支持，关系到国家未来发展的前途和命运。

我国政府部门也意识到了大学生挫折教育的重要性。2004 年，中共中央、国务院在《关于进一步加强和改进大学生思想政治教育的意见》中明确指出："要根据大学生的身心发展特点和教育规律，注重培养大学生良好的心理品质和自尊、自爱、自律、自强的优良品格，增强大学生克服困难、经受考验、承受挫折的能力。"此外，国内学界将大学生挫折教育作为研究的焦点，对其内容、实施主体、途径等问题进行了讨论，并积极在各大高校开展挫折教育。纵观我国高校挫折教育多年的实践历程，收获颇丰，但也存在一定的问题。

第一，大学生挫折教育的理论和实践缺乏系统的设计。我国的大学生挫折教育属于思想政治教育的组成部分，在国内刚刚起步，学者对此缺乏系统、深入地研究，因此，在实践中缺乏科学理论的指导，挫折教育的内容、大学挫折教育如何与中小学挫折教育衔接、实施途径、效果评价等各个环节缺乏统一的标准。高校挫折教育实践环节主要由辅导员实施，再加上高校学工系统、教学系统各自为政，教育主体不够明确，因此没有形成教育合力，效果大打折扣。

第二，高校挫折教育的内容和形式仍然沿袭传统，缺乏创新。当前，高校作者教育并未在充分调研后进行针对性设计，往往是在思想政治类课程中进行理论讲授，缺乏社会实践操作，缺乏日常挫折教育训练，学生没有体验感，因此，很难达到教育的预期目标。此外，在挫折教育中，主体不明确，特别是没有发挥大学生本人的主体作用，这是当前高校挫折教育中普遍存在的问题。挫折教育不是专业课程，不需要从头到尾由教师讲授。换言之，大学生并不完全是挫折教育的受教育者，同时也应该是教育的主体。因为融入了他们自身经历、体验和感悟的挫折教育才能够引起大学生的共鸣，才能够产生教育的实效。所以说，高校挫折教育在实践中忽视了"以教师为主导，以学生为主体"的基本原则。

在坚持以教师为主导、大学生为主体的基本原则下，倡导学校各个部门相互配合，形成教育的合力。高校挫折教育的内容大致有以下几个方面：

第一，引导大学生对挫折进行正确的认知和归因。一方面，引导学生认识挫折的两面性。正如巴尔扎克所说：苦难，对于天才是一块垫脚石，对于能干的人是一笔财富，对于弱者是一个万丈深渊。因此，人生中的挫折和磨难并不都是坏事，它可以促使我们去为环境的改变而奋斗，也能够磨炼我们的意志和品格，增强智慧和创造能力；同时，我们在遭遇挫折后也要进行经验教育总结，尽量避免不必要的挫折。运用心理学所提倡的"意义换框法"，让大学生转变对挫折的认知。此外，归因也很重要，将引起挫折的原因归结为外部原因还是内部原因，将直接影响大学生的行为选择。在归因中，教育者应该有意识地引导学生，只要能使挫折情境得到改善和消失，挫折感也会随之消失。归结为外部因素，就要坦然面对，或者是调节自身的抱负水平，提出适合个体能力水平的且具有挑战性的标准；归结为内部因素，就应该总结经验教训，找出问题症结所在，发现自己的弱点，力争改正，发扬优点，振作精神，鼓起战胜困难的勇气，树立信心，提高承受挫折的能力。

第二，适当地进行磨难教育。孟子曾经说过："故天将降大任于斯人也，必先苦其心志，劳其筋骨，饿其体肤，空乏其身，行拂乱其所为，所以动心忍性，曾益其所不能。"磨难教育能增加大学生的挫折容忍力，实践也证明了这一点。纵观中外历史，事业大成者，无不经历了巨大的艰难困苦。在高校进行磨难教育可以通过社会实践活动或是体育锻炼来实施。创设大学生能够接受的磨难环境，适当地控制难度，在教育中提供保护，针对学生个体创设有针对性的磨难教育，让学生在多次经历中学会进行挫折的自我调适和容忍力。

第三，帮助学生建立心理防御机制，提供情绪宣泄的安全机制。高校应联合校内心理健康教育部门，培养学生良好的心理素质，建立大学生挫折教育的心理防御机制，还要教会学生宣泄情绪的途径和方法。大学生在遭遇挫折后会出现强度不同的情绪反应，如焦虑、冷漠、压抑、自卑等，并且有可能会出现一些攻击性行为。因此，在教育中，我们要对学生面对挫折的积极情绪给予赞赏，同时也应该宽容学生的消极情绪，引导他们进行适当宣泄，否则消极情绪郁积爆发的后果往往不堪设想，极端情况下甚至有发生恶性事件的可能。必要的心理疏导和情绪宣泄是高校挫折教育的重要内容。

第四，加大对高危人群的挫折教育。在高校，所谓的高危人群是新生、毕业生和贫困生。新生刚刚进入大学，大学中的校园文化、人际关系和高中完全不同，以学习为唯一目的的环境改变后，大学生的特长、情商、人际交往能力成了他们能够在校园里独领风骚的重要资本，而很多学业优异者进入大学后优势不再，自尊心和自信心都会受到一定的打击，容易出现心理问题。毕业生在当前严峻的就业环境中，面对各类公招考试或应聘失败，倍受打击，也容易产生心理问题。贫困生由于经济条件较差，较大的经济压力和精神压力使得他们思想包袱很大，也容易产生心理问题。因此，高校挫折教育应该重点抓好高危人群的教育。

（二）情爱教育

亲情、友情、爱情是人生的三种情感，在个体成长的道路上，这三种情感伴随着人们走向成熟。而大学生处于人生情感最为丰富的阶段，如何正确地处理亲情、友情与爱情，以感恩的心对待身边的亲人、朋友和爱人，努力回报社会，这是大学生生命教育的又一重要课题。

亲情是人世间最无私、最朴素、最真挚的情感，它是一切情感的基础，也是个体成长中最为坚强的后盾。中国传统文化自古重视亲情。《礼记》中说："何谓人义？父慈，子孝，兄良，弟悌，夫义，妇听，长惠，幼顺，君仁，臣忠，十者，谓之人义。"从人义的外延来看，有 8 项涉及亲情。但是，随着时代的发展，家庭观念和亲情观念的变化及人类通信方式的变化，当代大学生亲情缺失现象非常普遍。2013 年 4 月中下旬，人民网强国社区调查专栏《态度》联合国内专业调查机构，在全国范围内针对 15 至 34 岁的青年开展了一项主题为"青年价值观"的调查，内容涉及亲情观、婚恋观和职业观，调查结果于同年 5 月初在人民网发布。调查进行的同时，《态度》在北京、武汉、贵阳、兰州、南京、上海、天津、重庆和湘潭等 9 个城市的 10 所高校征集了十余名校园志愿者，随机抽取 145 名在校学生，就相关话题进行采访，结果发现大学生普遍希望婚后不与父母同住，但求保持"一碗汤的距离"。此外，部分在校大学生表现出了亲情缺失的现象：知识和能力越来越强，但对父母的亲情越来越淡，相当一部分学生与家长保持联系的方式为打电话，且大多为一星期一次，内容主要围绕生活费等话题。很多学生表示除此之外，与父母基本上无话可说。更有甚者，一味向父母索取，而给予家庭的照顾却很少，在与同学的攀比中嫌弃父母"没权""没钱"，导致父母的交流却越来越少。诸如此类的现象不仅让家长感到寒心，也让高校教育者意识到了亲情教育的重要性，因为一个只有专业知识和技术，对身边的人都做不到爱和责任，没有感恩之心的人其实是很难获得成功的。哈佛大学研究成果也表明，导致一个人成功的因素中，智商只占 20%，而情商则占 80%，真正决定一个人是否成功的关键是情商而不是智商。当然，亲情缺乏现象产生既有家庭和学习的原因，又有社会的原因。但是，针对现状，高校开展亲情教育应该摆脱原来仅在"思想道德修养与法律基础"课程中大而无当的教育内容，寻求亲情教育内容和方式的突破。一方面寻求家庭、社会的通力合作，积极营造良好的亲情教育环境，让家长重视亲情的示范作用；另一方面形成一个良好的社会育人大环境，健全和完善亲情教育的体制。除此之外，高校可以利用得天独厚的教育优势，以课程为载体，思想政治理论课程教师通过课堂教学，培养大学生正确的亲情观。还可以通过主题班会，利用各种节假日开展亲情活动，使大学生进一步体会父母的无私与伟大，体验父母对自己的情感，懂得家庭的温暖与爱，从而能更爱自己的父母和亲人。

情爱教育中除了亲情教育，作为社会人，我们还必须与社会的其他成员进行交流和沟通。马克思在讨论人的本质时就曾经说过："人的本质并不是单个人所固有的抽象物，在其现实性上，它是一切社会生产关系的总和。"从心理学的角度来说，马斯洛就曾经说过人有"归属和爱"的需要，作为社会团体中的一分子，人们从婴儿时期就表现出了与他人交往的需要。心理学家沙赫特在 1959 年曾经做过一个实验：他以每小时 15 美元的酬金聘人到一间没有窗户但有空调的房间去住。房内只有一张桌子、一把椅子、一张床和一盏灯。三餐由人从门底下的洞口递入。这就意味着，只要人一住进来，就与外界隔绝了。有 5 名大学生参加了实验。其中一个人只待了 20 分钟就出来了；3 个人待了 2 天；最长的一个人待了 8 天。这个实验结果显示了个体对孤立的容忍力存在差异，也说明了人是很难忍受长时间与他人隔绝的。交往需要的满足可以使个性得到健康的发展，也可以使团体成员之间更加了解、相互信任，同时也有助于社会的稳定与安全。因此，大学生在沟通和交流中就产生了各种类型的友情。友情能充实大学生活，并且伴随他们的一生，正如亚里士多德所说的"挚友如异体同心"，朋友间互相激励，可成为彼此精神上的支柱。但是，部分大学生在交友过程中，由于受到家庭、学校和社会的不良影响，形成了不良的友情观和交友心理，如嫉妒、自卑、羞怯或是猜疑心理。这不仅阻碍了同学之间亲密友情的建立，同时也可能会产生不良的心理影响和人际交往障碍。人际交往能力是衡量大学生社会化程度的重要指标，而且现代社会的调查研究也显示，人际交往能力是成功的重要保障。因此，高校加强友情教育意义重大。

第一，要教育大学生建立良好友情的原则，包括平等、信用、尊重、宽容等。只有建立在类似原则基础上的友情才能让人产生愉悦、满足的心境，友情才能和谐而又长久。

第二，要教会大学生克服友情交往中存在的心理障碍、知觉障碍，如心理学中所说的"第一印象""刻板效应""晕轮效应"，针对不同的交往对象，全面地观察和了解交往对象，为良好互动型的人际交往建立基础。

第三，要教会大学生克服人际交往中的品质障碍。一方面要克服嫉妒心理，祛除个人中心主义，以宽容的心理悦纳朋友的成功，在竞争中保持良好的心态。另外一方面要克服自卑心理。自卑是人际交往的大碍，针对心理自卑者一是要鼓励他们进行自我肯定，增加自信，二是要让他们积极地在自己身上发现优点，减弱或消除自卑感。

第四，要教会大学生克服羞怯心理。教会大学生在全面客观的自我评价的基础上，学会观察和掌握生活和交往的技巧，从而使大学生在交往的时候得心应手。

当代大学生情爱教育中最受关注的是爱情教育。爱情是人生中最美好的感情之一，在大学时代遇到爱情，是人生的一大美事。从目前大学生恋爱的现状来看，大学生群体中有恋爱行为及倾向的人数比例非常高，没有恋爱打算的仅仅占 10%。2005 年《普通高等学校学生管理规定》的出台，解除了大学生在校结婚要做退学处理的规定，这从国家层面解除了对大学在校生婚恋的限制，也把大学生恋爱这一话题推向了前台，引发了社会公众、大学生、教育管理者的广泛关注。2015 年，在大学生婚恋解禁的 10 年后，重庆晨网记者从沙坪坝区、南岸区、北碚区、江北区、渝北等高校较为集中区域的婚姻登记中心了解到，登记结婚的大学生在主城不超过1000 对，且以女生为主。但同时，在校大学生恋爱现状令人担忧。江北区离婚登记处工作人员告诉记者，曾经还遇到过已结婚的在校大学生来离婚。"他们和其他离婚的夫妻不一样，协议内容不涉及财产分割、债权债务和子女抚养问题，离婚很简单，就像恋爱分手一样，只不过要履行正规手续。"大学生恋爱休闲化、实用化、放纵化和虚拟化现象严重，大学恋爱成了休闲驿站，成为部分大学生弥补精神寂寞空虚的方式。由于青年人的猎奇心理及生理成熟而导致的性冲动，大学生婚前性行为数量激增，因恋爱不当或性无知造成的悲剧事件偶有发生。这些严峻的问题对高校爱情教育造成了极大的挑战。现实要求高校教育管理者加强对大学生的爱情观教育。苏霍姆林斯基曾指出："爱情，是一个永恒的课题。它摆在年青一代面前。我们需要借鉴人类文明史提供的全部正面经验来研究这个课题。以解答年轻人的最隐秘感情——爱情有关的问题。但是，很遗憾，年轻人亲密关系的问题常常得不到解答。不仅如此，某些教育者还根本不予理解。结果，培养人的最重要的神圣职责被束之高阁，任其自流……这是教育工作中存在的严重缺点。如果说，在其他领域里，自发的个人生活经验不能代替社会对人的思想和感情所进行的有意识、有目的的教育，那么在爱情领域里，就更不应指望经验。"因此，大学生的爱情观教育、大学生恋爱心理的调适是爱情教育的重要内容，此外，还需要加强对大学生的性教育，要让大学生明白爱情意味着奉献、义务和责任，并能以一种健康成熟的态度对待两性之间的关系和行为，减少悲剧事件的发生。

（三）应对突发事件的教育

著名的社会学家贝克说："在现代化进程中，生产力的指数式增长，使危险和潜在威胁的释放达到了一个我们前所未有的程度。"随着经济发展，文化的急剧变迁、外部环境的变化，以及社会转型的阵痛和潜在的社会矛盾导致部分大学生思想混乱、信仰缺失，职业道德和社会公德水平下降，自由主义、拜金主义、个人主义等对高校改革发展产生了重大的影响。历史证明，学校是社会稳定的晴雨表，高校稳定对社会稳定意义重大。近年来，高校突发事件频发，表现出了多样化的特点，如意外伤亡、暴力行为、学生食物中毒等。这些意外事件的发生不仅伤害了一些大学生的生命，也给社会带来了不良影响。面对种类繁多的突发事件，提升大学生的应对能力和自救本领，是高校教育工作者开展生命教育的重要内容。

关于高校突发事件的类型，按照不同的标准，国内学者划分的类型不尽相同，但总体说来，按照内容可以划分为自然灾害事件、事故灾害事件、公共卫生事件、社会政治稳定类事件、人际关系因素类事件等，按照事件的性质可以分为政治类事件、治安安全类事件、学校管理类事件，按照人群可以划分为个体类事件和群体类事件，按照危害的结果可以划分为人身及精神损害类事件、财产损害类事件、秩序损害类事件及综合损害类事件，等等。大学生突发事件的偶发性大、影响面广、破坏力大、扩散性强、后果难料等特点进一步加剧了高校生命教育任务的紧迫性。

大学生突发事件的教育尽管已成为学界研究的一个焦点，但是由于起步较晚，仍然存在很多问题，如大学生突发事件的法律、法规和相关政策及预案缺乏，大学生对突发事件的管理意识较弱、缺乏应对的知识和能力，各校各部分的横向沟通不够通畅，积极应对突发事件但是忽视预防，等等。因此，高校必须建立起一套系统的突发事件的预防和应对机制。

大学生突发事件预防机制是指在危机尚未爆发之前，为应对可能出现的问题进行的一系列管理工作机制。这一预防机制的建立需要各部门之间的通力合作。一方面是建立专门应对突发事件的管理机构。专门管理机构的建立是提高合作效率的重要途径。各高校根据自己的具体情况，可以设立实体管理结构，也可以设立虚拟机构。从当前高校编制紧缺的现实来看，设立虚拟管理机构是高校部门结构设置的最佳途径。所谓虚拟机构是以解决具体问题为目标，从行政、学工系统抽调骨干教师组成项目小组，并根据事件大小确定参与人数，具有极大的灵活性。另一方面，要建立大学生突发事件的预警机制。一是要培养师生的危机意识。危机意识是高校突发事件预警的起点，正如管理学中所说的"温水煮青蛙"，我们要时刻提防变化的环境对高校带来的冲击和伤害，更要从各种高校问题中发现突发事件出现的征兆，及早觉察，及时排除。二是要积极开展应对突发事件的教育和训练。2006年8月31日，教育部在清华大学举办高校突发事件应急演练，教育部副部长李卫红在开幕式上强调，高校要深入贯彻落实《国务院关于全面加强应急管理工作的意见》精神，加强突发公共事件应急演练工作，检验和完善高校应急预案，增强广大师生公共安全意识和防灾避险的能力，提高应急处置工作水平。高校可以通过安全知识讲座向师生介绍相关的知识和技能；此外，通过模拟演练，使各个机构在处理大学生突发事件管理过程中相互配合、相互协作。

预防机制的建立是高校防范突发事件的基础。要有效处理、及时应对突发事件，建立相关的处置机制是关键。

第一，建立有序的应对行动机制。高校突发事件往往形势紧迫，管理部门首先必须做出正确的决策，立刻启动事先准备的应急预案，以避免事件的进一步扩大化。其次要做好人、财、物的调度管理。在配合各部门行动中还需要做好大学生突发事件的监测工作，防止连环事件的爆发。高校管理者在处理的过程中还应该积极关注事情解决的进展工作，监测负面影响是否在减弱，特别是要监测大学生的心理变化，以便采取有针对性的措施，防止大学生突发连环事件的发生，避免负面影响进一步扩大化。

第二，建立及时、准确的信息发布机制。突发事件往往影响极差，高校如果不能及时辟谣，平息媒体和大学生的过度反应，后果将更加严重。比如，2008 年汶川大地震后，5 月 15 日凌晨，QQ 上传出一条"四川达州蛤蟆大规模迁移，极有可能再次出现地震"的消息，而后这条消息在重庆大学城 ×× 大学各个班级群、学校群里传播。约 5 分钟后，大学城各高校纷纷出现由少数人开始呼喊逃跑引发的全校逃命的景象。跑出寝室大楼的同学纷纷掏出手机转发消息，嘱咐亲友做好防范工作。谣言由大学城的一个学校传到另一学校，再向全重庆发散式传播。在此突发事件爆发后，各学校校方主动联系重庆地震局，证实消息的虚假性后，各大学散布在外的学生才陆续回寝室。从这个案例中我们可以看到，在突发事件发生后，高校应该选择恰当的时间，通过多种途径向大学生和公众发布信息，这样才能够让大学生及时了解问题解决的程度，防止流言和恐慌的发生。此外，高校还应该建立突发事件的善后机制。突发事件解决以后，学校要及时总结经验教训，防止类似事件的再次发生。

四、生命道德教育

教育是人的生命的需要，是人的生命存在的支柱，生命离不开教育。叶澜等认为："教育具有鲜明的生命性。在一定意义上说，教育是直面人的生命、通过人的生命、为了人的生命质量的提高而进行的社会活动。教育是以人为本的社会中最能体现生命关怀的一种事业。"在这个倡导一切以人为本的时代里，生命是教育的终极目标。教育是生命与生命之间的交流，教育只有关注生命，回归生命，才能够达到其自然的目标。然而，在当前的教育工作中，也有少量漠视生命的现象。一些中小学校教育只以考试分数作为衡量标准，一些高校仅以就业率为标杆，这些学校将工具性价值凌驾于生命价值之上。长此以往，学生就可能会表现出生命虚无主义倾向，表现出困顿和焦虑及冷漠与放弃，成了单向度的人。虽然，从 20 世纪 90 年代以来，国内众多高校在引进、借鉴西方生命教育的基础上，结合本土的传统文化进行了生命教育的研究，但至今生命教育尚未形成成功的范式。在高校，大学生生命教育属于德育的重要组成部分，因此，我们不可能脱离道德教育、心理健康教育、思想政治教育去单独研究生命教育，而只有将德育的理念、内容、方法、价值等融入生命教育的内容。正如有学者所说："在德育中关注对学生进行整体人生的塑造，帮助青少年从小开始探索与认识生命的意义，了解生命的有限性，欣赏生命、珍爱生命、体验生命，树立远大的人生目标与理想，最终实现自我人生价值。"在高校进行生命道德教育是弥补当前德育教育不足的重要举措。

生命道德教育是德育的重要组成部分，可以做广义和狭义解。狭义的生命道德教育是指关注个体的道德生命，包括自我和他人的生命，进而扩展对社会和自然中存在的所有生命的关注，以达成道德和生命的有机结合。广义的生命道德教育是一种全人类的教育，不仅包含对生命的关注，还是一种对生命状态的关怀，表达对生命价值和尊严的重视，在体验和感悟生命的过程中，促进自然生命、社会生命和精神生命的健康发展，最终实现自我的人生价值。高校生命道德教育背负着对中学应试教育的纠偏和人文精神塑造的双重责任，具备一些不同于普通道德教育的特征。

第一，具有生命性。高校生命道德教育要遵循大学生生命的个体性和独特性，关注生命成长的经历与体验。生命性是高校生命道德教育的前提，也是在尊重"人"的基础上达成教育目标的基本手段。

第二，开放性。生命是一个开放的过程，在进行高校生命德育的过程中，要综合考虑整体的影响。这些环境有自然环境、社会环境与规范环境等。自然环境是人类赖以生存发展的生物圈，对人的生理、心理等方面都会造成影响；社会环境是生命道德教育的重要环境，其中家庭环境、学校环境都会对学生的德、智、体、美产生潜移默化的影响；规范环境是人类在社会群体生活中所形成和持有的态度、风气、气质与观念。在这种开放的状态下要充分利用高校生命德育的各种资源，达成关爱生命的终极目标。

第三，具有教育的促进性。高校生命道德教育理应具有促进大学生个体生命发展的功能，它可以为大学生生命道德的形成和发展提供正面能量和重要支持。第四，具有现实性。高校生命道德教育绝对不是高、大、空的脱离生命实际的学理性知识的介绍，它要关注大学生当下的现实需要，关注围绕大学生生活的困顿和苦恼，将理想教育和现实需求二者紧密结合。道德教育引领生命的航线，但是理想必须通过现实来达成。对于大学生而言，围绕在他们周围的学业、人际、友情、爱情、就业等问题使他们倍感压力。因此，高校生命道德教育不可能抛弃现实而一味追求理想，关注现实、解决大学生的具体问题，本身也是为了坚定和巩固大学生的生命道德理想。

应该说高校生命道德教育作为高校德育的重要组成部分，对传统德育模式是一种补充。因为，高校传统的德育模式往往忽视了个体的生命，仅仅执着于道德教育理论知识的落实，特别是功利主义的思想，造成大学生迷失自我，因为功利主义"天然地排斥批判性、创造性思维，排斥与之密切相关的无私的好奇心、知识上的冒险意识和反独断的探险精神"。在此影响下，大学生的生命价值异化、功利化的现象非常普遍。此外，尽管许多高校已经开始关注大学生生命道德教育，但生命道德教育目标定位的缺失，实施过程中方式和手段的单一，内容脱离大学生的实际需要等种种原因，造成了生命道德教育在高校德育中边缘化的现状。因此，高校加强生命道德教育，使其成为学校德育的重要内容得以实施，进而使大学生树立良好的生命道德意识，唤醒和培养道德情感，指导道德行为，落实生命教育的宗旨，也提高了学校德育的实效性。本节结合大学生的认知水平和思想道德发展特点，主要从以下三方面内容对高校生命道德教育进行介绍。

（一）价值观教育

价值观是个体对生活中的各种现象、问题进行判断的基本标准和尺度。大学生价值观教育就是根据青年大学生的认知水平和思想道德发展阶段所进行的价值观教育；具体而言就是根据一定的价值目标和依据，有计划、有组织、有意识地对大学生进行系统教育，激发大学生的主观能动性，使大学生形成正确价值观的活动。相较中小学以提高价值观认知为主的教育，针对18至23岁的青年大学生的教育，以提高价值判断为主，因此，教育难度更大，针对性更强。

价值观教育绝非中国特色，世界各国历来都重视它。比如，在20世纪80年代，美国前总统里根在国情咨文中强调，学校要培养以爱国，修养，诺言，恢复伦理道德、纪律等为主要内容的"国民精神"。围绕这一总目标，各大学纷纷制定各自的具体德育目标，爱国教育、法制教育、文明史教育、价值观教育，以及心理教育成为学校德育的重要内容。此外，还以法律的形式规定各级各类学校必须开设美国历史课程，在高校以选修课程的方式，一并培养大学生的爱国精神。苏联解体后的俄罗斯面临社会转型的诸多问题，包括国内新的政治与经济形势、国际的压力与挑战、猖獗的分裂主义与恐怖主义活动、青少年的违法行为等，众多问题带来很大的社会矛盾。在 1999 年上任前夕撰写的《千年之交的俄罗斯》一文中，普京明确提出了建设"俄罗斯思想"的问题。因为"国家迫切需要进行的富有成效的建设性工作，在一个四分五裂、一盘散沙似的社会里是不可能完成的。在一个基本阶层和主要政治力量信奉不同的价值观和具有不同思想倾向的社会里也是不可能完成的"。于是，俄罗斯采用了多种方法和手段。从 2001 年起直至今天，俄罗斯相继四次颁布了"公民爱国主义教育国家规划"。其中，最引人瞩目的是对体育爱国主义的推行。出于实现体育爱国主义教育的目的，体育运动作为爱国主义教育的重要手段被广泛运用。在俄罗斯两次卫国战争 (19 世纪俄法战争和 20 世纪苏德战争) 纪念日都要举行体育运动会；在青少年中及爱国青年组织"走向胜利""胜利后继者"等的活动中，都会开展如"雏鹰""义勇军"等军事游戏，举办国防体育和军事爱国主义夏令营，开展军事爱国主义俱乐部和协会工作。英国虽然没有统一的德育目标，但绅士教育有着悠久的传统。"德行、学问、智慧、礼仪"作为教育的目标，融合了德育的基本内容，如培养学生的社会责任感和公民责任意识，学习本国的文化与历史，养成良好的品德，等等。除了欧美，亚洲儒家文化圈内的国家也非常重视道德和价值观教育。美国著名的日本研究专家本尼迪克特在她的名著的《菊与刀》一书中提出，日本人的行为模式属于"耻感文化"，而西方文化背景的人属于"罪感文化"。前者的行为要靠外部的约束力来监督，人们的行为是根据别人的态度来决定的；后者则主要依靠内省和反思，靠内心中的信仰原则来自我约束。日本在 1947 年颁布的《基本教育法》和《学校教育法》中就曾明确规定教育的目标："以培养完美的人格为目的，应当培养热爱真理与正义、尊重个人价值，注重劳动与责任，富有自主精神、身心健康的国民，使其成为和平社会与国家的建设者。"1989 年修改的新《教学大纲》进一步"把尊重人的精神和对生命的敬畏之观念体现在家庭、学校和社会的具体生活之中"，把"提高学生的道德判断能力，丰富他们的道德心灵，培养道德实践能力"作为德育目标。此外，新加坡、泰国、马来西亚等国家也颁布了相关的道德教育目标，并制订了在教育中具体落实的计划。应该说，国外的价值观教育对我们当代大学生的价值观教育具有重要的借鉴价值。

2004 年，中共中央颁布的 16 号文件《关于进一步加强和改进大学生思想政治教育的意见》明确提出，加强和改进大学生思想政治教育的主要任务，其中之一就是以理想信念教育为核心，深入进行树立正确的世界观、人生观和价值观教育。习近平总书记在北京大学考察时指出，社会主义核心价值观把涉及国家、社会、公民的价值要求融为一体，既体现了社会主义本质要求，继承了中华优秀传统文化，也吸收了世界文明的有益成果，体现了时代精神。他强调，青年的价值取向决定了未来整个社会的价值取向，而青年又处在价值观形成和确立的时期，抓好这一时期的价值观养成十分重要。当前，大学生的价值观总体上是健康的、积极向上的，对社会主义道德规范大多数是认同的，但在多元思想冲击下也呈现一些新的特点，突出表现为个人主义、拜金主义、享乐主义等在部分大学生群体中的滋生蔓延，功利性倾向有所增强。在此背景下，加强当代大学生社会主义核心价值观教育成为摆在我们面前的重要使命。作为大学生成长的摇篮，高校是帮助大学生树立正确理想信念、凝聚共同价值追求的重要场所，肩负着帮助他们"扣好人生第一粒扣子"的重要任务。因此，在高校生命道德教育中首先要进行的就是价值观教育。

高校价值观教育主要包括三个方面的内容。

第一，大学生价值观评价标准的建立。价值观评价标准是对对象进行评价的基本尺度，也是一切价值评判的基本依据，因此，高校价值观教育首先要进行的就是教会学生选择评价的标准。不同的维度有不同的评价标准，在多元社会中，东西方文化的交流和碰撞使得价值观的评价标准的唯一性被打破，大学生价值观标准也日益多元化。因此，作为高校生命道德教育工作者，首先要在坚持社会主义核心价值观的前提下，教会学生选择正确的评价标准。"教会选择"就是让学生在多元化的社会环境中，经过价值冲突，培养价值判断能力，把自己的价值经验内化为稳定的道德品质，是个体自我体验、自我选择的过程，也是一种积极主动的吸收、辨别、内化的过程。个体选择的过程，就是不断建构自己道德结构的过程。"价值选择是个体面对价值冲突时，基于道德判断所做出的选择。"建立客观的评价标准是正确进行价值评判的前提和基础，也是高校价值观教育的关键环节，因此，在教育过程中，教育者应该以社会热点问题或价值冲突问题为案例，让学生在评价的过程中正视自己所处的困境，形成正确的价值观，做出正确的价值取舍和行为选择。

第二，大学生价值取向教育。价值取向是价值哲学的重要范畴，它指的是一定主体基于自己的价值观在面对或处理各种矛盾、冲突、关系时所持的基本价值立场、价值态度及所表现出来的基本价值取向。价值取向具有实践品格，它的突出作用是决定、支配主体的价值选择，因而对主体自身、主体间关系、其他主体均有重大的影响。应该说，价值取向是选择和追求人生价值的方向，它可以调整个体的人生价值目标，并实质性地影响价值实践的内容。一方面，不同的价值取向体现了不同的人生理念及个体对人生的期待和设计，体现了个体对人生价值的态度和关注，并决定了个体会怎样去看待人生、对待矛盾与冲突。另一方面，价值取向的形成受多方面因素的综合影响。如前所述，教育是一个开放的系统，大学生的价值取向绝非是思想政治课程教学或教材内容在他们头脑中的复现。当前，暴露出的大学生价值取向中存在的趋向实用化、功利化的现状，其实是社会价值观在大学生身上的复现。因此，高校教育者引导学生正确地进行价值判断，树立科学的价值观取向，是生命教育探索的重要内容。

第三，大学生价值目标的选择。价值目标就是人们对某种客观事物（包括人、事、物）的意义、重要性、值得获得性或者实用性的总评价和总看法。价值目标是价值取向的升华，是所有个人追求的终极目标，它贯彻个体社会实践活动的始终，并指引着人生价值追求的方向、内容和选择。据相关调查，当代大学生价值目标受社会背景和多元文化的影响，表现出了注重功利和现实，注重实用、实惠和物质享受，注重感官和金钱享受的倾向。高校价值观教育在引导大学生进行价值目标的选择时，应充分尊重他们的主体价值，并通过多种途径和手段，摒弃消极、错误的人生价值观的影响，充分调动大学生的主动性和积极性，自觉地追求真善美，为实现人生的价值而努力。

（二）感恩教育

感恩，是一种心态，一种品质，一种艺术，也是中华民族的传统美德。许慎在《说文解字》中将感恩解读为"感，动人心也；恩，惠也"。从语言的角度解读，感恩是因恩而感，二者是前提和结果的关系。感恩教育，就是教育者运用一定的教育手段和方法，对受教育者有目的、有步骤地实施识恩、知恩、感恩和报恩的思想道德教育活动。它以人的感恩意识和感恩行为的养成为目标，培养个体的感恩情感，发展个体的感恩行为能力，形成个体对己、对人、对社会、对自然真诚回报的感恩态度和人格特征。对于大学生感恩教育来说，它是一种以情动情的情感教育，是一种以德报德的道德教育，更是一种以人性唤起人性的人性教育。从本质上来说，感恩教育是一种情感教育，它强调"以情动情"。在开放的环境中，任何人都不是孤立地存在于社会之中，必然要与他人发生联系。于是，人与他人、与社会、与自然的交流之间都存在着情感，情感需求的满足正是在双向交往中得以实现的。大学生感恩教育就是要激发和强化大学生的情感体验。高校教育者要利用身边的一切有效资源，包括教育者的情感作为教学资料，与学生进行情感的沟通和渗透，让大学生从身边的人物、事件去体会他人、社会和自然给予自己的恩惠和方便，并衍生出幸福和愉悦的情感，产生回馈的认识、情怀和行为。此外，感恩教育本质上是一种道德教育，强调"以德报德"。在大学生感恩教育中，我们引导学生培养感恩意识，树立责任意识。因为在现实生活中，并不是完全有了"恩惠"我们才"感谢"，感恩绝非是你来我往的交易，而是要让学生学会体验别人对自己的帮助，进而能不求回报地付出。从这个层面上说，感恩教育就是"以德报德"，要培养大学生对自己、对他人、对社会、对自然的责任意识，并内化为自己的行为习惯。"作为有天赋心灵和意识的人，我们的责任是鼓励对表现在一切方面的人类精神的优美的理解和欣赏，鼓励精神上对宇宙的敬畏和惊叹，因为宇宙产生了生命和意识，并可能继续进化到洞察力、理解、爱和同情心的更高的层次。"最后，感恩教育从本质上来说是一种人性教育。人性，是人区别于动物的本质区别。在感恩教育中以我们身边的人、事件乃至动物为案例，体现人性中的真善美和假丑恶，对于正在进行专业学习的大学生而言有极其重要的意义。一位纳粹集中营幸存的中学校长给所有老师提出了一个请求，强调人性对于人类的重要性。"我是一个集中营的生还者，我亲眼看到人类不应该见到的事情，那毒气室是由学有专精的工程师建造，儿童由学识渊博的医生毒死，幼儿被训练有素的护士杀害，妇女和婴儿被高中生和大学生枪杀并焚烧，看到这些令我怀疑教育是为了什么？这些人都学了很多知识，很能干，但是杀人的时候居然这么狠，所以，我们的教育失败在哪儿？"这位校长说，"请帮助我们的学生成为具有人性的人，因为你们的努力绝不能制造学识渊博的"怪物"，多才多艺的心理变态狂，成绩优良却杀人不眨眼。读、写、算只有在使我们的孩子具有人性的时候才具有重要性。"一个人在成长的过程中，只有对人性有了足够的理解，看人包括看自己的眼光才会变得既深刻又宽容，在这样的眼光下，一切隐私都可以还原成普遍的人性现象，一切个人经历都可以转化成心灵的财富。总之，在高校，感恩教育隶属于生命教育的范畴，也是高校思想政治教育的重要内容，它能有效帮助大学生正确地认识和处理自我身心发展，自我与社会、与自然的关系，增强对感恩教育的认同感，进而升华为道德情感和道德意志，并最终内化为道德行为，善待身边的一切人和事。

近年来，媒体报告的各类大学生事件引起了社会的广泛关注。"南京大学心酸父亲"的那一句"尽管你伤透了我的心，但你终究是我的儿子"是中国千万普通父母无奈又痛苦的缩影；2007年8月，湖北襄阳五名贫困大学生受助资格被取消，原因是获资助一年多，没有主动给资助者打过一次电话，写过一封信，更没有一句感谢的话，他们的冷漠让资助者寒心，因而取消了对这五名对象的资助；"丛飞事件"中那个曾经受丛飞资助而后在大学工作的人，却打电话怒斥丛飞让他"没面子"；等等。媒体所掀起的一个个舆论漩涡将大学生这一群体推上了风口浪尖。人们感慨的是作为未来栋梁的今日大学生，却有一些人情感如此冷漠，以自我中心，缺乏对父母对老师的感恩之情，缺乏对国家的感恩，若是任其发展，让更多大学生变成这样，那么我们的民族、我们的国家未来究竟会走向何方？一些大学生感恩意识缺乏的现状给我们的教育敲响了警钟，让所有教育工作者和家长反思教育的目的究竟是什么。正如雅斯贝尔斯所说："教育，是人对人的主体间的灵肉交流活动，包括知识内容的传授、生命内涵的领悟、意志行为的规范，并通过文化传递的功能，将文化遗产教给青年一代，使他们自由地生成，并启动其自由天性。"在一些人过分追求分数、追求升学率、追求就业率的教育中，教育偏离了它原有的轨道。加强生命教育，强化感恩教育，注重人格教育，是教育义不容辞的责任。

感恩教育是一个长期的过程，不可能一蹴而就，需要家庭、社会和学校形成教育合力，立体、全方位地对学生进行教育引导。而大学教育，作为人生命成长的一个特定阶段，在感恩教育的培养中同样具有非常重要的作用。感恩教育要培养大学生识恩、知恩，教会大学生知恩图报，最后使大学生养成施恩不图报的优良品德。在此过程中，我们还要培养大学生对父母的感恩意识。中国传统文化提倡"百善孝为先"，父母给予了我们生命，含辛茹苦地抚养我们长大，孝敬父母、善待父母是我们热爱祖国、热爱人民的前提。此外，培养对师长的感恩意识，培养对他人、对祖国、对自然的感恩意识都是高校生命教育的重要内容。高校作为专业培养和健全人格的培养基地，在大学生感恩教育中必须发挥其优势，将感恩教育融入学科教学，积极营造优化感恩的校园环境，通过广播、展板、标语、网络等多种平台广泛宣传，树立典型，以教师和学生榜样为示范，加强情感引导和交流。此外，通过加强社会实践活动，如服务社区、志愿者活动等，让大学生的感恩认知从感性层面上升到理性层面，并将其内化为个体的观念指导行为。

第二节　高校大学生诚信教育

一、大学生诚信教育的必要性

诚信是一切道德的基础和根本，是人之为人最重要的品德。大学生正处于人生观的形成和发展时期，加强大学生的诚信教育，是塑造大学生健全人格，培养21世纪合格人才的需要。诚实守信是市场经济的内在要求，大学生是未来社会主义市场经济建设的主力军，加强大学生的诚信教育也是社会主义市场经济建设的需要。当前，我国正处于经济转轨时期，由于某些原因，一些人诚信缺失现象比较严重，大学生中也经常出现一些不守诚信的现象。这种诚信的缺失不仅关系大学生自身的健康成长，更危及国家的富强和民族的振兴。因此，在大学生中深入开展诚信教育，强化诚信意识，是当前高校人才培养工作中一项重要而紧迫的任务。

二、大学生诚信缺失的原因

（一）社会大环境的影响

当今社会上的确出现了一些信用缺失的现象，失信惩罚机制不完善和社会信用评估体系不健全使失信者不能得到相应制裁，客观上助长了大学生淡漠诚信的心理。

（二）家庭在教育中的地位

现代家庭教育大多强调只要学习好，其他一切都好。甚至有的家长怕孩子在外面"吃亏"，常常给孩子灌输消极的处世哲学；有的家长本身就存在不诚信的行为，对孩子产生了消极的影响。

（三）部分学校的德育教育流于形式

许多大学流于德育教育，仅重视德育政治导向功能和理论教化，忽视基础道德要求和行为养成，导致德育时效性不强，使本应受到重视的诚信教育流于形式。

更有甚者，有些院校在招生宣传等工作中不诚信；在就业方面，为追求就业率，对学生的推荐材料审核不严，对学生的造假行为放任不管，对用人单位质疑含糊其词，助长了学生不良风气的蔓延。

此外，传统的小学、中学应试教育的观念根深蒂固，而小学和中学阶段正是学生世界观、人生观初步形成的重要时期，这一时期的德育教育的偏颇，构成了诚信缺失的主要原因。

（四）用人单位人才标准和招聘方式不科学

长期以来，国内对于人才的界定，"学历论"的色彩尤为浓厚，注重专业和业务能力，对学生品德素质的评价和要求比较笼统，考核的内容也不具体。这些错误的导向在一定程度上诱导部分学生走上不诚实之路。

三、提高大学生诚信教育的对策

（一）培养道德情感，锤炼诚信的道德意志

道德情感是个人对现实生活中道德关系和道德行为的爱憎、好恶、信任、同情、痛苦等内心体验和主观态度，它往往成为道德实践的直接动机。苏霍姆林斯基认为，没有情感，道德就会变成枯燥无味的空话，只能培养伪君子。因此，必须培养大学生对诚信的坚定情感，将道德认识升华为高尚的道德情感，才有可能内化为人的道德品质。所谓道德意志，是个体在履行道德义务的过程中，通过自觉地确定目的、支配行动、克服困难等表现出来的能动的实践精神。它有三个重要特征：自觉性、自主性、自律性。诚实守信是一种品质，仅靠外在约束显然是不够的，还要加强内在意志品质的培养。道德意志坚定，才能克服诸多内外困难，自觉按照社会道德规范来抉择和调控自己的行为。

（二）以文化活动为载体，广泛开展诚信道德实践活动

高校有良好的育人环境、丰富的教育素材，学生诚信理念的建立和诚信行为的养成虽然有赖于社会大环境的好转和优化，但也离不开高校自身所特有的先导能动作用。学校要充分利用一切宣传理论工具，充分发挥其文明窗口的作用，如利用广播、宣传板、黑板报、壁报等，大力宣传诚信教育的社会意义，褒扬诚实守信的先进典型，广泛开展以诚实守信为主题的多种形式的诚信演讲、讲故事，征文比赛、辩论赛、无人报刊销售等实践活动，积极营造"以诚信为荣，以失信为耻"的良好风气，真正形成倡导和注重诚实守信的良好氛围。

（三）加强大学生网络诚信教育

高校德育应当充分使用网络手段，发挥网络在道德教育中的作用。通过网络来

改变传统教育过于单一的教学手段，丰富德育课程的内容；通过开设诚信教育网站等形式，充分利用网络的信息传递优势，宣传诚信思想，营造诚信教育的良好氛围；同时，网络教育强调的是"双主体"，能充分发挥学生的主动性，较好地避免传统教育中学生常常因"客体"身份而带来的逆反心理，达到良好的教育效果。此外，网络手段又有利于预防和抵消网络对诚信道德教育的负面影响。

四、大学生人际关系的构成

大学生处于各种社会关系的复杂网络中，不同类型的人际关系促使他们采取不同的人际交往方式，而不同的人其心理承受、调节、适应能力的强弱也有一定的差异，因此，不同人际关系对大学生造成的影响不尽相同。

（一）同学关系

同学之间交往是大学生人际交往中的主要形式。同学间没有过多的利益冲突，虽然可能有或多或少的不愉快，但大学同学关系总体上是和睦的、友好的，并且有亲情化的趋势。

（二）室友关系

宿舍生活是大学生活中不可缺少的必要组成部分。因为，室友是每天接触机会最多、相处时间最长的人，所以，室友关系的好坏对大学生造成的影响相对较大。

（三）师生关系

老师与学生是大学校园里的两大基本群体，师生关系是大学生人际关系的必要内容。大学师生关系与中小学师生关系相比，交往、交流较少，关系不够密切。

（四）网络人际关系

网络的普及催生了网络人际交往这一种特殊的、新生的人际交往方式，给大学生的生活方式、价值观念带来了前所未有的挑战和改变。

（五）个人与各种集体关系

大学生都不同程度的处于年级、班级、各种学生社团等大大小小的集体交往中，个人在集体交往中的参与程度、扮演角色等决定了个人与集体的交往关系。

五、大学生人际交往的原则

（一）平等互尊原则

平等，一是指政治平等，即人们在政治活动中享有同样的权利和地位，包括民主权利、参与社会管理权利、政治信仰权利等；二是指经济平等，主要指按劳分配、等价交换、个人财产不受侵犯；三是指法律平等，即法律规范应反映人际间的现实平等，法律一旦制定，对任何人都有同样的约束力；四是指人格平等，主要是尊重他人的自尊心和感情，不践踏他人的人身权利。当然，平等是相对的，不是绝对的。平等主要是指起点和机会均等。以学生为例，国家为每个人提供了有可能上大学的机会，至于谁上大学、上什么样的大学，则要看各人的努力和条件。

尊重包括自尊和尊重他人两个方面。自尊就是在各种场合都自重、自爱，保持自己的人格尊严；尊重他人就是重视他人的人格和价值，承认他人在交往中的平等地位。马克思说得好："你希望别人怎样对待自己，你就应该怎样对待别人。"在人际交往中，尊重是一个重要信息，能够引发人的信任、坦诚等诸多积极情感，缩短相互间的心理距离。一个不善于尊重他人的人，很难与他人进行良好的合作与共事。

（二）诚实守信原则

要"言必行，行必果"，答应做到的事情不管有多难，也要千方百计、不遗余力地办到。如果再三努力也没有实现，则应诚恳说明原因，不能有"凑合""应付"的思想。守信用者能交真朋友、好朋友，不守信用者只能交一时的朋友或终将被遗弃。坚持信用原则，要做到有约按时到，借物按时还，不胡乱猜疑，不轻易许诺，不信口开河。

（三）宽容团结原则

宽容团结是人际关系的重要准则。这是因为，在人民内部，奋斗目标相同，根本利益一致，有宽容的现实基础。宽容，简单地说，就是宽宏大量，忍耐性强。具体地说，就是要听得进话，包括好话、坏话、正面的话和反面的话；受得了气，要有委曲求全的度量，容得了人包括超过自己的人、拥护自己的人和反对自己的人。宽容还要容得下别人的缺点，相信他人能自己改正错误。

（四）互助互利原则

交往双方的心理都能需要获得满足，关系才会继续发展。因此，交往双方要本着互助互利原则。坚持互助互利原则，就要破除极端个人主义，与人为善，乐于帮助别人。同时，又要善于求助别人。别人帮助你克服了困难，他也会感到愉快，这也可以进一步促进双方的情感交流。

六、大学生人际交往能力的影响因素

人际交往中的能力和技巧对交往的过程有重要的影响，对于大学生而言，人际交往能力主要有以下几个方面的不足。

（一）知识经验不足

有的大学生缺乏交往的经验，尤其是成功交往的经验。他们想关心人却不知从何做起，想表现自己却不知道如何展现。知识经验的欠缺还表现在对交往对象的认知上，"世界是彩色的"，人有形形色色，与不同个性类型的人交往，其策略应是因人而异的，以任性化的模式与人交往无疑会受挫和失败。

（二）语言表达能力欠佳

语言是交往中重要的信息资源，是最重要的交际工具。好的语言表达，是指既知道在什么情况下说什么，又知道在什么情况下怎么说。俗话说："良言一句三冬暖，话不投机半句多。"有的大学生语言表达能力差，词不达意，话不得体。本想表示友善，言辞却是冷冰冰的，这势必影响交往的顺利进行。

（三）交往监控能力缺乏

交往监控能力指交往者为了保证交往达到预期的目标，而在交往全过程中，将交往活动本身作为意识的对象，不断地对其进行积极主动的计划、检查、评价、反馈、控制和调节的能力。这种能力主要分为三大方面：一是对自己交往活动的事先计划和安排；二是对自己交往活动有意识的监察、评价和反省；三是对自己交往活动的调节、校正和自我控制。交往监控能力是人际交往能力的最高水平，一个成功的交往者必定具有较强的交往监控能力。有些大学生的人际交往障碍往往是由于没有注意培养自己有效的交往监控能力。

七、大学生人际交往的策略与方法

（一）正确认识自己

正确认识自己是交往的前提与良好的开端。要正确认识自己，就要做到客观公正地评价自我，做到既不清高，亦不妄自菲薄，又要充分发挥自己的长处。正确地与别人比较，正确地看待竞争，塑造自己的坚强个性，增强自身的人际吸引力。

（二）端正对人际交往的认识

人际交往是人类社会独有的社会现象和活动，是人类历史的必然组成，也是人们日常活动的必然内容，是群体构成的重要条件，是青年形成自我意识的重要途径。人们在生活中必须形成健康的人际关系。即双方进行可靠的相互沟通；向对方提出合情合理的要求；双方自觉地、积极地关注对方的自身完善和幸福；双方都能珍视对方的自由和独立的存在，而不是设法去控制对方。

（三）要宽以待人，不能苛求

世界上根本没有纯粹完美的事物，造物主在造物时就给每一样东西都留下了缺陷，不然今天的世界怎么会呈现这般的生动和丰富多彩？人人都有缺点，如果你想找一个完美的人做朋友，恐怕是不现实的。

如果我们能从另一个角度思考，说不定很多缺点恰恰正是优点。一个固执的人，你可以把他看成一个"信念坚定的人"；一个吝啬的人，你可以把他看成一个"节约的人"。一个城府深的人，你可以把他看成一个"能深谋远虑的人"；一个自大的人，你可以把他看成一个"自信心强的人"；一个喜欢发脾气的人，你可以把他看成一个"感情丰富的人"。

对朋友过于苛求，实际上等于还没真正理解"朋友"的含义。我们需要朋友，但不能完全依赖朋友。不能对朋友有过高的期望值。如果一个人太依赖友情，那他从友情中得到的往往不是快乐，而是苦恼。如果把快乐寄托在别人的身上，那是很危险的。不管这个人是多么亲近的人，父母也好，爱人也好，子女也好，朋友也好，寄托的结果往往是失望，倘若我们对别人没有太多的奢望，就会减少很多患得患失的烦恼。过于苛求。将适得其反，最后会导致"兄弟反目"的结果。

（四）克服社交恐惧症

常见的社交恐惧症主要表现为对人际交往特别敏感、害怕，极力回避与人接触。

总是担心自己社交不成功，对一些集体活动避而远之。由于交往的范围越来越小，最后走进自我封闭的圈里。这类同学最重要的是增强自信心，克服交往心理障碍。充分认识到自己的不足并乐于承认既成的事实，不要过于注重社交和自身形象的完美，不要在生活的细枝末节上左顾右盼，要学会诚然处之的生活方式。

（五）学会交谈技巧

注意倾听是一项很重要的技巧。哲学家黑格尔说过，在有些场合，由于你说了好多话而没有注意倾听，你至少做了两件对自己十分有害的事。第一，尤其在同行和比你强的人在场时，你暴露了你的浅薄与无知；第二，由于你的滔滔不绝，你失掉了向别人尤其是向专家学习的机会。

第三节　高校大学生廉洁教育

古往今来，廉洁一直是社会所关注的热点问题。随着社会的发展，大学生廉洁教育也正在如火如荼地进行着，了解大学生廉洁教育的内容、原则及目的，理解大学廉洁教育的意义，从而实现大学生成为"国民表率、社会栋梁"这一目标，将大学生培养为真正的、合格的社会主义接班人。

一、大学生廉洁教育的内容

（一）古代廉洁文化教育

中华历史可以用上下五千年、纵横八万里来形容，其中廉洁文化更是深深地植根于其中。在中国古代王朝的治理体系中，统治者非常重视和推崇廉政建设。古代政治家一直遵循"清正廉明""吏治清廉"这一行为准则；在儒家修身、治国、平天下的政治理念中，"廉洁""廉平""廉正""廉直""廉谨"也是其主要的道德准则。在现代政治和现代经济发展中，历代思想家和政治家所创造的反腐思想和倡导措施，都发挥了不可磨灭的作用，与此同时，廉洁文化还是非常宝贵的历史文化遗产，即使是对当今社会，仍然具有非凡的意义。对于廉洁文化教育，我们要打破传统思维的限制，从古至今、从国外到国内，只要是对我们有利的廉洁文化，我们都要积极地吸收，促使我国的廉洁制度体系更加系统、完整。在高校开展大学生廉洁教育活动，促使大学生深入地学习和了解中国古代的廉洁思想，增强其廉洁文化意识，在潜移默化中利用廉洁文化资源。

（二）社会主义核心价值体系教育

我党不仅在廉洁文化建设方面，在思想文化建设方面也取得了跨越性的胜利，即社会主义核心价值体系。其中，马克思主义指导思想、中国特色社会主义共同理想、以爱国主义为核心的民族精神和以改革创新为核心的时代精神、社会主义荣辱观等都是它的主要构成部分。另外，通过《中共中央关于构建社会主义和谐社会若干重大问题的决定》，我们可以清晰地看出，在社会生活中的方方面面，社会主义核心价值体系一直是我们坚守的阵地。对于这一体系内涵及现实意义，我们必须进行深刻地探讨与解析，力争将内在的影响充分地发挥出来。在高校思想政治教育中，可以用社会主义办学的教育目标来解释这一体系，即在共产主义的崇高理想下，对当代大学生进行教育，使之努力成为合格的社会主义建设者和可靠的接班人。

（三）法制观教育

帮助大学生学习、理解社会主义民主和法制知识，自觉遵守国家法律法规，正确行使民主权利，维护社会主义法律秩序，这些都是社会主义法制观教育。具体来说，法制观是指人们自身对某一社会的法律制度和社会秩序的认识和基本看法，甚至涉及他们对民主、法律制度和纪律的理解。对人们进行社会主义民主和法制教育是社会主义法制观教育的主要内容。

在开展和推广廉洁文化时，组织学生学习政治理论、法律、法规、原则和政策等，有利于挖掘学生的廉洁意识，升华学生的精神境界，引导学生树立正确的世界观、人生观和价值观，帮助学生少走弯路。在开展大学生廉洁教育的实践过程中，社会主义核心价值体系始终是我们开展活动的核心，在此基础上，学习党和国家廉政、廉政建设的方针政策，始终坚持推进民主教育、法制教育和纪律的开展。与此同时，我们必须注意到廉洁教育的警示功能并将其作用充分地发挥出来，可以增设法庭旁听、参观廉政教育基地。另外，高校廉洁教育还应该涉及其他的内容，如关于公民的基本权利和义务、遵纪守法和权力问责等方面的内容。

教育内容不应该只局限于我国，可以立足于国际视野。例如，向学生介绍《联合国反腐败公约》的内容，当然也可以借鉴其他国家，把其他国家有关廉洁方面的好的政策、法规和经验介绍给学生，同时将他们取得的好的成绩也展示给学生们。为了帮助学生工作之前了解廉洁教育的实效性和针对性，必须要在学生毕业之前重点进行与公共权力相关的法律法规教育，并应教会学生们正确处理在进入社会后可能接触到的腐败现象。

（四）中国共产党反腐倡廉理论教育

经过历史和实践证明，我党对于历史的经验教训是非常重视的。在我党的发展轨迹中，无论是革命、建设还是改革实践，对于党风廉政、廉政建设我们一直没有放松警惕，坚持从严治党，把反腐倡廉视为重要的部分。换而言之，中国共产党九十多年的奋斗史，也可以说是反腐倡廉的斗争史。在我党的工作进程中，反腐倡廉工作发挥了举足轻重的作用，特别是近年来，我党不断加强廉政、廉政建设，进一步巩固党的执政地位。自从改革开放以来，经过我党的不懈努力与探索，我们党在反腐败工作中积累了宝贵经验，形成了具有结构性、系统性的理论体系。在高校开展相关理论的课程，在廉政、廉政建设的基本立场和正确观点上，让大学生了解相关内容，学会辩证地分析反腐问题。比如，结合党的周年纪念活动，高校开展廉政、廉洁社会调查，促使学生积极地参与反腐作品的创作，参观革命纪念场所和警示教育基地等。

二、大学生廉洁教育的载体

（一）课堂教学

我国高校廉洁教育的形式主要包括两种，即主题教育活动、社会实践活动，当然还包括其他的活动。但没有完善的教学体系可以较为深入地进行课堂教育。在教学实践过程中，课堂教学具有独特的优势地位，例如，有规模效应、统一要求、系统清晰等优势，它反映了社会对目标的强烈意愿和方法论上鲜明的科学特征。如果想要加强大学生廉洁教育，我们必须提高对课堂教学的重视程度，充分发挥其优势，特别是思想政治理论课的主渠道作用。

一方面，培养学生廉洁品质时，必须将该类课堂作为有效的植入点，紧密结合当前高等教育的相关内容，帮助学生树立一个正确的思想观，并通过对大学生进行廉洁教育，以实现培养合格的社会主义事业建设者和接班人这一目标。对于廉洁目标的实现与教学内容的完善，实现有机的结合，在设置教学计划时，必须将廉洁教育纳入考虑范围，与此同时，教师和上课时间应该得到充分保障，不能敷衍了事，充分发挥课堂的载体作用。对于享乐主义、盲目攀比、官僚主义等错误观念，引导学生正确地看待并且学会辨别，使诚信意识深深地印在学生的骨血之中，进而培养学生的廉洁意识。

另一方面，在大学生职业生涯规划教育的实践过程中，高校应该设法开展廉洁教育，帮助学生树立正确的职业观，引导学生正确认真地看待职业价值，培养学生的廉洁意识，并将廉洁教育渗透于职业知识、职业技能培训之中，使廉洁教育在潜移默化中影响学生。根据学生所学的专业的不同，对学生的职业理想、职业道德和职业纪律进行有针对性的教育，帮助学生在未进入社会时就意识到自己将来所从事的职业的社会价值，深刻感受到自己所担负的责任。在此基础上，还要针对学生未来将会从事的职业提出具体的要求，例如，新闻专业"不写假新闻"，会计专业"不做假账"。在开展廉洁教育时，必须要与学生的生活相结合，融入真实的社会情景，只有这样，学生才能真切地体会到廉洁教育的重要性，明确学习目的，进而促进廉洁教育顺利开展。

（二）廉洁教育机制

在廉洁教育工作的各个环节中，对其进行实效性评估是非常重要的。在亚里士多德看来，良好的理解并不是由理解产生的，而是行动产生的结果。从客观角度出发，开展大学生廉洁教育并不是短期之内就能完成的，这项工程需要长期而系统的支持。为了将廉洁教育的工作效果发挥到最佳，高校必须立足于社会实践，结合学生生活的实际状况，将廉洁教育融入学生所接触的社会生活的方方面面，如社区、学校、家庭和校园文化之中，使之能够相互融合，互相弥补不足，促使教育形式多元化，教育途径多样化，升级教育的资源配置，努力营造"四位一体"的整体协同效应。所以，必须要针对大学生的专业，充分发挥廉洁教育的主力军作用，家庭教育从旁辅助，家校共进、共同调动一切可利用的积极因素。与此同时，高校也要构建和发展廉洁教育机制体系，并且提高在思想政治教育理论体系中的重视程度，在基础教学课程中设置相关的廉洁教育课程，确定教学的步骤，体现出教学的顺序性和结构性。必须要将各个区域的积极影响和优势地位充分发挥出来，建设成具有结构性和网络性的高校廉洁教育体系。

（三）校园文化建设

从文化的特点来说，文化对人有深远持久和潜移默化的影响。积极的校园文化推动学校建设的发展，消极的校园文化则会阻碍学校建设的发展，一个学校的进步与否主要看它的校园文化。从这个角度来说，必须把廉洁文化与校园文化实现有机的统一，在学生的成长之路上，以积极健康的廉洁文化为指导，避免学生走上弯路。把学生培养成合格的社会主义事业接班人，这是大学教学的目的所在。

第一，在考虑提高学生的综合素质和全面发展时，可以丰富校园的活动形式，激发学生的兴趣，促使学生踊跃地参与进来。在将廉洁教育融入校园文化建设的过程中，可以发挥校园文化和网络的影响，培养学生的廉政意识，升华学生的精神境界。也可以举办各种学生活动，例如，学术比赛、科技创新、文化艺术演出、反腐倡廉为主题的演讲征文比赛、廉洁文化作品创作等，在校园间营造一种良好的社会风尚的氛围，在潜移默化中影响学生。与此同时，更要注意好两个时间段，即入学和毕业。利用不同的活动形式和校园文化，在不知不觉中培养和发展学生的廉洁意识。

第二，校园文化的实际情况是开展廉洁文化的前提，在开展廉洁教育的过程中，必须帮助学生学会自我管理，并在其中锻炼和体会与廉洁相关的内容，以此为基础，引导学生走向廉洁的生活。在大学生廉洁教育这项工程中，文化的作用不容小觑，必须不断地进行探索与试验，使教育内容更加丰富多彩，将廉洁观念融入学生的骨血，在大学中构建起廉洁的保护伞。

第三，需要加强师资道德建设，营造良好的教育氛围。教师是"人类灵魂的工程师"，教师不仅教书育人，还有言传身教的作用，学生会在不自觉间模仿教师的行为，在正常的教学活动中，教师的思想政治素质和职业道德水平具有至关重要的作用，对于工作的效率和学生的健康成长意义重大。教师只有真学、真信、真懂、真用，才能促进学生的全面发展。在高校的教学实践过程中，任课教师所要做的不仅仅是传道授业解惑，也要做廉洁教育的传承者。因此，教师要不断提高自己的道德和专业水平，为学生树立一个良好的榜样。

（四）互联网教育平台

随着时代的发展，网络信息技术已经成为人们现实生活中必不可少的一部分。加强大学生廉洁教育，要充分发挥现代信息技术的优势地位，将廉洁教育的思想植入大学生的头脑中去。紧紧抓住、利用信息网络这个技术平台，对于大学生来说，是更加具有探索性和创新性的，与学生的生活是更加贴近的，它有利于学生积极主动地接受廉洁教育，开阔学生的视野，促使教育结果更加喜人。例如，可以在校园网站上开设一个关于"反腐倡廉"的专门网站，还有"廉洁文化进校园"的专项栏目等。与此同时，引入一些相关的故事与事例，通过学生的精心制作，上传到网上与同学们共同分享。引导学生在使用网络时，自动带入廉洁品质，提高学生的辨别能力，自觉抵制与清正廉洁相悖的内容。

（五）社会实践

在高校的教学实践中，我们一定要明确廉洁教育与教学实践的关系，充分发挥社会实践这一重要媒介的影响力，将廉洁教育与教学实践密切联系起来。在社会实践中践行廉洁理念，积极、有效的发挥社会实践的作用，有利于挖掘大学生的自身才华和能力，使其了解社会、了解国情、增强社会使命感。开展社会实践活动，要不断深入地组织学生开展社会实践，引导大学生结合具体实际，深入了解社会，为社会服务贡献自己的力量。

三、大学生廉洁教育的原则与目标

（一）大学生廉洁教育的原则

对大学生进行廉洁教育，可以促使其在大学期间就开始逐步形成健康的、积极的道德观和正确的、积极向上的价值取向，能够为他们未来步入社会、融入社会打下良好的基础。需要注意的是，对大学生进行廉洁教育也需要遵循一定的原则，即以人为本原则、正面教育原则、心理调适原则和潜移默化原则。

1. 以人为本

以人为本原则，就是在进行大学生廉洁教育时，坚持大学生在廉洁教育中的主体地位，并且立足于大学生的生理与心理特点，依据大学生的实际需求，对大学生进行理想信念教育、廉政理论教育、社会主义核心价值观教育、法律修养教育和思想道德教育，在整个教育实践过程中，将提倡富强、民主、文明、和谐，提倡自由、平等、公正、法治，提倡爱国、敬业、诚信、友善的社会主义核心价值观作为整个教学过程的生命主线，在大学生廉洁教育中，这些是主要的指导思想与主要的教学内容。值得引起注意的是，在教育的实践过程中，廉洁教育绝对不能一成不变，必须要结合时代的发展，与实际状况相结合，解决新形势下大学生的廉洁教育所面对的挑战与问题，必须按照规律办事。廉洁教育要符合大学生年龄发展、心理发展的特点，所拥有的知识水平及这一时间段内的接受能力，简而言之，就是必须根据大学生思想道德形成和发展的客观规律来开展相关的内容。对廉洁教育内容要经过精挑细选，绝对不能照搬照抄、生搬硬套，如在选择廉洁教育内容时，不能套用针对国家公务人员的内容，如果过多选用这一内容，就会导致学生过多地看到社会的阴暗面，反腐败的心受到打击。在教育方法上，必须立足于实际情况，因势利导、循序渐进，绝对避免形式主义，要具体问题具体分析，因材施教，促进学生的全面发展。有针对性地开展教育活动，注重把握知、情、信、意、行的内在联系，增强教育活动的吸引力和感染力，将大学生的廉洁教育落到实处，并且发挥出最佳的效果。

2. 正面教育

正面教育原则，就是坚持、贯彻实施科学的理论方针，以崇高的精神、正确的舆论、优秀的作品，引导、塑造和鼓舞学生向积极的方向发展。如何建立正面教育原则，主要包含三个方面的内容。

第一，深入开展社会主义法律法规教育。提高学生明辨是非，辨别是非美丑的能力，通过正面教育活动的开展，帮助学生与教师认识到这方面的大体现状，认识到我党在党风廉政建设和反腐斗争中，取得了哪些重大的成果与进步。在精神方面，鼓励学生进行反腐斗争。

第二，必须在学生的头脑中形成正确的理论，向学生介绍马克思主义中国化的优秀理论成果，并且以此来武装学生的头脑，帮助学生学会运用马克思主义的科学的理论与方法来面对生活，处理生活中的问题。时刻谨记崇高的共产主义理想与中国特色社会主义理想。

第三，积极推进正面典型示范教育，搜寻各个时期的先进的典型人物，将他们的廉洁自律、高尚为民的品质，进行大力宣传，在潜移默化中影响大学生思想，在一定程度上引导大学生向积极的方面发展，为大学生树立一个精神目标。

3. 心理调适

主要是指打开学生的心门，使学生能够敞开心怀，将自己的真实想法表达出来。简而言之，就是不管是受教育者在精神上还是心灵上，都要密切地保持着联系和沟通。目前，大学生的心理状态仍然处于发展的状态，他们的世界观、人生观和价值观尚未完全成熟。有时候，不可避免地对事物的看法会出现极端的状态，无法接受社会黑暗面，没有强大的心理承受能力。在我国社会转型的阶段，出现了一些腐败现象，给大学生带来了巨大的心理影响，甚至造成了严重的心理障碍，进而导致对相关问题的误解。所以，我们必须结合实际的情况，积极应对这些大学生廉洁教育所面临的挑战，必须认真梳理和深入分析大学生思想的背景、根源和可能后果，帮助大学生正确地辨别是非，将大学生错误的思想推向正轨。除此之外，我们还应实行积极有效的方法，尽量降低腐败现象对学生的消极作用，帮助学生正确地看待问题，引导学生科学地分析与判断我国反腐运动的总体形势，以及制定的相应的政策与法律法规等，并且告诉学生们，我们已经取得了突破性进步。一方面，必须帮助大学生深刻挖掘腐败发生的深层次的原因，使学生能够知道反腐斗争的长期性、艰巨性和复杂性，对于腐败问题避免大学生出现认识浅显的现象的出现；另一方面，不论做任何事，只要看到希望就会有前进的动力，所以，必须让大学生看到党和国家打击腐败的坚定信念和决心，帮助学生加强反腐倡廉的信念，对党和国家的未来增强信心。

4.潜移默化

潜移默化原则，就是指要用"润物细无声"的渗透方式将廉洁教育的相关知识真正植入大学生的内心深处，并使大学生认同廉洁教育，自觉地将其进行内化与外化。简而言之，就是坚持无潜移默化地渗透式教育，培养学生的廉洁意识，并贯彻到生活中。在实施大学生廉洁教育，我们必须要注意几点问题。第一，在进行廉洁教育时，不能将其与其他学科的内容分裂开来，必须将廉洁教育贯彻到其他的学科内容中去，并在相关的教育实践活动和社会实践活动中展现出来，也就是说要延伸到学生的"第二课堂"。第二，在开展廉洁教育时，必须结合大学生思想政治教育。因为，在大学生思想政治教育中，大学生廉洁教育占据重要的地位，不应有如一些学者所言"应该放弃原有廉洁教育，再重新探索新廉洁教育"或一些学者搞"曲高和寡"的另外单独一套体系等现象，这些现象都是不科学的，具有一定的片面性，我们应该根据两者的结合性，找到其中的切入点将大学生廉洁教育与思想政治教育的其他内容进行连接并且实现高度统一，其中思想政治教育的内容主要涉及以下几点：①公民道德教育。②荣辱观教育。③传统美德教育。④法律教育。⑤世界观、人生观、价值观。⑥大学生爱国主义。⑦集体主义教育等内容。第三，合理地利用大学生的有利机会进行教育，如招生，实习，考试，国防，找工作，毕业等，使开展的教育活动展现出针对性和计划性，在潜移默化间将廉洁教育推动到学生的思想深处，并且与学生生活的方方面面进行有机结合，使学生自觉地将其内化为自己的行为准则。在高校建设中，要对校风、教风、学风的建设提高重视程度，营造良好的校园氛围。在推动校园廉政文化建设时，必须要以社会主义核心价值体系作为我们的指导思想，帮助学生抵御各种腐败现象和颓废文化对学生的侵蚀和影响，大力加强高校校园廉洁文化建设，抵制社会上各种腐败现象、腐朽文化对高校的侵蚀和影响，力争消灭校园腐败现象滋生和蔓延的污染源，打造一个"以廉为荣，以贪为耻"的廉洁校园文化环境和价值追求。

（二）大学生廉洁教育的目标

明确大学生廉洁教育目标是开展大学生廉洁教育的首要任务，大学生廉洁教育的目标决定了高校开展廉洁教育工作的发展方向，约束着廉洁教育工作的全过程。随着改革开放的进一步发展，经济体制、社会的发展都发生了相应的改变，因此，大学生廉洁教育的目标也做相应调整，即从政治理论向基础文明、基础道德方向转变，创造良好的全面发展氛围和条件，使教育落实到人的素质的全面发展上。

1.廉洁教育目标确立的依据

大学生廉洁教育目标的确立，主要依据党的教育方针和国家的教育目标、依据社会发展规律、依据思想政治教育的基本规律、依据教育对象的身心发展规律及特点。以下将对这些依据进行详细说明。

党的教育方针和国家的教育目标。在探索社会主义教育目标时，主要的理论依据来源于马克思关于人的全面发展学说。立足于理论基础的角度，党的教育方针和我国社会主义初级阶段的教育目标，才是设置大学生廉洁教育目标根本来源。不论是社会的发展还是个人的发展，都需要辩证统一的教育目标论。在我国社会主义初级阶段，我们探索与确定大学生廉洁教育目标的基础理论主要是由社会发展和个人发展的需要决定的。在社会主义教育目标的根本要求中，力求让受教育者全面健康的成长，使之成为一个合格的社会主义接班人。所以，党的教育方针和我国社会主义初级阶段教育目标，才是我国社会主义初级阶段的大学生廉洁教育目标参照的最佳范本，并根据相关内容进行设计与规划。换言之，在设计、规划和确定大学生廉洁教育目标的过程中，不能仅仅是按照社会主义初级阶段的社会发展需要，或者是单独满足受教育者的廉洁品质的发展需要，而是要将二者有机的结合，再根据二者的辩证统一的关系来制定教育目标。

社会发展规律。随着时代的发展，科技的进步，人们的生活已经发生翻天覆地的变化。世界已经完全进入了知识经济时代。人们的视线焦点已经发生了改变，人们开始追求创新、节能、环保、可持续发展、全球经济一体化等相关内容。在这种大环境的影响下，随之而来的社会道德规范和价值观，也将会发生相应的转变。在这样的生活环境的作用下，社会的发展规律在设置大学生廉洁教育目标中占据了主要的位置。在如今这个时代，我国仍然处于社会主义初级阶段。在大学生的廉洁教育实践过程中，必须立足于培养人的品德要求与标准上，培养符合我们社会发展所需的人才，将中国特色社会主义和现代化特征的品德完全地发挥出来。简言之，高校思想政治教育必须精准地找到自己的任务重心，主要就是培养能够适应以经济建设为中心，解放和发展生产力，最终为实现共产主义而奋斗的优秀人才。

思想政治教育基本规律。思想政治教育的基本规律包括思想道德形成发展的规律和服从、服务于社会发展的规律。具体来说，思想政治教育的基本规律是普遍存在于一切思想政治教育中的，与思想政治教育保持着内在性、长期性与必然性的联系。在思想政治教育中，大学生廉洁教育举足轻重，所以，其目标必须符合思想政治教育的基本规律和具体规律。我们要正确看待大学生廉洁教育，将之视为一个动态的发展过程，大学生廉洁教育在这个动态的发展过程中具有相应的独特个性，即能动性、系统性和相对独立性。显而易见，大学生的廉洁教育并不是一个孤立的实体，它的发展必须要符合社会的政治、经济、文化等各方面的发展需求，在此过程中，还应与外部社会环境交换物质、能量和信息。所以，我们在确定大学生廉洁教育目标这一过程中，要同时遵循两大规律，即大学生思想道德形成和发展的规律、服从社会发展的规律。具体来说，必须要依据当前的社会环境和学生的发展机遇来确定廉洁教育的具体目标，只有在这种状况下所制定的目标，才会符合思想政治教育规律的基本要求。另外，虽然由于社会的迅速发展，对人才的需求在不断扩大，但是招收人才的门槛也在逐渐提高，特别是对于大学生来说形势更加严峻。近年来，由于高校的不断扩招，毕业的人数在不断地飙升。

从当前的客观情况出发，由于一些国有企业规模缩小甚至倒闭，造成员工失业，再加上农村剩余劳动力涌入城市，这表明我国的经济正处于结构调整和优化资源配置的发展阶段。随着近年来大学生就业的形势越来越严峻，大学生的思想观念产生了巨大的改变。在市场经济中体现的一些价值观念，如竞争观念、效率观念、自主意识、平等原则等，已经深深地影响到了学生的相关想法。例如，高中生和大学生在选择学校或择业时，都会受到这些因素的影响。高中生在报考时，更加愿意选择具有实用价值的专业，如法律、国际经济与贸易等专业。当大学生就业时，他们更加愿意选择能够发挥其才能并实现自身价值的相关单位。这种现象体现了大学生强化自我意识和突出自我中心的特征。这些因素直接导致学生不管在择校还是在择业方面，都趋向于功利化、商品化、务实化。与此同时，推动了高校招生腐败和就业腐败的进一步发展。所以，在开展大学生廉洁教育时，应该努力使大学生根据新的教育环境的变化和新特点建立崇高的理想信念，培养大学生廉洁意识，使正确、廉洁的职业道德观走到大学生的内心深处。

廉洁教育对象身心发展规律及特点。基于目前的社会和时代背景，信息化社会得到了迅猛发展，以人为本的观念也越来越深入人心，得到重视。人的全面、独立、自由的发展也成为普遍追求的目标。因此，大学生群体的身心发展也出现了新的特点。在确定大学生的廉洁教育目标时，首先要根据教育对象的需要，即依据大学生身心发展的规律及特点，特别是廉洁价值观形成与发展的规律及年龄特点。其次，在大时代背景的影响下，随着社会总体特点的改变，大学生群体的身心发展特点也发生了极大改变。当然，大学生的廉洁价值观也展现出了新的需求。在大学期间，大学生的成长过程大致包括三个阶段，适应大学生活阶段、渴求全面发展阶段和准备就业阶段。在高校确定教育目标时，必须按照实际情况来确定，根据大学生廉洁教育及学生成长规律，分阶段、分步骤地为学生制定相应的廉洁教育目标，力争发挥其最佳效果，以适应学生的发展规律。只有量体裁衣、因地制宜、明确不同年级学生的发展规律特点，按照不同的特点来设置廉洁教育的目标，才能促进学生的精神文化的发展，促进学生的全面发展，实现自我价值的追求，在此基础上，激励学生向着廉洁价值方面积极地发展。

2.廉洁目标确立的原则

在开展大学生廉洁教育工作的过程中，需要确立廉洁教育目标原则，以保证教育工作的顺利进行。廉洁目标确立包括主体性原则、层次性原则和可持续发展原则。

主体性原则。在开展廉洁教育的过程中，始终坚持以学生为本，提高对学生需要的重视程度。在大学生的廉洁教育中，根本任务就是对人的自觉性进行启发与强化，充分调动学生学习的积极性，挖掘学生深处的创造力。必须始终明确在大学生廉洁教育中，占主体地位的是人，研究的对象也是人。假如在确定廉洁教育目标时，只考虑教育或者国家的目的，而不顾学生到底有没有需要，完全无法得到学生的认可，在这种情况下，学生就不会将廉洁的内容内化成自己的东西，最终导致廉洁教育的目标无法实现。

层次性原则。在确定大学生的廉洁教育的目标时，必须按照大学生个人的思想、道德、心理等方面的实际状况而设定不同层次的具体标准，在选择设定的要素时，必须要符合大学生的认知与实践，最好是与这些内容存在着连贯性，递进性与层次性。开展大学生廉洁教育工作，坚持层次性原则具有重要的意义，在不同的学校，不同的年级及不同的社会群体中，所要追求的廉洁的目标展现出了极大不同，这就需要根据实际情况来制定相应的目标标准。

在如今这个时代，大学生的自我意识越发强烈，越来越追求独立。随着就业压力的增加，大学生对自己的要求也在不断提高，他们希望自己能拥有多方面的技能，不仅注重在学校学习知识，还注重培养自身的各种素质能力，尽自己最大的能力考取各种证明自己能力的证书，如计算机、外语、会计证书等。所以，在制定将要毕业的学生的廉洁教育目标时，就不能与初入学的学生的相同，此时应该提高就业指导和职业道德教育的重视程度，帮助学生培养良好的廉洁意识，帮助学生树立正确的职业廉洁的道德观，帮助学生合理利用就业指导中的德育方法，完善自我的发展与实现探索外部环境的发展需要。我们必须明确地了解，这个过程并不是一蹴而就的，必须经过我们脚踏实地的努力，才会达到最终的目的。

坚持层次性的原则，有利于帮助学生按照自身的发展需要，主动地接受廉洁教育，甚至可以进行自我廉洁教育；有助于与当代的发展需要相结合，探索出当代人才培养的新标准，促进所培养的人才能够全面发展；有利于培养的人才符合身心的发展规律；有利于与学生的实际状况相结合，使廉洁教育在开展过程中，更加顺利通畅。

3.可持续发展原则

在确立大学生的廉洁教育目标时，必须要坚持与时俱进，走在时代的前头，不断地发现新问题，不断地解决新问题，在此基础上，随着理论和实践的不断深入，灵活地进行调整与充实。换言之，就是在确定大学生的廉洁教育的目标时，必须以人作为根本出发点与落脚点，并将人的自由和全面发展作为最终的目的。在开展廉洁教育时，必须要坚持可持续发展原则，一方面，帮助学生学习廉洁、腐败、反腐败等方面的内容。另一方面，还要使学生具备自我教育的能力，自我管理，自我完善。在此基础上，学习其他的相关学科，如哲学、管理学、心理学、人类学等，从它们的交叉中，找出精华所在，并且积极地吸收，不断充实自己的观念、思想与方法体系，使其保持强大的生命力。

（三）廉洁教育的具体目标

基于教育部《关于在大中小学全面开展廉洁教育的意见》中的总体目标，大学生廉洁教育的具体目标应包括不断提高大学生的思想道德素质、切实增强大学生的廉洁自律意识、有针对性地强化学生的廉洁行为三个方面的内容。

提高思想道德素质。在每个人的成长过程中，思想道德素质具有重要的意义，它推动着人的发展并且保证人的前进，它是一种相对稳定的价值取向、道德修养、行为习惯和思想观念，并且逐渐形成于人们的工作、学习和生活中。在开展大学生的廉洁教育的实践过程中，一定要体现系统性，引导学生正确地看待世界，帮助学生选择正确的人生轨迹，利用社会主义核心价值观来武装自己，树立中国特色社会主义共同理想，主动自觉地将自己融入集体中去，为中华民族的伟大复兴贡献自己的力量。必须让学生对社会道德、职业道德、家庭美德和个人素质的相关内容进行透彻的学习。引导学生树立"崇尚廉洁"的道德价值观，积极向上的高尚道德情操，勤劳节俭的传统美德，培养自我的良好发展。把学生培养成一个有道德、有理想、有文化、有纪律的四有青年。帮助学生养成良好的行为习惯，可以正确理解和处理个人与他人、与集体、与社会的关系，形成团结、互助、平等的人际关系氛围。

增强大学生的廉洁自律意识。廉洁自律是大学生廉洁修身的基本要求，同时，也是提高大学生抵御腐败、提高心理素质的前沿阵地。其主要内容展现了中华民族的传统美德，如勤俭廉洁、修己慎独、见利思义、克己奉公。这是人与人、与他人和团体打交道的道德修养和行为规范。通过形成人的意识规律，有助于提高大学生的廉洁和自律能力，主要可以概括为三种途径。

第一，培养廉洁情感。人的廉洁行动必须基于对廉洁的正确认识，同时伴有廉洁情感的保驾护航。为了确保廉洁行为的稳定性，必须要确保廉洁认知具有牢固性和发展性，这些东西的维系都需要廉洁情感来发生作用。根据人的身心发展规律，学生时代为最佳的发展时期，因为在这一时期，学生的情感是非常不稳定的。通过认知廉洁的情感教育，帮助学生利用辩证法来看待和处理廉洁的问题，正确地看待廉洁的问题，自觉承担起公民的义务。

第二，增强廉洁认知的能力。按照《关于在大中小学全面开展廉洁教育的意见》的相关内容，在开展廉洁教育时，必须让学生体会到从古至今、从国外到国内的那些优秀的廉政思想、反腐败理论及相关的实践内容。帮助学生从感性这个层面出发，先了解相关的内容，再正确地看待反腐斗争史，引导学生用联系的、发展的和全面的观点来正确看待问题，增加学生反腐败斗争的信心。

第三，树立廉洁价值观。一方面，它是具有价值目标的，主要体现为价值取向和价值追求；另一方面，它体现为价值尺度和标准，它成为人们判断事物是否具有价值和价值的评价标准。简而言之，就是一个人对周围客观事物的意义、重要性的总结性评价和总结性的意见。价值观具有稳定性，由于受到家庭与信息化环境的影响，学校已经不再是干净透明的理想状态下的保护伞了，校园之中甚至产生了"唯金钱论"和"唯权力论"等错误的思想观念。更有甚者，一些学生努力学习的最终目的为了获得奖学金，而这样的学生一旦进入社会，面对巨大的诱惑，激起他们的内心冲突，很容易走上一条弯路。但是，假如他们能够树立正确廉洁价值观，向那些道德高尚的人学习，努力保持行为与内心的一致性，主动自觉地对腐败进行抵制，这样极有可能可以避免他们走向犯罪的道路。

有针对性地强化大学生的廉洁行为。廉洁行为主要体现在工作态度和工作作风上，在执行公务时主要表现为不得贪污和接受贿赂。学生的身份是大学生廉洁行为的根本立足点。对于不同阶段的学生具有不同的具体要求，对于低年级的学生来说，主要涉及不会在考试中出现作弊、代考、学术研究抄袭，不会出现贿赂选举等现象；对于高年级的即将步入社会的学生来说，廉洁行为进一步扩展为不能将权利用于自身的利益之中、不能假公济私、弄虚作假等等行为方式。总而言之，就是在日常生活和学习中始终坚守正确的原则，所展现的是廉洁、正直、没有贿赂、铺张浪费、伪造等等的行为方式。为了扩大我们的反腐败斗争的队伍，我们必须培养大学生的廉洁意识，提高大学生的思想道德素质，树立廉洁自律的精神，只有这样才能将学生内心的廉洁意识外化为廉洁行动，帮助学生有意识地形成廉洁行为标准，真正地做到知行统一，最终言行一致。

四、大学生廉洁教育的意义

（一）是传承廉政、廉洁文化的重要方式

笼统地说，文化是一种社会现象、一种社会意识，是人类长期创造形成的产物。同时也是一种历史现象，是社会历史的沉淀物。文化有先进和落后之分，对人的影响是和风细雨、潜移默化的，其影响一旦被人所接受，就是根本性、长期性的意识了。因此，文化在大学生的成长、成才过程中的作用越来越突出。廉政文化是文化的一部分，是文化大概念的一个分支，它是以廉洁从政为理念和目标，以廉洁思想、廉政纪律、廉政理论等为表现形式的一种文化，是关于廉政规范、观念及其行为方式的总和。廉政文化，不仅仅体现在廉洁理念的树立上，也体现在廉洁从政行为的规

范上，其核心内容就是宣扬正气、弘扬社会正能量，鼓励与褒奖勤政廉政、有特殊贡献的人物，抵制与抨击各种不廉洁的思想行为和价值观。它的主要作用就是借助丰富的廉政文化建设实践，打造一个具有尊廉崇洁的价值观和社会风尚氛围的社会。对于整个社会来说，其导向性较强，影响力较大。

社会的文明程度可以通过廉政规范体现出来，人的素质高低，可以通过廉政知识体现出来，在人们的良好的廉政修养和生活方式方面，廉政信仰起到了巨大的推动作用，随之产生巨大的精神和物质力量。在这里我们主要将廉政文化的内涵分为三个层面。第一，制度层面，其中主要涉及在廉政从政时，应该遵循的规章制度、行为习惯等。第二，精神层面，主要涉及廉政的价值取向、思想素质、生活观念、文化素质等，以及廉政的认知程度。第三，物质层面，主要涉及的是廉政文化景观、廉政主题公园及廉洁教育场所等等。社会主义廉政文化的宗旨是培育立党为公、执政为民的理想信念，以提高党的执政能力为目的，以培养正确的地位观、权力观、利益观和世界观、人生观、价值观为核心，倡导廉洁奉公、弘扬清风正气等主要内容。与廉政文化相对应，社会主义廉政文化的内涵也包括三个层次。第一，主要是打造政府的廉政文化，营造一种权为民所用、情为民所系、利为民所谋的政府廉洁的环境，这是廉政文化的主体。第二，打造社会廉政文化，在社会中营造一种"以廉为荣、以贪为耻"的环境，这是打造廉政文化的社会前提。第三，组建公职廉政文化，打造一种遵纪守法、办事公道、克己奉公的公职廉洁环境，表现出廉政文化的核心内容。社会廉政文化、政府廉政文化和公职廉政文化，这三者之间密不可分，相互交融、相互影响、相互制约，是不可拆分的整体。

廉政文化在战略发展上的地位是非常重要的，能够指导廉洁文化的发展。廉洁教育体现了廉政文化，能够有效地传播廉政文化，在廉政文化建设中具有很大的影响力。运用廉政文化的吸引力，凝聚力，冲击力和渗透力，净化廉洁环境，推动廉洁教育的快速发展。在大学生廉洁教育中，廉政文化和社会道德规范的理论内涵，对大学生的发展起到重大的作用，利用廉政文化潜移默化的影响，在不知不觉间引导大学生的价值观向着正确的方向发展，把他们的价值观转化成对人格的升华。中华民族具有悠久的历史，文化底蕴深厚，有许多不朽的廉洁文化遗产被广泛地传播。历代的思想家、政治家和文学家在这方面的经典表达，是中华民族廉洁文化的重要组成部分。中国历史上有很多的典范人物，如包拯、海瑞等，他们不仅言行一致，还留下了很多脍炙人口的诗篇与文章，还有许多我们耳熟能详的廉洁格言，为廉洁文化的宣传做出了重大的贡献。

加强大学生廉洁教育，不仅可以提高大学生的反腐拒变能力，还可以打下坚实的廉洁社会建设基石，同时还可以在全社会营造一种社会廉洁的环境，推动廉政建设的发展，完善国家廉洁体系。廉洁文化的广泛传播，将更好地继承中华民族的廉洁文化，弘扬中华民族的传统美德。

（二）建设社会主义核心价值体系的必然要求

加强大学生廉洁教育，不仅对传承传统文化具有重要的作用，而且对于建设社会主义核心价值体系也有重要的作用。在高校思想政治教育之中，社会主义核心价值体系为其主要教育内容，在思想教育方面发挥着指导作用。在我国的整体社会价值体系中，对大学生开展廉洁教育，把廉洁教育作为实施素质教育的重要内容，促进青年学生健康成长，努力培养中国特色社会主义事业的合格建设者和可靠接班人。

在宣传社会主义先进文化时，高校是宣传的前沿阵地，意义重大，高等院校必须将大学生的廉洁教育看成高等教育的一部分，将廉洁文化引入校园，提高相关人员对廉洁教育的重视程度。在开展高校思想政治教育时，必须探索新的手段、方法来推动廉洁教育的开展，挖掘和发展学生的正确思想意识。就当前大学生的思想状况和我国的反腐倡廉状况而言，大学生廉洁教育之路势在必行，是我们达成目的最有效的方式。廉洁教育不仅为我国未来人才培养奠定了坚实的思想基础，而且将成为大学生思想政治教育的重要组成部分。着眼于以后的发展，大学生廉洁教育将在思想政治教育中发挥重要作用，并且成为社会主义人才培养的一项重要工程，它将被推向大学乃至整个社会，并且是社会主义核心价值体系的重要组成部分和有效补充。开展高校大学生廉洁教学是对社会主义核心价值体系的必要完善，有助于推动我国社会主义核心价值体系的建设。

（三）完善高校德育体系的重要内容

道德教育是教育的核心和精髓所在，是完善大学生人生观和价值观的重要途径。如今的高校德育体系包括爱国主义教育、集体主义教育、人文社会道德教育、理想主义教育、劳动教育、自觉的学科教育、民主法制观念教育、科学世界观和人生观教育等内容。改革开放以来，虽然我国在道德教育体系建设方面取得了一些进展，但随着社会经济的发展、科技的进步，特别是高等教育的普及，道德教育体系仍需不断完善和发展。由于我国反腐斗争的严峻形势，以及社会拜金主义和享乐主义的不断扩张，毫无疑问，大学生廉洁教育弥补了高校德育体系的不足。

在大学生道德教育过程中，在培养正确的大学生的人生观和价值观过程中，廉洁教育的作用不可替代，其作用有利于推动我国高校道德教育体系建设的前进与发展。高校承担着人才培养、科学研究、社会服务和文化传承四项重要任务，是国家和社会培养高素质人才的重要环节。作为国家未来社会发展的重要力量，大学生的思想道德素质将直接影响中华民族的整体道德素质，直接影响中华民族伟大事业的成败。

廉洁教育是中华民族传统伦理与新时代伦理相结合的产物。这是当代社会主义核心价值观的必然表现，也是当代大学生思想政治教育的重要组成部分。大学生进入社会前的廉洁教育有助于引导和培养积极健康的理想、道德价值观、法律意识和社会责任。培养良好的思想道德，有助于形成和巩固健康人格，提高他们的整体素质。进入社会后，面对各种利益的诱惑，他们可以诚实自律，抵制腐败。所以，进一步加强和改进大学生思想政治教育，符合培养合格的党的事业接班人是客观需要，也是高校思想政治教育不可缺少的内容之一。通过对大学生廉洁教育，实现国家对青年一代的培养目标。

（四）确保大学生健康成长的防腐剂

大学生作为国家的建设者、接班人及未来社会的支柱，其人生观、价值观、世界观正处在形成阶段，对于大学生的这方面特点，许多专家学者都做出了大量论述，在此不多做赘述。大学生在当前社会、未来社会的地位和作用将更加凸显，大学生发挥作用的舞台和空间将更加广阔。美国人类学家玛格丽特·米德（Margaret Gautier)，将整个人类社会分为三个时期，即前喻文化、并喻文化、后喻文化。

前喻文化，即所谓的"老年文化"，是传统社会的基本特征，主要表现为年轻一代向年长一代学习。并喻文化是前喻文化崩溃时的一种过渡文化，主要表明年轻一代和年长一代的学习发生在同龄人之间。后喻文化，也称之为"青年文化"，是一种与前喻文化相悖的文化交流过程，即年轻一代向前人传播知识和文化的过程。基于当前的社会现实，我国当前处于前喻文化向并喻文化过渡，迅速转向后形象文化。再加上大学生的内在优势，大学生在社会中的作用将更加明显，其地位也更加突出。大学生身份的重要性决定了大学生健康成长的重要性。新加坡前总理李光耀先生曾指出，中国在21世纪的发展取决于三个条件。一是中国的下一代是否有信仰，二是中国的下一代是否有责任感，三是中国的下一代能否实现廉洁政府。因此，大学生诚信教育是推动下一代廉政建设的前瞻性教育，不仅对大学生的健康成长具有重要意义，而且对中国未来社会的健康、和谐与发展都具有现实而深远的意义。当前，大部分大学生具有基本的廉洁意识，但仍有部分学生意识模糊，原则性不强，明辨是非能力较弱，大学生廉洁教育仍然十分必要，且任重道远。在此，主要从以下两方面分析大学生的廉洁教育。

1.洗涤大学生中的腐败亚文化

校园亚健康文化相对校园主流文化，是一个相对独立的系统，它有着丰富多彩的表现形式。从价值评判角度，一般可以简单地将校园亚文化分为良性亚文化、中性亚文化及恶性亚文化三种。大学生校园亚文化既受大学生主流文化的影响，又是社会大环境作用的结果与投射，它在一定程度上反映了大学生对人生、国家、社会的认识，是大学生人生观、价值观的重要体现。

大学校园腐败亚文化属于恶性文化的范畴。从本质上看，这种腐败亚文化与大学生的廉洁文化是相冲突的，是大学校园腐败现象的重要表现。同时，这种腐败亚文化又是社会上腐败文化在大学校园的一种直接或间接的投射和反映，它往往具有自我增强和恶化变异的特性，会逐渐侵蚀大学生廉洁文化，从而造成一种恶性循环。大学校园腐败亚文化表现形式多样，主要表现为一些学生廉洁意识淡薄，不能正确认识社会上的腐败现象，甚至对腐败行为抱有侥幸心理，对一些腐败现象表示理解、同情和认可；一些学生存在逃课、作弊、学术造假、违纪等不诚信的现象和行为；在干部竞选、评优评奖、入党等关系到自身利益的情况下，以"走关系"、拉票等不正当竞争手段达到目的；还有一些学生党员、干部忘了为同学服务的基本准则，权力欲望膨胀，具有形式主义、官僚主义、享乐主义倾向等。

对大学校园中的这些腐败亚文化，广大教育工作者，特别是专职从事大学生思想政治教育的教师，必须予以及时的抵制和有效的引导。通过在大学生中开展"以廉洁为荣、以不廉洁为耻"等多种形式的思想政治教育、职业道德教育，有效涤荡存在于部分大学生中的腐败亚文化，祛恶扬善，让廉洁文化浸润每个大学生的思想和灵魂，为建设健康、和谐、可持续发展的校园生态文明打下基础。

2.增强大学生抗腐败的能力

大学生廉洁教育为大学生打了防腐败的预防针，增强了其抗腐败的免疫力和"抗体"。大学生廉洁教育承接中小学生廉洁教育，是中小学生廉洁教育的延续和深化，同时又是大学生步入社会各行各业之前学校廉洁教育的最后环节，有利于培养大学生的反腐倡廉意识。为其注入预防腐败的疫苗，使其无论在校学习期间还是步入社会、走上工作岗位后，都能做到遵纪守法、廉洁做人、廉洁做事、廉洁从业，干干净净为人民服务。

继"59岁现象"之后又出现了"26岁现象"，它表明腐败已不分年龄，腐败现象已渗透到青年群体。"26岁现象"是2000年北京市海淀区人民检察院的李继华在他的一份调查研究报告中首次使用的，他把贪污贿赂、挪用公款等的腐败主体中，不满30岁的犯罪嫌疑人比例越来越高的现象称之为"26岁现象"，其实质是腐败群体已经倾向年轻化。该调研报告将"26岁现象"的犯罪原因归纳为八点。第一点，错误的金钱观影响；第二点，为了实现自我价值不择手段；第三点，人生阅历浅薄；第四点，法律意识欠缺，为家人解决困难；第五点，社会环境使年轻人盲目追求高消费；第六点，单位忽视了对30岁以下公职人员的法制教育；第七点，规章制度不健全，监督制约机制缺乏；第八点，一些年轻人交友不慎，人格不健全。"26岁现象"既为即将步入社会的大学生敲响了警钟，也为大学生廉洁教育敲响了警钟并提出了更高的要求，凸显了大学生廉洁教育对于大学生将来健康成长和发展的重要性和必要性。综合起来，大学生廉洁教育是反腐倡廉教育立足当前现实、面向未来社会的重要组成部分，是加强大学生党的建设和思想道德教育的必然要求和应有之义。

（五）确保高校培养目标的实现

高校是与社会直接相关的人才培养平台。大学生将从这里走向社会，接受社会的选拔和检验，成为党政机关、企事业单位的领导者、管理者和主力军。廉洁教育是高校德育不可或缺的重要组成部分，是落实《中共中央关于进一步加强和改进大学生思想政治教育的意见》的重要途径。

在高校的教育过程，大学生廉洁教育仍然是一个薄弱环节。过去，大学生的廉洁教育一直没有得到足够的重视，导致学校没有廉洁教育机制，高等教育工作者对大学生的廉洁教育不太了解，没有形成一个体系。如今，积极推进大学生廉洁教育，逐步形成大学生廉洁教育的目标，是大学生廉洁教育的重要实践，是丰富和完善高校德育内容体系的迫切需要。大学生正处于形成世界观、人生观和价值观的关键时期，这一时期的教育对大学生的健康成长起着至关重要的作用，廉洁教育是培养大学生成为优秀人才、成为社会主义真正接班人的基本原则之一，是大学生思想道德教育的重要组成部分，是加强和改进大学生思想政治教育不可或缺的重要组成部分。高校开展大学生廉洁教育，不断增强廉洁意识，增强辨别是非能力，使其可以在市场经济复杂环境中自觉抵御恶劣气氛的侵蚀，养成良好的行为习惯，增强人格的修养能力。实现大学生思想政治教育，目的是帮助大多数大学生不断提高思想道德素质。

在如今这个时代，大多数大学生的世界观、人生观和价值观都是积极的。大部分大学生将人类和社会的奉献精神视为衡量生命价值的准绳，他们严格要求自己的学习、工作和生活，他们渴望学习更多的技能，为社会主义现代化做出更大的贡献。在他们之中，大多数人都对腐败感到痛苦，他们必须通过廉洁的教育来保护自己的宝贵品质，同时，必须帮助大学生充分意识到依靠政府和国家来惩治和预防腐败是绝对可行的。但是，由于我国处于市场经济发展的初级阶段和新旧体制的过渡时期，市场运行规律和制度仍然不健全，特别是近年来，某些行业中的不良行为、一些党的领导干部的腐败行为，逐渐暴露出来。此外，一些庸俗哲学对社会的影响和腐败文化的诱惑使大学生难以区分是非，使他们更加追名和逐利。此外，父母给老师送礼物、在学校之外宴请老师，招生中的渎职行为和违纪行为、就业关系网络等，这些行为直接误导了大学生的价值判断，并在一定程度上强化了大学生的错误观念，加强了对"权力与金钱交易"与"关系哲学"的误解。一些大学生在政治信仰、理想信念含糊不清，价值取向失真，诚信缺失，道德标准下降，甚至心态失衡等方面存在不同程度的混淆。如果我们对此放手不管，让这些意识形态扎根并在大学生成长过程中得到加强，在他们踏入社会并接触真正的公共权力和利益时，后果将是不可想象的。

在剽窃、迟到缺勤、考试欺诈、破坏书籍和公共资源、盗窃公共财产、借贷消费，以及违反学校规章制度的腐败行为和现象影响下，大学生的思维观念已发生了深刻变化。对于这些事件的发生，可能变得司空见惯，并且已经成为未来腐败的隐患，所以说，有必要通过反腐倡廉教育，帮助大学生了解政府打击腐败，推进廉政建设的安排、方针和原则，正确认识反腐形势，养成正确的三观，抵制腐败的侵蚀，对未来充满信心。帮助大学生清醒地意识到，随着市场经济体制的建立和完善，未来社会将成为一个人才和知识竞争激烈的社会，依靠不公平竞争，如"拉关系""走后门""寻靠山"、贿赂等，在日益激烈的人才竞争中，是不可能站稳脚跟的。只有在观念正常的情况下，才能改善校园氛围；只有学习风气积极，学生综合素质才能得到提高；只有整体素质得到提高，他们才能成为真正的人才，成为一名合格的社会主义接班人。

第四节　高校大学生就业教育

一、什么是就业

就业是劳动者同生产资料相结合，从事一定的社会劳动并取得经济收入的活动。大学生就业就是指大学毕业生得到职业、参加工作，即从学生向劳动者的过渡，它反映了教育学习和职业实践之间的联系。

二、就业的总体形势

随着今后几年大学毕业生数量的过快增长，就业压力将进一步加大。根据前几年招生数据推算，今后几年，普通高校毕业生将保持大幅度的增长。2006 年为 413 万人，较上年增加了 75 万，增幅达到 22.2% 的高峰。2007 年毕业生为 495 万人，较上年增加 82 万人，增幅达到 19.9%；2008 年为 559 万人，较上年增加 64 万人，增幅达到 13%；2009 年为 611 万人，较上年增加 52 万人。可以预计，大学生就业竞争将更加激烈。近期，六部委联合发布通知，争取 2009 年毕业生就业率争取达到 70% 以上。

三、大学生就业指导的基本含义

大学生就业指导就是要帮助大学毕业生认识和适应就业这个过渡过程，并解决好流动中的问题。大学生就业指导，不单纯是帮助大学生选择职业，求得一份工作，也是帮助大学生预测社会的需求状况，传递就业信息，让他们掌握正确的择业方法，为他们解决就业过程中遇到的问题，开办就业市场，组织"供需见面""双向选择"招聘会，从而达到适应环境、成功地走向社会并为社会做贡献的目的。

四、选择正确的择业观与创业观

（一）树立正确的择业观

1. 先就业，后择业

中国人向来视稳定为生活的重要条件，在计划经济条件下一次就业定终身的观念，经过历史的积淀便形成了具有普遍性的就业心理。而现代社会为人们提供了独立发展的空间，市场经济配置人力资源的特征是人才的合理流动。资金、商品要流动，同样人力资源也要流动。毕业生不要急于在短时间内找一个固定的"铁饭碗"，而要学会在流动中求生存、求发展。人事制度改革的不断完善，为毕业生的流动就业创造了条件。近年来，一部分毕业生，特别是部分专科和中专毕业生，不再强求找一个固定的就业单位，而是毕业时将人事关系托管在工作地的人才交流中心，哪里找到工作，就在哪里就业，发挥才干。因此，毕业生要树立不断进取的流动观念并学会在流动中发现机会、抓住机会、把握机会。

2. 勇于面对竞争

社会主义市场经济最显著的特点之一是竞争。竞争可以激发人们自立、自强、自主的精神，调动人的内在潜能，增强工作和社会活动的能力。人才市场同样存在着激烈的竞争。面对就业竞争的现实，毕业生应当摆脱被动依赖、消极等待的状况，敢于竞争，树立"爱拼才会赢"的观念，做好多方面的竞争准备。

全国每年都有上百万的毕业生要在一定时间内实现就业，这使每一个毕业生都存在着一定的压力。如果没有强烈的竞争意识，不把外在的压力转化为内在的动力，没有主动竞争的思想准备和积极参与应聘的行为，显然是难以顺利毕业的。人才市场上的供需关系总会存在这样或那样的一些不平衡之处，同一种职业往往有较多的择业者期望获得，择业者要想实现自己的期望目标唯有竞争。

有竞争就有风险，参与竞争就难免要受到挫折。对于就业竞争中的毕业生来说，尤其要注意提高遭受挫折后的心理承受能力，把挫折看成是锻炼意志、增强能力的好机会。保持良好的竞争心态，主动摆脱受到挫折后的颓废情绪，要认真分析失败的原因，调整自己的心态和择业目标，鼓足勇气，争取新的机会，绝不能因此而灰心丧气、一蹶不振。

3. 提高综合素质

在毕业生就业市场，经常看到不少毕业生为了各种各样的原因盲目放弃专业，盲目追求热门职业而忽视专业特点。在选择就业岗位时一定要慎重考虑，现代科技发展使知识更新周期大大缩短，在某些专业，如果改行一两年后再重操原专业是相当困难的。专业知识是一个人知识结构的主干，是知识体系的主体，而专长则是知识结构的枝干，是知识体系的外延。知识结构主干决定了就业的适用范围。虽然，我们不提倡绝对的专业对口，但应考虑所掌握主体知识的适应性及所具专长的扩展面。因此，毕业生择业时首先要考虑所学的专业，根据专业特点谋求职业，做到专业特点与职业要求相匹配，发挥专业优势。事实上，有些用人单位更加注重毕业生的综合素质。他们坚持这样的理念：只要给每位毕业生以同等的机会，他们都会尽力做得最好。事实证明这是科学、明智的用人之举。因此，毕业生应善于把握机会、认真分析，做出符合自身特点的选择。

（二）树立正确的创业观

1. 要有敢于创业的勇气

创业需要有信心，只要经过充分的论证，选准了的事情就要咬定不放，不动摇、不犹豫，勇于面对前进中的曲折和磨难；创业需要有恒心，要持之以恒，不怕各种挫折，失败了爬起来再干，终有一天会成功；创业需要有耐心，事业不是一帆风顺的，必然要经历一个长期积累、长期发展的过程，在不断熟悉社会、适应市场的过程中，才能驾驭事业的航船乘风破浪；创业更需要有知识，特别是高科技知识。

创业最能体现人生价值和个人能力。创业不是坐享其成，因循守旧、因人成事，而是个人才智最大限度地发挥，把人的所有潜能都挖掘出来。创业有时候需要孤军作战，不被亲朋好友所认可，不被社会一下子就认可。挫折、焦虑、愤怒、自卑、怀疑……种种感受像打翻了的五味瓶，什么都得品尝，什么都得体验。

2. 要提高创业能力

创业是一个系统工程，它要求创业者在企业定位、战略策划、产权关系、市场营销、生产组织、团队组建、财务体系等一系列领域有一定的知识积累。大学生有了好的项目或想法，只是代表"创业的长征路"刚跨出了一步。很多大学生认为，凭一个好的想法与创意就代表一定能创业成功，而在创业准备时对可能遇到的问题准备不充分或根本就没有思考对策与设计好退出机制，所以，对来自各方面的反面因素浑然不知，从而导致一开始便遇到各种各样的难题，使创业还没有走出多远，即以失败告终。所以，创业者不是全才，但要着眼于全才。

第五节　高校大学生法制教育

目前，我国所采取的治国方针是依法治国，能够看出法律对我国发展的重要性。大学是我国培养高端人才的重要场所，其不仅要培养出各个领域的高端人才，还应当培养其具有较高的道德水平与法律素质，对于我国发展具有重要作用。下面，笔者就对新时期高校大学生法制教育的重要性进行阐述。

一、新时期高校大学生法制教育的重要性

由于我国实施计划生育政策，使我国家庭格局发生了重要的变化，现在独生子女家庭所占的比例越来越大，这在一定程度上会使其在思想和行为上走向极端。大学生是国家未来发展的中流砥柱，我国应当加强对大学生的培养，但是根据相关数据显示，近年来，大学生犯罪案件持续上升，甚至还有继续增长的趋势。产生这种情况的主要原因是因为我国对大学生所进行的法制教育有所欠缺，需要我国相关部门在这方面有所加强，其不仅能够有效遏制大学生犯罪事件的发生，还能够提高我国大学生整体素质，对于我国未来的发展具有积极意义。

二、新时期高校大学生法制教育所存在的问题

（一）法制教育方式有所欠缺

现阶段对我国大学生所采取的法制教育方式主要是开设相关的法律课程。根据我国出台的相关规定内容，我们能够知道大学所开设的法律课程属于辅助课程，是为大学教育提供服务的。所以，就法律课程本身的意义而言，其主要是为了提高我国大学生的自身综合素质，而不是用以提高其法律素质。虽然，综合素质与法律素质之间存在一定的联系，但是还具有很大的区别。基本法律课程本身的性质，教师在进行法律课堂教学时，也只是按照培养学生道德素质的方式进行教学，无法满足法制教育的目标。

（二）法制教育内容缺失严重

目前，我国还没有一个高校设置了独立的法制教育课程，通常将法制教育融入思想道德教育当中，大大减少了法制教育在教材中的章节。而在这短短的几个章节中，又要容纳所有法制教育的内容，使这些章节的内容十分复杂，学生在学习这些内容的过程中十分枯燥无味，从而大大降低了学生学习的兴趣。此外，由于我国应试考试的教育机制，为了能够使学生通过期末考试，通常只会让学生背熟相关知识，而没有认真培养学生的法律意识，导致我国大学法制教育的严重缺失。

（三）师资队伍水平的欠缺

在我国高校进行法制教育的教师当中，一般都是政治老师担任法制教育的教师，或是让法律专业的教师进行教学，这些教师在一定程度上无法满足法制教育对教师素质和水平的需求。其在教学过程中只能够针对法制教育的内容进行讲解，无法综合培养学生的法律意识，不能够充分发挥法制教育的作用，使我国高校的法制教育无法有效完成。

四、提高新时期高校大学生法制教育的对策

（一）改善法制教育方式

法制教育方式的不完善是影响其充分发挥自身作用的重要原因，因此，需要对其进行改革与创新。根据笔者对高校法制教育的了解，应当从以下三个方面进行改革。首先，应当增加法制教育的实践教学活动。学生通过法律实践活动能够对法律有更加深刻的认识和理解，从而使其产生法律意识，使其在日常学习生活中严格要求自己，避免发生犯罪行为。其次，在法制教育过程中应当引用相关的实际案例，使课堂教学变得更加具有趣味性，能够更加吸引学生学习法律知识。最后，高校可以模拟法庭进行实践教学，使学生能够对整个法律诉讼过程有一定的了解。通过采取多种法制教学方法，能够有效提高我国大学生整体的法律素质。

（二）完善法制教育内容

在各高校中，学校应当根据自身的特点设置相关的法制教育内容，以便充分发挥法制教育的作用，培养学生的法律意识。在高校进行法制教育的过程中，除了要介绍我国常用的法律知识以外，还应当根据学生专业的不同开设与之相应的法律课程，使学生所学习的法律内容能够与专业内容之间建立起一定的联系，使法制教育不仅能够达到培养学生法律素养的目的，还能够有利于其日后的工作。此外，在法制教育过程中还应当让学生了解到，法制教育不是让其对法律知识有一定的了解，而是培养其法律意识，在生活当中时刻遵守法律，成为一个遵纪守法的公民。

（三）加强法制教育队伍的建设

基于我国目前没有专业的法制教育队伍，我国各高校应当增加在该方面的投入力度，培养出能够满足高校法制教育要求的师资队伍。例如，对相关教师进行定期培训。在建设师资队伍的过程中，为了能够使法制教育不间断，还应当聘请具有高

素质的教师进行法制教育，以使我国法制教育能够顺利完成。

　　总之，大学生是我国未来发展的中流砥柱，应当加强对大学生的培养，使其能够为我国未来的发展做出贡献。在教育大学生上，我国各高校肩负了重要的责任，不仅要培养出具有较高专业素质和能力的人才，还需要对其进行法制教育，增强其法律意识与法律素质。与此同时，还应当采取科学的教育方式，并以法制教育的实效性作为教育的基础，以此对大学生的教育制度进行改革，构建新时期我国高校法制教育体系。

第四章 高校思政教育就业研究

第一节 高校就业中的思想政治教育问题

2018 年我国高校应届毕业生人数达到 820 万，这是自 2001 年以来连续 17 年的持续增长，而这一数据在 2019 年预计将增长至 834 万，这给高校就业问题带来了重大挑战。习近平总书记在党的十九大报告中指出：就业是最大的民生，要提供全方位公共就业服务，促进高校毕业生就业。目前，高校在就业指导方面，大多以课堂思想政治教育为主。通过分析高校大学生就业形势，了解其就业思想状况，帮助其顺利就业，是高校教育工作的重中之重。

随着高校毕业人数的逐年增多，就业难度持续加大。"最难就业季"更是屡屡见诸各类媒体，给高校毕业生和毕业院校带来更大的就业压力。高校应充分运用自身优势，将用人单位、应届毕业生信息等综合考量，分析当代大学生的就业需求，有针对性地对大学生进行就业指导，让大学生在就业时对自身需求和用人单位有更加清晰准确的认识。

一、高校大学生就业形势

（一）高校毕业生人数持续增多，就业难度加大

随着我国主要矛盾的变化，经济增长方式已经从初期的重速度、重规模转为重质量、重效益，并加快了供给侧结构改革。这一转变使得企业发展对高精尖技术人才的需求增加，而对一般劳动型职工的需求减少，很多企业甚至出现裁员的情况，使高校毕业生的就业难度增大。

就业难度大这一现实障碍给不少大学生造成了就业恐惧，甚至出现为了避免就

业而盲目啃老、消极考研的现象，给大学生、学校甚至家长和社会都带来了负面影响。

（二）高校大学生就业意愿多样化，逃避就业难题

一方面，高校毕业生逐年增多，而其整体素质和专业能力却不能保证随之增强，整体素质却反而越来越参差不一。作为"95后""00后"大学生，受新媒体和经济发展水平的影响，思想意识和消费水平都比较超前，过惯了娇生惯养的生活。走向社会，面对用人单位的挑剔，参加工作的意愿不强烈，没有转变思想，不愿接受社会的挑战，依赖家人朋友的心理占了上风，也导致应届毕业生逃避就业，或者挑三拣四，难以满意。

另一方面，如今社会生活成本提高，应届毕业生工资水平不足也是高校大学生不愿就业的另一原因。一旦踏入社会，住房、饮食、交友等各项花费较之求学期间水平的不升反降，也是高校大学生难以承受的转折，导致他们不愿就业。

（三）新媒体的发展，使部分大学生就业观出现偏差

如今，网络的发展带动了一大批社会青年把致富的目光投到网络直播、网络游戏等平台，妄想不付出辛苦劳动就能一夜成名、一朝暴富。这对于应届大学生而言更是一个吸引力，他们拥有青春和朝气、先进的网络技术，操作网络社交软件更是易事，导致大学生们存在侥幸心理。

这一侥幸心理使部分大学生就业观出现偏差，从自身优势做起，从基层岗位做起，从祖国建设的需求做起，脚踏实地，在平凡的岗位做出不平凡的成绩，给社会主义现代化建设注入新鲜血液，才是当代大学生的使命所在。

二、当代大学生就业思想现状

（一）应届毕业生生活成本提高，对薪酬的期望过高

如今，社会经济消费水平日益提高，大学生过惯了高消费的生活，毕业后最初进入社会，收入有限，想要维持原有的消费水平都有一定难度。而大学生们刚刚走出校园，实践经验不足，在企事业单位中往往担任基础部门的工作，薪酬方面也低于预期。

在薪酬待遇方面期望过高是大学生投入社会、参加工作时的物质动力，而现实的不如意打击了大学生的就业热情。这有利也有弊，可以让大学生看到自己的不足，

增强他们吃苦耐劳和迎难而上的能力，对于他们人格的发展和个人潜能的激发都有重要作用。高校就业指导在这些方面应加以侧重。

（二）害怕就业，没有就业自信

"最难就业季"的频频出现，也在一定程度上反映了如今应届毕业生就业难的问题，更给应届毕业生带来了恐慌心理。我能找到工作吗？我的薪酬待遇怎么样？我能养活自己吗？这些问题都给应届毕业生端正态度、理性择业增加了难度。

对自己缺乏自信，对于心仪的企业没有自信心，不敢竞争，导致自己错失机会。害怕就业的心理，对自己没有足够的自信，也使用人单位对大学生的印象较差，在一定程度上影响其顺利就业的成功率。

（三）就业功利化显著，社会责任感有待提升

职业本没有高低贵贱之分，但是由于职业的社会需求及薪职待遇的不同，不同的职业往往被打上了参差不齐的标签，让大学生在就业时把目光纷纷投入企事业单位、大型城市和东部沿海地区，这使得中小微型企业、公益性企业、新兴创业团体和欠发达地区优秀人才不足，或者留不住优秀的人才。

这也是就业不平均的一种体现，就业集中扎堆、公务员考试几万人争抢一个岗位的现象屡见不鲜，而偏远地区却难以长期留住人才。这一方面导致应届毕业生选择面过窄，另一方面也不利于我国的经济平衡健康发展，是高校大学生缺乏社会责任感的一种体现。高校在指导学生就业时也应加强对其社会中责任感、主人翁意识的培养，鼓励大学生们到现代化建设的第一线。

（四）频繁跳槽，诚信品质不足

跳槽频繁、缺乏踏实勤奋的精神是大学生就业时的常见问题。走出校园，踏入社会，困难和挑战在所难免。一旦遇到难题、受点小委屈、期望未达到就扬言要辞职，动辄就违约，这导致用人企业对应届毕业生的诚信问题提出质疑，甚至在很多招聘公告中明确提出，对应聘者的工作经验、熟练度也提高了要求，这也成为高校毕业生的一大难题。

三、大学生就业中的思想政治教育问题路径探析

（一）多方位深入指导，拓宽高校就业指导领域

多方位地对高校大学生们进行深入地就业指导，拓宽就业指导的领域，从课堂

走向校园的初步实践，从校园走向社会，参考学生专长和兴趣，创造条件到社会各行各业深入实践，增强他们的动手能力。以就业指导老师为中心，辅导员和班主任协助，积极引导，广泛开展各种形势的就业指导课程和培训实践课程，力求提高就业率。

高校思想政治教育工作要穿插在学生日常的在校学习中，教师的引导、优秀毕业生的事例宣讲，有利于大学生树立正确的就业理念。积极宣传国家的就业政策，组织大学生去基层考察、去农村体验生活，去西部感受用人单位的需求和人才施展才能的空间，或者去部队调研，鼓励大学生把就业视野拓宽，树立崇高的社会理想，明白新一代知识分子需要肩负的社会责任，并付诸行动，为建设祖国做出贡献。

（二）重视学生的创业精神和就业能力的培养

培养创业精神、就业能力，敢于人先、发散思维、吃苦耐劳、踏实勤奋的精神，是高校就业教育中重要的一课。强化学生的创业能力，要着重培养学生的实践能力，这就要求在校园求学阶段，大学生要积极参与科研工作和社会实践经验，到相关企业进行实习，为独自创业积累经验。

把创业和就业能力的培养结合起来，让高校学生在理论知识的学习之外掌握技能，是他们走入工作岗位的重要助力。高校积极提供多方帮助，时刻把握用人单位的市场前沿信息，了解行业动态，才能使创业和就业更有针对性，增加成功率。

（三）加强高校大学生的思想教育，理性看待就业问题

在大学教育中重视就业指导和思想政治教育，有利于学生树立理性的就业理念，正视用人单位及自己的实际情况，有的放矢地处理就业问题。让毕业生在就业时更加理性，能综合运用各方有利条件，提高个人就业的满意度。

优秀毕业生的就业领域和经验也可以有效地指导应届毕业生，应充分发挥其积极带头作用，为大学生树立正面典型，从而让毕业生们有一定的参考和预期，有利于理性就业。

（四）营造良好的就业舆论，充分发挥榜样的作用

高校教师是学生在校接触就业的第一窗口，其社会阅历、自身视野及人格魅力也对大学生就业观有不同程度的影响。高校要充分利用自己的优势，邀请知名企业和优秀毕业生进行事例宣讲，介绍自己的需求和成才过程，脚踏实地，从平凡的岗位做起，力求进步。

高校作为高等教育机构，要引导大学生一分为二地看待社会上的"成功"，把个人的成功以发挥自身价值、服务人民为基准，引导大学生正确的就业观。而在运用科技方面，大学生有快速掌握、引领潮流的能力，他们大多可以熟练运用各种移动终端，理解吸收能力也较强。要充分利用这些移动终端平台，引导学生用双手创造成功，在自己的岗位做出成绩。

（五）及时获取就业信息，正确认识自我需求

应届大学生刚刚走出校园，对择业市场认识不够全面。高校可以调取学校往年的就业信息，并向毕业生们以发送调查问卷、电话访问等形式搜集信息，掌握就业的市场动态，使大学生及时了解最新的就业信息。

同时，正确认识自身能力和需求也很重要。大学生在就业时，由于缺乏社会经验，往往因求快心理而盲目就业，对企业的发展前景了解不够。高校的思想政治教育中加强大学生对自身职业规划的指导，可以使大学生在就业时有一个基本的自我认识，进而更有方向地选择自己心仪的职业。

（六）提升大学生的社会责任感，到祖国需要的地方去

在指导大学生就业时，高校要积极引导毕业生去一些经济发展较为缓慢的地区，用知识的武器来为当地的发展做出贡献。经济发展较为缓慢的地区更需要人才，也给人才成长提供了充足的发展空间，这也给大学毕业生们带来了新的发展契机。高校大学生拥有知识和能力，在高校引导下，可以快速了解国家政策和发展规划，了解哪里需要人才，哪里是自己的新天地，以便学以致用。

高校大学生作为高知识型人才，只有去祖国最需要的地方才能最大限度地发挥自己的价值，拥有更加广阔的发展平台，更有可能为社会主义建设做出贡献。

第二节　高校就业思想政治教育的必要性

本节以当前大学生就业思政教育所面临的问题，以及大学生就业难问题为研究背景，研究加强大学生就业思政教育的必要性。研究内容为高校实施就业思政教育的途径、激发大学生主体意识的内容及提高大学生综合素质三个方面。高校通过有效实施就业思政教育，保证大学生具有良好的就业能力和高尚的道德品质，激发大学生主体意识，强化大学生对就业思政教育的接受能力，提高大学生的综合素质，

达到提高大学生就业成功率的目的。

思想政治教育是为了人类自身能够更好地发展与生存，将人作为元话语进行的科学研究与理论探索，相比其他学科来说，不仅是一种价值观，还是一种认识论和方法论。人是思想政治的主体对象，思想政治教育的核心问题是关注人的培养和发展，其目的是立足于人的本性，依据思想政治教育促进人本观念的生成。

人本视域下的思想政治教育，以现实的人及其生活世界为基点，肯定人的人格尊严、追求人的自由解放，不仅要教育人、引导人，还要尊重理解人，提升人的自觉性，促使人全面发展自身素养。思想政治教育作为一项社会实践活动，对于大学生来说，能够加深其自身对思想政治教育基本理论的认识。

从理论层面来说，开展大学生思想政治教育课程，以人为本为思想政治教育的元理念、根本方法论和最终实现目标，有助于进一步消解思想政治教育与实践探索二者间的隔阂，使大学生思想政治教育工作更具有操作性和实践性。

在目前的经济发展新常态背景下，时代发展倡导"大众创业、万众创新"，因而，促进大学生等青年群体多渠道就业创业是当前加强国家建设的重要环节。高等教育是推动知识经济发展的重要力量，通过教育手段培养具有创新精神和创业能力的人才，是关乎经济社会健康发展和国家繁荣稳定的重大问题。

将思想政治教育工作落实到教育过程中是一种教育理念，就业教育与思想政治教育在目标、路径和内容前景等问题上高度统一、相辅相成。将两者结合在一起，可以提高大学生就业创业能力，就业教育与思想政治教育的融合，对于扩展教育途径、丰富教育内容和提升大学生综合素质三方面来说是很有必要的。呼吁加强大学生就业思政教育，对推进高校就业教育改革进程、促进高校就业教育和思想政治教育双向发展具有重要作用，为深化高等教育改革提供理论和实践参考。

一、就业思政教育是实施高校就业教育的重要途径

在大学生就业思政教育中，思想政治教育具有一定的引导作用，旨在引导大学生坚定正确的政治方向和道德方向。将思政教育融入就业教育中，引导大学生走好就业之路，明确合理的就业目标，培养良好的职业道德，激发良好的团队意识。

就业教育的侧重点偏向培养大学生的实践能力，因此，加强就业思政教育，是实施高校就业教育、培养大学生的职业精神和职业品质的重要途径。

　　加强就业思政教育有助于大学生职业意识、职业素质和职业能力方面的培养和提升。正确的就业意识对于大学生就业来说具有重要的现实意义，能够指导大学生认清就业市场的现实情况，了解自身的优势和劣势，客观理智地面对就业问题。大学生的职业素质主要包括良好的诚信、健康的心理和高尚的道德品质，大学生在求职的过程中良好的职业素质能够保证其坚定信念、克服各种困难，提高大学生求职的成功概率。

　　除此之外，对于大学生的就业思维能力、团队协作能力、与人沟通能力等综合就业能力，就业思政教育能够通过马克思主义理论完善大学生的思维，培养其辩证看待问题的能力，进一步保证大学生就业的成功。

二、就业思政教育是激发大学生主体意识的重要内容

　　大学生的主体意识在就业思政教育中起着至关重要的作用。在思想政治教育中，马克思主义批判，"从前的一切唯物主义的主要缺点：对对象、现实、感性，只是从客观的或者至关的形式去理解"。

　　从这句话中可以明显感受到，主体是人并且具有主观能动性，人在从事认识世界、改造世界的过程中，必须激发自身主体意识，才能促进人的全面发展。

　　当代大学生为青年主体，其成长伴随着改革开放的历史进程，承载着社会转型和多元文化的碰撞。当这个群体从自身走向社会，自身的主观意识决定其自身在社会上的行为。大学生踏入校门，正处于认知的发展阶段，表现出来的心态积极向上，此时是加强他们的就业思政教育、激发其主体意识的恰当时机，使其对就业问题具有正确的认识。许多大学生只关注现实就业状况，对自身能力和职业意识不够全面，呈现出"以就业为本"的倾向，而通过加强大学生就业思政教育，把握大学生成长成才的发展规律，研究当代大学生的学习方式的变化，培养他们的学习兴趣，激发他们的主体意识，充分重视网络等现代媒体对他们的积极影响，发挥其主观能动性，实现大学生自我发展的目标。

三、就业思政教育是提高大学生综合素质的必要要求

　　长期以来，高校坚持素质教育，全面提升学生的综合素质，着力培养一批有理想、有道德的高素质人才。当前，市场经济的发展对就业人才的综合素质提出了更

高的要求，也对大学生的就业思政教育提出了更高的要求。在高校的思想政治教育中，主要以思想道德建设为基础，以爱国教育为重点，实现大学生全面发展。构建政治教育与就业教育是素质教育的新境界，在社会主义核心价值观的引导下，培养学生的创新精神、就业理念和就业能力，从而使原有的教育目标更加具体，培养大学生树立正确的人生观、价值观，正确处理个人与集体的关系，为以后的就业奠定坚实的思想基础，提高综合素质能力。

在当今社会，就业思政教育研究已经成为"显学"，越来越多的人对此方面问题进行研究，以发挥思想政治教育对就业教育的引导作用。就业教育作为思想政治教育的理论基础，优化了学科体系、提高了思想政治教育发展效益。研究加强大学生就业思政教育的必要性，对大学生的综合素质和职业能力具有重要影响。

通过多个角度对加强大学生就业思政教育的必要性进行分析，得出就业思政教育是高校实施大学生教育的重要途径，且就业思政教育中包含的重要内容，能够激发大学生的主体意识，提高其主观能动性，促进大学生的自我认知。在自我认知的过程中，不断提高认识自身的能力，与当前的就业市场相匹配，保证大学生求职的成功。

第三节　思想政治教育对高校就业的影响

大学生就业问题是社会、家庭和个人都十分关心的热点问题，随着就业形势的日趋紧张，大学生就业竞争激烈已是不争的事实。在高校，思想政治教育只有真正的与大学生就业指导课紧密结合在一起，才能对大学生就业、择业，以及自主创业起到至关重要的作用。因此，发挥思想政治教育的作用，提高学生就业积极性，推进就业工作的开展，加强学生就业意识，才能从根本上促进大学生就业。

2016 年，教育部在工作要点中提出，坚持共享发展，才能保障人民群众平等接受教育的权利。由此可以看出，整个国家和社会都很重视就业工作。大学生在制定自我就业、创业及择业的过程中，出现的价值观、职业道德等方面的困惑都与思想政治教育密不可分。2017 届 211 院校毕业生半年后就业率为 89%（非失业率 90%），非 211 本科院校为 87%、高职高专为 84%；而 2016 年后半年就业率，211 院校为 93%（非失业率 94%）、非 211 本科院校为 90%、高职高专院校为 84%。其中，2017

届大学毕业生约 1/3 的就业是在毕业后半年内完成的。面对如此严峻的社会现实，在课堂上，教师应多利用思想政治教育的引导作用，在润物细无声中使学生认清就业形势，了解自我需求，全面理性分析职业性质，从而做出更好更贴切自我实际的选择。

一、思想政治教育与大学生就业的关系

（一）相辅相成

众所周知，思想政治教育与大学生就业工作是相互依存的关系。目前，大部分大学生都是"95 后""00 后"，他们在毕业的时候往往不会选择劳动密集型企业，对自我没有清晰的定位，只是遵循喜好来寻找就业机会，这样就给就业问题带来了一定的阻碍。通过思想政治教育，大学生可以清楚地分析职业前景，端正就业观念，提高就业率；而大学生就业又是思想政治教育成功的一个重要表现形式。

（二）现实的需要

由于高校的扩招，大学生越来越多，而衡量一所高校的办学水平往往是通过学生就业率、四六级通过率和技能竞赛等方面去进行。一方面受经济发展的限制，企业在招聘人才的同时要考虑人才的综合能力；另一方面由于人口基数大，大学生眼高手低、心理素质差等自身因素导致很多企业招不到合适的人才，大学生却拿着简历无地可投。高校培养人才的优劣最终表现为就业率，从大一开始的思想政治教育课程就要将就业观灌输给每一位学生，帮助他们树立健康、积极向上的就业观念。对自己的兴趣、特点等合理定位，加强自己的专业素养。

二、思想政治教育对大学生就业的影响

（一）帮助大学生树立正确的就业观

大一新生在入校的时候，对自己的专业认识模糊，对未来职业怀有憧憬，这时候正是思政教育的转折期，通过座谈会、演讲、讲座等形式，让学生初步了解就业现状和趋势，从思想上重视就业。《思想道德修养与法律基础》这门课中也有关于如何树立正确的就业观有详细地讲解，思政工作者应认真准备经典案例，通过形象生动的真实故事，触动学生的情绪，鼓励学生自主创业，从而达到引导学生、促进学生全面发展的目的。

（二）增强法律意识和道德修养

大学生为了挣取生活费或者锻炼自己的能力，在大学期间往往会利用节假日去进行兼职。但有些企业利用学生廉价劳动力和对法律知识的一知半解，在工作结束后不给予相应的报酬，造成学生的损失和心理阴影。所以，在找工作的时候必须要对法律知识，尤其是和自己息息相关的问题了解清楚，保障自己的合法权益。同时，在找工作的时候，企业都特别重视一个人的品行、道德及诚信方面的内容，一个讲诚信，守规矩的年轻人，只要给他一个展示自己的平台，企业是愿意用自己的资源去慢慢培养，等待其成长起来独当一面的。

（三）疏导大学生在就业过程中遇到的问题

思想政治教育作为思想领域的重要内容，应贯穿整个教学过程，不仅是思政工作者，其他的专业课老师也应形成同力，促进思想政治教育的发展。习近平总书记曾指出，要用好课堂教学这个主渠道，各类课程都应与思想政治理论课共同努力、协同育人。思政课老师应从自身做起，关爱学生，了解他们在就业中的需求，出现任何难题及时介入，做好心理疏导工作。

三、思想政治教育对大学生就业的重要意义

目前，我国高校毕业生的资源配置已经转向市场配置，这将是顺应社会经济市场化发展的一大变革，也将给毕业生提供大量的就业机会，最终就业从卖方市场将会逐渐过渡到买方市场。思想政治教育与大学生就业密切相关，大学生只有具备较强的综合能力和心理素质，才能在招聘中脱颖而出。思想政治教育在实践中帮助学生提高综合素养，增强竞争意识，提高高校就业率。

第四节　高校就业教育与思想政治教育融合

高校思想政治教育作为就业教育的主要载体，加强大学生的思想整治教育，能够矫正学生的从业观念、转变其思想偏差；而就业教育则是充实大学生思想政治内容的有效手段，因此，两者在教学实践中具有高度契合性。所以，高校大学生就业教育与思想政治教育有效融合，就需要将思想教育贯穿于就业指导中，在把握高校思想政治教育内涵的基础上，加强对大学生的理想信念教育、职业道德教育、诚实

守信教育及艰苦奋斗教育。

大学生就业创业形势关系着我国经济的发展与社会的稳定，基于这样的背景下，在大学生就业创业指导或教育中，加强对学生的思想政治教育，有助于引导学生树立正确的就业观，对其辩证地认识当前的就业形势，合理选择职业具有积极意义。然而，在目前大学生就业教育中，却依然过于偏向与经济学"功利"眼光，又或者是只注重学生"技能"的培养，并没有将学生的品德素养与能力素质相结合，以此实现创业型人才的教育和培养。因此，在新时代下的大学生就业教育，教师要充分认识就业教育与思想政治教育之间的内在联系，明确思想政治教育对学生就业创业指导的重要性，从而将就业教育与思想政治教育有效融合，在全面促进学生道德素养提升的同时，提高学生就业、创业能力与能力素质。

一、就业教育与思想政治教育的内在联系

（一）理想信念教育是就业教育的主要内容

理想信念教育是大学生思想政治教育的起点，在新时期的新形势下，将理想信念渗透于就业指导中是高效思想政治教育的主要任务。在如今的社会主义市场经济体制下，传统的"统分统包"已转变为当今时代下的"自主择业"，基于这样的时代背景下，理想信念作为引领学生就业创业的"指示牌"就显得尤为重要。加强对大学生理想信念教育，能够让学生尽早地思考"自己想成为什么样的人""自己能成为什么样的人"，又或者是"这个社会需要什么样的人"，让学生能够在思考中，明白自身的优势与不足，根据自身的实际情况来选择行业。从而培养学生积极乐观的心态，使其以最饱满的状态去迎接市场的考验，并始终坚定"持续奋斗、成就自我"的理想信念。而就业教育亦能够发挥思想政治教育中"典型案例""反面警示""目标牵引"等功能。在大学生就业教育过程中，通过为学生解读一些成功人士的就业、创业历程，并组织学生开展就业考察与市场调查活动。在这一个过程中，除了能够让学生明确目标、坚定信念、努力拼搏外，还能够让学生意识到成功背后所有付出的汗水与艰辛，从而使其能够树立正确的理想信念。

（二）职业道德教育是就业教育的核心要求

高校思想政治教育的主要目标之一就是要培养学生在事业建设中的思想道德素质，而在这些道德素质中，最基本的就是职业道德。在思想政治教育中，学生职业

道德的培养，无论是对社会还是对学生个人都具有重要的意义。从目前应届大学生就业情况来看，存在很大一部分的大学生在步入工作岗位后，由于职业道德的缺失，很多学生会表现出急功近利、浮躁等现象，缺少工作中最基本的责任感与务实精神。而这样一种想象，一方面既挫伤了企业接受应届毕业生的积极性，另一方面对于高校学生就业也造成了不良影响。所以，职业道德作为大学生就业的核心要求，教师要意识到道德才是学生的成才之本、立身之要。因此，在思想政治教育中加强对大学生职业道德的培养，是就业教育中的核心要求；而在大学生就业教育中，教师也要让学生意识到职业不只是生存与发展的手段、成就自我的途径，更重要的是展示自我道德素质、品行的舞台。

（三）诚实守信教育是就业教育的现实要求

长期以来，社会的进步与发展，除了依靠广大人民群众的不断奋斗和不懈努力外，更重要的是诚实守信的优良品质。高校作为人才输出与思想道德建设的主要窗口，加强学生的诚信教育具有重要的现实意义。而当今时代下，无论是就业还是创业，诚实守信已经成为评价一个人或一个企业的主要标准之一。针对目前部分应届毕业大学生在就业或创业时存在的不守信用、不遵承诺等诚信危机，在思想政治教育中，需要加强对学生诚实守信品质的培养，在就业教育中，要明确市场对诚实守信的现实要求，将诚实守信教育贯穿就业指导的整个过程中。通过加强思想政治上的引导，以巩固学生走入职场的"第一道防线"，从而健全学生良好的心理品格与社会人格，让学生能够在激烈的市场竞争中谋发展。

（四）艰苦奋斗教育是就业教育的内在要求

在经济全球化发展的同时，全球各种思想文化的碰撞，使得各高校中逐渐滋生一种"读书无用论"或只讲"钱途"的消极、拜金主义思想，导致了部分大学生价值取向扭曲，同时缺乏艰苦奋斗的精神。无论是哪一个行业，艰苦奋斗永远是行业的内在需求，更是一种珍贵的精神财富。面对传统大学生思想政治教育中存在的弊端，通过开展创业先进个人事迹报告会、高端讲坛或者是邀请企业家进校园等就业教育活动，以此激发学生在就业、创业中艰苦奋斗的热情，靠自己的努力不断突破自我与实现自我，从而进一步强化思想政治教育中的艰苦奋斗教育。

二、就业教育与思想政治教育的融合路径

面对新形势下大学生就业所呈现的新问题和新特点，教师需要对这些问题进行深入研究，把握就业新特点，才能够有效地在就业教育中对学生开展思想政治工作，达到思想政治与就业教育互相融合的目标。

（一）思想政治教育要伴随职业指导全过程

目前，大学生就业指导最为明显的特征就是就业指导实现向职业指导的转变，前者是以帮助学生快速就业为目标，而后者则更倾向为学生"量身定做"。通过对个体差异进行评价和权衡更注重"因材施教"，也就是对学生终身从事职业进行指导。但激烈的市场竞争和残酷的就业形势，让很多高校和学生感觉到毕业前的就业指导或者说就业教育就好像"临时抱佛脚"一般，在凭借一时"出色"而赢得的就业机会很难经得起时间的考验。所以，为了有效缓解当前大学生就业难的问题，除了在宏观上需要靠国家政策支持以外，更重要的还是要学校在微观上制定可持续发展的就业指导方案，通过将思想政治贯穿于大学生职业生涯规划、就业指导全过程中。

例如，广东、江苏等省市的部分高等院校，在 2005 年学生入学时就为学生开设了职业生涯规划类的相关课程，让学生能够尽早明确自己所学专业的职业取向。而对于一些相对生僻或职业需求有限的专业，教师则鼓励学生进行第二学位的辅修，通过这样的方式，使学生取得了较好的就业效果。这些成功的实践表明，在就业教育中，要及时将思想政治教育工作贯穿于就业指导中，及早地开设就业指导相关课程，并以思想政治教育作为指导，从而避免就业教育单方面的灌输，有助于学生尽早树立正确的就业观，并提前设定好职业目标与职业规划。

（二）思想政治工作要与学生就业实际贴近

目前，针对高校教学水平的评价标准仍然是以学生就业率作为关键指标之一，因此，学校的重点工作主要是围绕着学生能够顺利就业来开展。所以，高校在对大学生展开思想政治教育时，也要紧紧围绕着职业指导的环节来展开，将与学生未来发展与利益相关的"职业观、择业观和就业观"作为教育的出发点，充分发挥思想政治教育在就业指导中主阵地、主战场及主渠道的作用。

在就业教育的过程中，针对目前普遍存在的大学生就业难问题，可以通过个案分析的方式，或者邀请一些有名望、成功的企业家等进行现身说法的形式，针对学

生的就业观、择业观或者成功观等进行教育。同时，加强对学生艰苦奋斗精神、团结协作精神、吃苦耐劳精神及自我牺牲精神的培养；帮助学生确立爱岗敬业、诚实守信等良好的职业道德观念。除此之外，还需要帮助学生明确职业方向、学生普及岗位须知和职场文化、提升学生职业技能等。而在完成教学计划的基础上，加强学生职业兴趣的培养，挖掘学生的内在潜力，并较创新创业课程纳入高效就业教育课程中，开设行业、企业优秀人才创业课程。

（三）思想政治教育要与其他工作形成合力

针对当前高效创业教育存在的"功利化"、过分强调"自我包装"的问题，在对大学生进行就业指导时，教师需要把握以下几个重点。首先就是要坚持以人为本的就业指导原则，多为学生办实事，重点突出就业指导中的理想信念教育，促使学生形成正确的就业观。其次，加强对大学生就业形势政策上的教育，让学生能够掌握职场发展趋势，学会趋利避害。再者就是要加强学生诚实守信教育和职业道德教育，从而避免学生在就业中存在学历造假、简历造假或其他失信行为，培养学生高尚的道德情操，帮助学生树立正确的价值取向。同时，创业教育也尤为重要，对学生进行国家就业、创业政策的宣讲，鼓励和支持学生自主创业，或者在就业过程中，以积极的心态去看待企业在人才选择上存在的不公平等问题。更重要的是，在学生教育实习、设计操作及论文撰写的过程中，要将思想政治教育贯穿其中，引导学生正确处理"工作成绩与学习成绩""个人能力与社会能力""社会发展与专业需求"的关系，以培养学生优良的道德品质。

总而言之，时代的发展和社会的需求，高校大学生就业教育必须与时俱进，将思想政治教育融入就业指导过程中，才能够满足社会对人才培养的需求，从而解决大学生就业难的问题。而这就需要教师充分了解与掌握就业教育与思想政治教育的内在联系，才能更好地将两者融合。

第五节　高校就业指导中的思想政治教育工作

随着社会经济的迅速发展，如今越来越多的高校毕业生加入了人才市场的激烈竞争，就业形势可以说不容乐观。高效毕业生是具备充分知识和专业技能的高素质人才，是社会发展的重要推动力量之一。因此，面临严峻的就业环境，高校必须要将毕业生就业指导工作与思想政治教育工作有机结合，充分发挥思政工作的特点和优势来帮助大学毕业生解决就业过程中面临的困难和思想中的迷惘困惑，做好应对就业问题的充分准备。本节首先分析了思想政治教育工作对于大学生就业指导的意义，其次提出了就业指导中思想政治教育工作的优化措施。

一、思想政治教育工作对于大学生就业指导的意义

目前，国内越来越多的高校通过合并扩张等方式来扩大规模与招生人数，同时，由于高等教育的社会化，更多的人有机会通过继续学习来深造和获取学位，这就导致了每年毕业的大学生人数急剧增多，就业形势越发严峻。而与经济一同发展的还有人们的思想观念，大学生们的思想观念越来越丰富，但择业观与就业观还存在着一些认识上的不足，大多数人认为大学毕业一定能够找到满意的工作，而现实情况却比学生们预想的要严峻许多，市场需求往往才是就业的导向，在一定程度上增加了大学毕业生们的就业压力，因此，就需要思想政治工作来为即将毕业的大学生树立正确的就业观与择业观。能够影响大学生就业的因素的除了教育改革方案的施行、社会环境的改变等客观原因外，还受到大学生自身行为观念的影响。而这些存在于大学生心理、思维领域上的问题，就需要思想政治工作去解决，所以说，思想政治教育工作在大学生就业指导中有着十分重要的地位，高校相关负责人必须要加以重视，充分发挥其重要作用，辅助大学生顺利就业。

高校设立毕业生就业指导课程是为了更好地解决大学生的就业问题，更是高校学生工作的重点之一，出于就业形势和就业压力方面的考虑，大部分高校只重视就业必需知识的教授、就业技能的培训、就业信息的分享和发布、就业常见问题的解答、就业政策的解读等较为实用的内容，而忽略了对毕业生的思想政治教育，使得学生们在面临就业问题时缺少了理论方面的正确引领，极易出现一些思想行为方面的错误，如心浮气躁、反感上级的安排、抗挫折能力差、纪律与法律观念淡薄、缺少诚信意识等等。而大学生就业指导中加入思想政治工作则能够通过课堂教学、模拟实践等方式来给予大学毕业生精神与理论方面的引导，从多方面综合提升大学生心理素质，减轻毕业压力与就业压力，纠正一些错误行为，增加其能被心仪就业单位成功录用的概率。同时，还可以对毕业生的就业理念进行全面评估并给出一些建议，引导他们找到适合自己的工作岗位，从而更好

地展现个人价值，实现理想抱负。思想政治教育工作与就业指导工作的结合十分有益于学生正确择业、就业观的树立，也能够帮助学生们明确就业目标和就业选择，及时发现和干预毕业生在就业过程中出现的心理问题，同时增强法制教育，增强法律意识，让学生们在遵纪守法的同时保护好自身，不被虚假招聘信息所蒙骗。

二、如何优化大学生就业指导中的思想政治教育工作

（一）提高对学生就业思想政治教育工作的重视程度

优化大学生就业指导中的思想政治教育工作首先就需要高效提高对思政教育工作的重视，建立起完善的工作体制和管理体制，将毕业生就业指导工作与思想政治教育工作统筹安排，发挥出思想政治教育工作在就业指导中的重要作用。其次，高校需要建立起一支知识储备丰富的思想政治教师队伍，因为教师团队的素质水平和技能高低直接影响到思想政治教育工作的效果，高校若想真正重视起就业指导中的思想政治教育工作，就必须充分整合教师力量，组建出有实力和水平的思政教师团队。

（二）在专业教学中渗透思想政治教育

高校就业指导中的思想教育工作要将思政教育同大学生的专业教育相结合，这样能够更加贴近学生实际，在教授专业课程的同时向学生们渗透所学专业的相关就业范围，以及专业相关行业的发展前景、人才需求趋势等等，从而鼓励学生们热爱所学专业，提前了解就业信息，初步树立就业目标，通过思政教育强调所学专业的使命感与自豪感，坚定学生们的职业理想，从而避免就业时学生们因不了解专业前景与就业知识而产生迷惘困惑的情况。

（三）完善大学生就业指导中思想政治教育的内容与方式

大学生就业指导中思想政治教育工作内容包括择业观、就业观的树立，以及人生观、世界观、与价值观的重申与强调。除去这些基本思政教育内容外，高校还可以结合当下实际来向学生教授一些就业方面的经验，通过具体事例来加深学生对教学内容的印象。教学方式则应改变传统的课堂灌输形式，增添一些社会实践活动和实习活动，不断创新和丰富就业指导中思想政治教育工作的途径，将理论知识与实际应用相结合，避免出现所教知识与现实脱离的情况。学校、家庭和社会应当是三

力合一来帮助大学毕业生尽早适应社会环境，解决就业问题的，因此，思想政治教育工作也应从这几部分开始进行渗透，进一步丰富教育内容与教育途径，将就业指导与日常教育联系起来。

随着大学毕业生就业压力的不断增大，高校在开设就业指导课程的基础上对学生们开展了思想政治教育，帮助毕业生树立起正确的择业观与就业观，在保证工作理念不变的同时不断优化工作方式，从而增强思想政治教育工作在大学生就业课程中的针对性与实用性，从多方面提高大学生就业能力，减轻就业压力，让学生们在激烈的人才竞争中始终保持良好的精神心态，实现职业发展与自我价值实现。综上所述，思想政治教育工作能够在一定程度上解决大学生就业中面临的困难，高校需要进一步研究与优化思政教育在就业指导中的实际应用与开展，从而保证学生们的顺利就业。

第六节　高校就业思想政治教育价值意蕴

随着就业指导与思想政治教育课程结合与开展，当代大学生受到的就业思想政治教育教学模式也逐渐成熟。分析当代大学生就业思想政治教育价值意蕴，考虑就业思想政治教育课程的开展对教育者的价值，不仅是提高了大学生的就业率，也为大学生树立了良好的人生观，加强了他们的自我认知，可以在大学生活及未来社会工作中更好地发挥自己的才能。

当下社会就业压力较大，各高校为了更好地帮助大学生顺利就业，开展了就业指导教育课程。为了可以更好地帮助大学生就业，也为了树立大学生良好的人生价值观，就业指导课程同思想政治教育课程相互结合，并且已经形成了良好的教学体系。从仅仅关注大学生是否能够顺利就业，到同时兼顾关于大学生思想的导向性，帮助许多大学生完成了学校到就业的关键性人生转换。

一、大学生就业思想政治教育对施教者的意义

对于大学生的就业思想政治教育来说，可以使教育者开辟新的工作领域，当前，我国高校的思想政治教育理论已经逐渐形成一套完整的体系，意图为大学生树立良好的择业观及就业观念，教育方法也逐渐从书本课堂，转换为生活解惑，这一教育

方法的转变也是由就业思想政治课程中积累的经验逐步积累而来的，传统的就业思想政治教育较为狭隘，并且拘泥于书本内容，使得大学生难以接受，并且仅考虑在大学校园对于学生的引导，为大学生将来进行求职，做好充分准备。传统的就业教育模式过于拘谨，并不能与时俱进，使得学生接受教育后发现难以应用。而这些反面的不足也使得教育者对于教学的实施有了新的观点和看法，也对就业思想政治教育课程的开展，以及教学模式的发展提供了正向的方法。目前，已经打破传统教学模式的新型大学生就业思想政治教育更加吸引学生，考虑目前的政策来帮助学生提高自身能力，同时提供较为实用的建议。大学生就业思想政治教育可以促进师生良性交流，为未来教学工作的开展打下良好基础。

二、大学生就业思想政治教育对于受教育者的帮助

目前，随着就业思想政治教育的不断改进，就业思想政治教育变得多元化，从以前仅仅关注学生就业，到现在对于学生人生观的树立、就业焦虑情绪的排解、目前就业政策，以及创业政策的分析，对于大学生就业或创业能力的培养。目前，大学生就业思想政治教育模式已经成熟，对于大学生来说，就业思想政治教育可以帮助他们找好自我就业定位，排解就业时所产生的不良情绪，提高大学生的成功就业率。依据目前的调查研究来看，大学生就业思想政治教育工作的开展已经取得了成功，当就业指导课程与思想政治教育课程相互结合后，提高了大学生的自我认知能力，让大学生可以更好地享受校园生活，通过就业生涯规划，可以让大学生更早地为未来工作及职业意向做好准备，在未来的工作中也可以更好地发挥自我才智。目前，课程的开展也考虑培养大学生的创业创新意识，为有创业想法的学生提供必要的帮助及建议。要提高当代大学生的思想道德品质，必须要具有良好的诚信意识，在我国当代高校大学生的自我意识越来越强，对学生开展职业道德教育、社会公德教育、诚信教育等，是极具必要性的。这些教育让大学生在面对就业挫折时不会自暴自弃，增强了当代大学生的心理承受能力。教会了大学生的自我心理疏导，让大学生们学习到了如何掌握和收集各类就业信息，以及面试的技巧和职场快速适应的方法，并且通过合理的引导，提高了大学生对于就业和创业的积极性。

本节针对当代大学生就业思想政治教育价值意蕴进行了分析，首先是对于教育

的实施者而言，就业思想政治教育的开展为教育者带来了更多的教学经验，而对于受教育的大学生而言，树立了良好的人生价值观、提高了心理承受能力、并且让当代大学生在就业时拥有更好的竞争力，在职场也能更快地适应。

第五章 地域文化下学生思想政治教育方法

第一节 地域文化对大学生思政教育的影响

一、思政教育需要即时性和全面性

区别于其他专业学科的授课，大学生思想教育当中既有不变的精髓，紧密团结在党的周围，培养对党的认可与忠诚。又有必变的要求，当今时代就是贯彻习近平总书记系列讲话精神，践行社会主义核心价值观，努力成为有理想，有担当，有追求，有品质，有作为，有修养的青年。对广大思政教育工作者而言，不但要指明目标，而且要具体而微，充分认识思想教育是学生综合素质培养中的灵魂和指南，结合当今时代和学生个人的精神基础，对症下药，未雨绸缪。即时性也就是随着社会发展的不同阶段适时调整教育的内容和方式。学生进入大学校园之前，精神世界也绝非一张白纸，由于中小学阶段没有统一有序的思想教育，能够代表学生价值观念层次的就是当地的地域文化。这种文化的概念范围很广阔，包括各地区人们的处世方式、人生目标和价值取向。虽没有系统地灌输，但由于少年阶段是个人观念形成的时期，地域文化依旧奠定思想基础。然而，进入大学后，广泛和密切的交往必然引起碰撞，因此，思政教育的全面性就是要充分考虑学生自身的基础，能够让大学阶段成为学生思想升华的一个结点。

二、地域文化作用于思想的表现和意义

如不同年龄阶段的人会产生沟通障碍一样。对于不同地域的人而言，区别主要体现为对生活中各类事务处理优先度和处事倾向的不同。例如，北方地区的人将人

际交往和事务处理看作不可分割的一体，南方地区的人则更乐于分开对待。那么，大学生尚不能随着环境的变化有意识地去调整自己的行为，当发现自己行为异于别人时，不能认识到这是正常现象，易产生被孤立的心理。久而久之，会有形成心理阻碍的可能。即便是在践行"六有"大学生的过程中，如若只使用单独地域文化更易接受的方式，会让别的学生产生厌倦甚至逆反的心理。

也就是说树立社会主义核心价值观，践行"六有"大学生是不可更改的必须目标，然而殊途同归。我们有机会根据学生精神层次的不同采取更为细致和具体的方式，利用地域文化在学生思想中已形成的基础，让学生在情感上认同和接受思想教育，使其达到更好的效果。

如果不明确地域文化差异性的重要程度，思政教育工作很难摆脱干枯的说教。而当前个性化服务的思政教育强调针对大学生个体特别情况展开教育，注重教育方式的灵活多样。但是，这种针对性教育活动没有能确立大学生个体的差异性意义——地域文化的差异性。教育的目标与意义被限定了，地域化差异性的多元化被简单地认为是细枝末节。

要认识到的是，地域文化又是宝贵的思政教育资源。其内涵丰富，包括物质、制度、美学等多种类型的文化性质。就表现形式而言，地域文化又可划分为历史文化、革命文化、自然生态文化等不同类型。地域文化以显性和隐性两种方式对人们的生活进行影响，以显性的地方性知识供给个体，人物典故等。另一种是以隐性的地方传统和精神的形式塑造个体。对高校思政教育而言，无论是隐性或是显性，都是作为一种教育资源而存在的。它对高校思政教育内容的丰富有极大的意义。

类似南方沿海重视教育的传统，东北地区乐于助人的风尚，云贵地区与自然生态密不可分的人情风土等地域文化内容都是对科学发展观和社会主义核心价值观的体现，并且更深入人心地渗透到人民群众当中去。而这些生动的文化形式既可以作为接受思想政治教育的资源，也可以成为践行"六有"大学生活动中具体的实践形式。而针对个体开展的个性化思政教育也必须要以具有地域文化特色的教育资源为前提。总之，如果利用得当，地域文化对思想政治教育将大有裨益，也是对中华民族传统的保留和传承。将成为思想教育摆脱无力说教的关键一步，有利于大学生形成正确的价值取向，树立社会主义核心价值观和坚定的共产主义信仰。

三、文化心理差异对同学关系的影响及解决办法

地域文化在大学生对学习，日常生活习惯，生活消费观念，行为模式方面有差异和选择上的偏好。例如，中西部地区学生受勤俭朴素传统文化的影响，消费观念保守甚至滞后，来自东部沿海文化区域的同学思想较为开放，学生的消费观念也更为超前，他们更愿意追逐潮流，花在娱乐和精神层面上面的费用远高于西部和内地地区的学生。就情感和态度的表达方式而言，东部沿海省份的同学一般表现在轻视人情和传统风俗，尊重规则和制度，情感表达直接但难以持久；内地和西部地区的学生则习惯从伦理道德上来考虑制度的合理性，情感表达较为持久，构建和谐的同学关系亦是高校思想政治教育内容之一。和谐的同学关系构建过程没有标准化，程序化的标准，具有不同文化心理的大学生，其综合素质的提高和同学关系的构建正是在交往和矛盾中才得以解决。因此，重视地域文化差异，构建和谐同学关系，将地域文化差异和高校思想政治教育基本内容结合起来考察，才能构建和谐的同学关系和提高高校思政教育工作的质量。

地域文化所导致的大学生价值观念差异主要表现在两个方面上，即人生目标的选择有整体性上的不同和为实现目标而采取的方法有所不同。然而，由于大学生中存在严重的从众心理和不成熟的心态，极有可能对受其他地域文化影响较大的学生持偏见和孤立的态度。解决这个问题关键就是要把文化心理多元化，作为一项基本的准则来肯定和推行，减少外地学生的心理压力。并在思想政治教育过程中有意识的融入不同地域文化的比对过程，鼓励学生自己思考，分析各类文化心理在不同情况下表现出来的特征。要让学生以唯物主义的精神辩证地看待地域文化的产生和作用，意识到这与地理和时代的因素密不可分，以及在指导劳动人民改造自然和积极生活的过程中地域文化所起到的消极和积极作用。

地域文化在长时间的形成过程中有其精华，也必有糟粕。那么，大学生对其最理想的对待方式就是去粗取精。这就要求高校思想政治教育工作者将地域文化的具体内容作为教育的资源，提炼出其中最具有正能量的部分，并通过多种形式的践行方法让学生从心底产生认同感。从而培养学生汲取精神养分的能力，对各类文化采取尊重的态度，形成不断提升自己，完善自己的意识。

第二节　地域文化融入高校思想政治教育

高校思想政治教育旨在培养社会主义建设者和接班人，教育过程中周围文化环境的影响客观存在。地域文化是指"中华大地特定区域源远流长、独具特色，传承至今仍发挥作用的文化传统"，总是在无形中融于高校思想政治教育中，渗透到大学生学习和生活中，影响着教育的方式和教育的内容，为高校思想政治教育创新发展提供思路和灵感。如何将地域文化更好地融入高校思想政治教育，真正达到文化育人、文化载人、文化养人的目的，是教育者始终思考的问题。充分挖掘并利用各地优秀地域文化资源，将地域文化充分融入高校思想政治教育中，灵活变通，有助于高校形成全员育人、全过程育人、全方位育人的一体化全面育人体系，有助于充分释放优秀地域文化价值，丰富高校思想政治教育内容，继承发扬优秀地域文化传统。

一、地域文化融入高校思想政治教育的意义

地域文化教育资源作为一种文化资源，是在长期实践中形成的宝贵精神财富。中国特色社会主义已进入新时代，要让社会主义核心价值观落地生根，地域文化所蕴含的优秀文化精神可以帮助人们更好地树立正确的世界观、人生观与价值观。开发和利用地域文化包含的思想政治教育资源，实现中国梦的过程中需要文化传承的烘托，有利于贯彻落实习近平新时代中国特色社会主义思想、实现建设社会主义现代化国家奋斗目标。

将地域文化资源融入高校大学生思想政治教育中，正是因地制宜地直观表现，将思想政治理论与地域文化资源文化相结合，通过地域文化实际对大学生进行思想政治教育，创新思想政治教育的模式，凝练地域文化精髓，构建人文校园，服务当地建设。

二、地域文化与高校思想政治教育相融合的路径探索

要充分发挥地域文化资源在高校思想政治教育中的重要价值，需要高校思想政治教育理论课教师具备高度的文化素养和文化自觉，不断探索二者相容的路径，对

高校思想政治理论课教师提出了更高要求。

（一）打造特色大学校园环境

大学生日常置身于校园，深受校园环境的熏陶。校园内的校风、教风、学风都深深影响学生的品性，在潜移默化中对大学生身心发展起到导向作用。地域文化融入高校思想政治教育，不仅要在课堂上，更要在校园的角落打造文化氛围，通过有形的人文景观建筑和无形的文化素养滋养学生身心。

（二）扩大网络新媒体下的地域文化影响力

地域文化之所以被忽略，正是因为宣传力度不够。可以充分借助网络多媒体平台，提高师生对地域文化的重视程度，发挥载体的教化功能，让优秀的地域文化走进学生视野，润泽学生心灵，促进健康成长，将来报国为民。

综上，地域文化用其独特的魅力和丰富的内涵滋养着一方土地，诉说着一方历史。驻地高校大学生在潜移默化中受到来自地域文化的滋养和熏陶，有助于未来将地域文化更好地继承、传播和发扬，助力新时代精神文明建设。

第三节 地域文化资源在高校思政课教学中的重要作用

地域文化是在特定的自然环境、历史背景和独有的文化积淀下形成的一种亚文化，是地域资源的重要组成部分。地方高校是依靠地方财政供养、主要面向所属地域招生的高校，生源地方化是其重要特征。我国历史悠久，地域辽阔，民族众多，形成了丰富多彩而又各具特色的地域文化，共同构成了中华民族的优秀文化。地域文化资源是大学生思想政治教育取之不尽的宝藏和财富，为人才培养提供强有力的思想宝库、精神动力和智力支持。在地方高校思想政治理论课教学中开发利用地域文化资源，"能使教育者与被教育者置身于其中、身临其境而具有不可替代的'地域氛围'和近距离的'亲和力'及教育上的便捷，成为一种富有潜力和特色的优势教育资源"。因此，充分挖掘和利用地域文化中的优质教育资源，将其转化为地方高校思想政治理论课课程资源并运用于教学实践，对于提高教学效果具有重要价值。

一、有利于促进地方高校思想政治理论课课程建设

作为教育的核心，课程是实现诸多教育理念的基本途径。"无论是哪一层次的

课程建设，都应在现代教育理念的指导下，按照'五个一流'的要求，即一流教师队伍、一流教学内容、一流教学方法、一流教材、一流教学管理，从教师队伍建设、教学内容建设、教学方法和手段建设、教材建设、实验建设、机制建设六个方面进行不断的改革和建设。"高校思想政治理论课既是一门需要借助教材之外资源才能完美实施的课程，又是一门需要教师创造性地组织实施教学的课程，更是一门需要调动学生学习积极性、让学生主动参与、发挥其自主学习能力的课程。地域文化资源蕴涵着丰富的课程资源，地方高校通过挖掘其中蕴涵的优质教育资源，并将其转化为课程资源，可以提高思想政治理论课程的针对性和感染力，促进思想政治理论课课程建设。

（一）能够优化思想政治理论课的教学内容

教学内容的创新是高校思想政治理论课程改革的核心所在，目前，高校思想政治理论课教材由中宣部和教育部统一组织编写，其内容具有科学性、权威性和严肃性，体现了大学生成长的规律和时代精神，与教学需求基本趋于一致。但由于是全国统编教材，存在着如下不足：一是教材内容主要着眼于大学生思想政治素质的共性发展，地方性特征发展不足；二是教材内容中理论性内容偏多，感性素材不足；三是教材内容存在着与社会生活脱节现象，生活性和现实感不强。地域文化资源具有地方性特征突出、感性素材丰富、生活性和现实性强烈等特点，正好可以弥补统编教材内容方面存在的不足。"对于高校思想政治教育来说，无论是显性还是隐性作用，地域文化都是作为一种教育资源而客观存在的，它丰富了高校思想政治教育的内容。"地方高校思想政治理论课教师在创造性使用统编教材时，要结合学生思想实际和当地社会实际，对地域文化资源进行提炼和梳理，形成教学读本和案例，使地域文化资源中的精华上升到理论教学的高度，使地域文化资源与思想政治理论课的理论教学相衔接，实现教学内容和素材的进一步充实、丰富和优化。地域文化所具有的生活性、开放性和分散性特征，为思想政治理论课的现实化提供了广阔空间和多样化途径，而思想政治理论教育所具有的理论性、封闭性和集中性，又为区域文化提供了历史的、辩证的理性思维和系统融会的现实机制。所以说，思想政治理论与区域文化虽同属社会意识形态范畴，但二者功能释放的方式与特征存在着很大差异，而这种差异互动又客观地形成了二者之间的功能互补。

目前，高校思想政治理论课教学普遍表现为理论性的、抽象化的和宏大叙事式的，又是远景性的概念描述和逻辑阐释，普遍存在"一本讲义、一支粉笔、一块黑板"

的单一教学方式，而大学生更需要的是具体和感性的知识，这种供需之间的矛盾是导致大学生对思想政治理论课教学不满的一个重要原因。地域文化资源是特定区域内存在的物质实体和精神实体，它们具有看得见、摸得着、体验得到的特征。因此，地方高校思想政治理论课教学过程中，把地域文化资源运用到课堂教学中，能够改变长期以来理论脱离实际的状况，增加课堂教学的活跃气氛和感染力，使理论知识和学生实际、社会实际紧密地结合起来。为此，既要立足主渠道又要实施多渠道，既要立足校内课堂又要走向社会课堂。主渠道就是思想政治课课堂教学，主渠道教学要根据教学内容特点，采取诸如讲授式、展示式、研讨式、音像式、参与式等灵活多样的教学方式，还可借助电影、电视、多媒体、课件等现代科技手段，把地域文化资源展示出来，使学生受到感染和冲击。多渠道就是课堂教学之外的其他渠道，是主渠道的深化和延伸，可选择走出校门，组织学生通过社会调查、参观工厂农村、采访先进人物等方式开展教学。通过这些丰富多彩的教学方式方法，可以丰富和拓展思想政治教育课的教学空间，改进思想政治理论课教学方式方法，更好满足学生对思想政治理论课的需求。

（二）能够拓展思想政治理论课的实践教学资源

高校思想政治理论课教学是主观见之于客观的实践活动，必须坚持理论和实践的统一。由于课程内容具有较强抽象性，教师必须将抽象的理论与鲜活的社会现实和学生有限的社会体验结合起来，帮助学生解决现实中的困惑和思想上的疑虑，而这一过程必须以增强学生实践体验为基本途径，使学生在实践体验中产生心灵上的共鸣。也就是说，实践教学是高校思想政治理论课教学的重要组成部分，也是实现人才培养目标的重要环节。

（三）能够丰富思想政治理论课的教学方式方法

地方高校利用地域文化资源创新思想政治理论实践课教学模式的主要途径是加强学校和地方的合作，创建与课程教学相适应的实践教学基地，将丰富的实物史料转化为思想政治教育的生动教材，为学生社会实践提供坚实广阔的平台，实现思想政治理论课由课堂内向课堂外的拓展，由小课堂向大课堂的转变。让学生通过亲身体验和熏陶，感受地域文化的氛围和底蕴，使学生从感性认识上升到理性沉思，从中得到做人成才的启迪，最终形成正确的世界观、人生观和价值观。这样既可吸引学生的眼球，又可叫醒他们的耳朵，还可震撼他们的心灵，真正实现思想政治理论入耳入脑，改变长期以来"上课记笔记，考前背笔记，考后扔笔记"的现状，从而增强高校思想政治理论课教学的针对性和实效性。

二、有利于学生综合素质的提高

高校思想政治理论课在高校素质教育中发挥的特殊作用是其他课程无法比拟的。地域文化具有鲜明的地域性、典型性、直观性和生动性等优势，地方高校思想政治理论课教学活动中发掘利用这些地域文化资源，对于提高学生综合素质具有重要作用。

（一）有助于学生"三观"和国家意识的形成

高等学校思想政治理论课是帮助大学生树立正确世界观、人生观、价值观的重要途径。地域文化资源运用到地方高校思想政治理论课程教学过程，可以引导学生把握其审美意义和道德价值，促使学生了解和喜爱地域文化的优秀成分，培养他们热爱乡土和热爱祖国的美好情操，激发他们为建设家乡和建设祖国做贡献的志向，进而形成科学的世界观、人生观、价值观。国家意识是人们在历史进程中形成的对国家的态度、情感、认知，也是人们的信念、习俗、价值认同的复合存在形式。国家文化包含着不同地域的文化，不同地域的人们对地域文化的认知和认同，有助于他们对国家的态度、情感和认知的形成。国家意识的形成和地域文化传承是一致的，这与中国传统"家国同构"的社会政治理念相符合。"家国同构"是儒家文化赖以存在的社会基础，古人"正心、修身、齐家、治国、平天下"的个人理想的层层递进，就反映了"家""宗族"与"国"之间的这种同质联系。因此，对于中国国民而言，爱家乡，进而爱国家是水到渠成的事情。

（二）有助于学生人文素质的提高

人文素质是指社会中的人建立在人文科学知识之上，通过对人类优秀文化吸纳，受人类优秀文化熏陶所反映出来的精神风貌和内在气质的综合体现。加强大学生人文素质教育是提升大学生社会责任感，塑造大学生完美人格的基础，有利于促进大学生思想道德素质的提高。人文素质教育是多方面的，而地域文化具有独特的文化教育功能，是进行人文素质教育的天然教材，在大学生文化素质教育中担当着不可低估的角色，对于塑造大学生的人文形象具有重要意义。在地方高校思想政治理论教育中引入地域文化的优秀内容，不仅可以增强思想政治教育的人文性、生动性、实践性，还可以提高受教育者的文化品位、审美情趣和品德修养。换言之，优秀的地域文化可以通过思想政治教育课程教育平台，把学生喜闻乐见的地域文化作为文化素质教育的重要素材和切入点，发挥其在学生素质教育中的作用，使学生从身边的生活得到文化的熏陶，增强大学生文化素质教育的实效性。

（三）有助于学生研究性学习能力的培养

《中共中央宣传部、教育部关于进一步加强和改进高等学校思想政治理论课的意见》指出："教学方式和方法要符合教育教学规律和学生学习特点，提倡启发式、参与式、研究式教学。"从思想政治理论课建设主体来说，思想政治理论课建设包括教与学两个方面，仅仅局限于教师开发利用教学资源、改进教学手段与教学方式方法、重组教学环节等方面是远远不够的。研究性教学不仅要求教师要实施研究性教学，还包含促进学生学习方式向研究性学习转变。所谓研究性学习，是指学生在老师的指导下，从自然界、社会生活中选择和确定专题进行研究，并在研究过程中主动获取知识、应用知识、解决问题的学习活动。地域文化资源的开发过程将为学生开展研究性学习提供平台，学生在研究性学习中使知识和能力有机融合。地域文化资源或来源于学生身边的事情，或来自自己的家乡，或来自自己学习的周边环境，大多具体、直观、形象生动，能够使学生身临其境，并具有亲近感，容易引起学生的好奇和探究兴趣与欲望。学生可在老师的指导下去搜集地域文化资源，将学习过程处于可依托性和具体感知性中，促进学生探究问题并形成学习能力，运用所学的理论去分析和解决现实问题，实现由接受性学习向研究性学习转变。

三、有利于推动地域文化与校园文化的融会共进

地域文化与地方高校办学具有十分密切的联系，一方面，地域文化孕育和滋养地方高校办学特色，对校园文化建设提供强有力的精神指导和文化资源；另一方面，地方高校的办学定位之一就是为地方经济社会发展服务，对地域文化的传承便是其地方服务功能的重要体现。地方高校思想政治理论课教学过程中，通过对地域文化资源的开发利用，为校园文化与地域文化之间搭建了桥梁，对推进地域文化校园文化的融会共进发挥重要作用。

（一）有利于地方高校的校园文化建设

高校校园文化属于文化的重要组成部分，是社会主体文化的一个子系统。地方

高校与区域社会有着天然的联系，校园文化与区域文化相关度较高，由于长期处于特定的地方文化氛围中，不可避免地受到所在地域历史沿革、文化渊源、地理环境的影响，自然而然地带有所在地域文化的种种特性。作为地方高校，其生源主要来源于本地域，长期积累的地域文化以生物遗传和社会遗传的形式世代延续，深深融入学生的思想意识和行为规范之中，内化为文化心理和性格，进而约束着他们的思维观念、思维方式、价值取向、道德情操、生活方式，他们的地域文化印记更为明显。地方高校通过思想政治理论课开发利用地域文化资源，可以有效地推动富有地域文化特色且乐于为学生接受的校园文化精神的培育，增强校园文化的育人功能的发挥。

（二）有利于地域文化的推广与传承

文化引领正成为高校的第四大职能，地方高校理应充分利用各种途径，不断发挥其在地域文化建设中的引领、示范和强化作用，承担传承和发展地域文化的重任。地方高校通过在思想政治理论课程中对地域文化资源的开发利用，对学生进行地域文化教育，对于推动地域文化的推广与传承具有重要价值。一方面，通过思想政治理论课程影响校园文化，把优秀的地域文化凝练为校园文化精神，通过校园文化的"文化场"发挥"势场"效应，突破校园围墙辐射到社会，对社会产生影响。另一方面，地方高校担负着为本区域社会输送高级专门人才的重任，地方高校可以依托思想政治理论课教学的途径，用优秀的地域文化精神对大学生进行熏陶，使受到地域文化感染和潜移默化影响的大学生作为积极能动的文化主体，在跨出校园进入区域内各行各业工作时，把他们所具备的优秀地域文化带入单位，传播于区域社会，促使地域优秀文化进一步得以传播与固化，进而完成对地域文化的推广与传承。

第四节　地域文化资源融入高校教育思政课堂

地域文化资源指地方所在区域自然和文化生态方面的资源，包括乡土地理、风土人情、地方历史、时代风貌、生产和生活经验等。地域文化资源蕴含着丰富的思想教育意义，但其中也有消极落后的成分。本节所涉及的地域文化资源，专指承载着优秀地方特色文化的资源。这些资源融入思想政治理论课，能够为其提供丰富的实地素材及鲜活的教育模型，其作用和价值不言而喻。不过，地域文化资源在融入高校思想政治理论课的过程中面临着诸多困局和障碍，必须有针对性地寻求路径破解现存困局，以发挥地域文化资源在思想政治理论课中的积极作用。

一、地域文化资源融入高校思想政治理论课的价值分析

地域文化蕴涵着大量思想政治教育信息，这一特质为其能够应用于思想政治理论课提供了内在依据。地域文化资源融入高校思政课，可以有效弥补现有课程的诸多缺陷，对丰富教学内容、提高课程吸引力及提高教学效果具有积极意义。

（一）融入地域文化资源能丰富思想政治理论课的教学内容

文化具有塑造人、培养人的功能，地域文化资源是文化的重要组成部分，具有思想政治教育的内在特质。当前，高校思想政治理论课程体系结构虽几经调整，但仍未摆脱与中学思想政治课程体系结构和内容重复及与社会实际脱节的问题，地域文化资源有着良好的适应性和亲和力，能有效融入思想政治理论课教学之中，特别是其中蕴涵的大量思想政治教育信息，可以为思政课提供丰富的实地素材和鲜活的教育模型，这些教育资源能极大地丰富思政课的教学内容。譬如，地域文化资源中典型榜样频出，这些模范人物身上蕴涵着丰富的精神财富，是高校思政课教学内容的有益补充。以河南高校为例，河南地处中原地带，是中华文明的发源地，植根于此的中原文化博大精深、源远流长。古时，有不怕困难的愚公，巾帼不让须眉的花木兰，铁面无私的包拯，精忠报国的岳飞。中华人民共和国成立后，林州儿女自力更生创造了"红旗渠"奇迹；兰考县委书记焦裕禄亲民、爱民，树立了党的好干部榜样等。这些特殊的地域文化氛围，是高校培养人才的重要资源和财富，身处于此的河南高校应把这些地域文化资源融入思想政治理论课之中，促进高校思想政治教育工作的不断发展。

（二）融入地域文化资源能提高思想政治理论课的吸引力

高校思想政治理论课是对大学生进行思想政治教育的主渠道，思想政治教育要教育人、培养人，必须首先为教育对象所接受。现行思政课加以改进后，虽然更加贴近大学生生活实际，但其吸引力远未达到教学目标的要求，尤其是教材内容过于宽泛、专业深度不够、地方特色不明显，如果不对其加以拓展、丰富和完善，很难吸引当代求新好奇的大学生。而地域文化资源融入高校思想政治理论课，将会改善这一局面。地域文化相对思想政治理论的抽象、枯燥而言，具有直接性、生动性和丰富性等特点，将其内容引入思政课程，会使教学变得更加直观、形象和生动，会

使思想政治教育更富吸引力和感召力，易于为学生所接受，从而达到思想教育的目的。

（三）融入地域文化资源能增强思想政治理论课的实效性

现行高校思想政治理论施行的是全国统编教材，没有地域、院校类别、层级划分，如果在实际操作过程中不能做到与院校实际相结合，必然会导致教育缺乏针对性和实效性。在思政课教学过程中，高校应将国家思想政治教育目标地方化，根据地域文化特点组织实施教学，提高思想政治教育的工作效率，以增强思政课教学的客观效果。地域文化来自当地社会实践，是活的教育素材，在思想政治理论课教学中融入地方文化资源，使教育内容、教育环境、教育载体融合在一起，用现实代替想象、用生动代替乏味、用参与代替旁观，拉近教育者和被教育者的距离，使思想政治理论课的教学过程，成为一种心与心的交流。这种教育相对单一的统编教材传授，更易被教育者所接受，也必定能增强思想政治理论课教学的实效性。

二、地域文化资源融入高校思想政治理论课的障碍

地域文化资源蕴涵着大量思想政治教育信息，对高校思想政治理论课的价值不言而喻。然而，地域文化资源在融入思政课的过程中面临着诸多困局和障碍，其中，教育对象的接受力、教育者的素质和实践教学的难以操作是诸多困局中的重点。

（一）教育对象的接受力影响着地域文化资源的融入

教学改革的主体是教师，而恰当运用教学方法和教学手段，还取决于学生的接受能力、学习习惯和思维定式。作为教育对象的当代大学生，他们成长于我国经济形态转型、互联网普及时代，多元的价值取向和多种可供选择的生活方式，使地域文化在他们的认识和观念中逐渐被淡化。他们对地域文化的认知熟悉度一般，即使是一些常识性问题也未必知晓。在他们眼里，地域文化是落后的、古老的、枯燥无味的古板文化，而他们更热衷的是新潮的外来文化，对地域文化并不积极主动地吸纳、接受。另外，当今时代充满就业压力，大学生的求知更多和自身利益结合在一起，他们通常追求一些短期的、功利的、见效快的知识和技能，为就业赢得资本，地域文化并不能直接带给他们这些利益。因此，虽然地域文化具有一定的吸引力，但他们对这些文化资源并不具备很高的学习热情，其被接纳度也不容乐观，这都严重影响到地域文化资源在思想政治理论课中的融入。

（二）教育者素质的局限制约着地域文化资源的融入

地域文化资源在融入高校思想政治理论课过程中，教育者的素质是一个关键因素。因为教育者是教育实践活动的主体，是教育活动的设计者、组织者和实施者，对整个教育活动起引领作用。当前，高校思政课教师队伍素质，仅从讲授国家统编教材来说，其思想政治素质、专业理论水平、教学能力基本都能胜任，但他们往往对地域文化的了解和研究会比较欠缺，即使有所了解，往往只是皮毛，要将地域文化资源融入思政课，并将两者很好地结合在一起发挥育人功能，目前的师资队伍还难以胜任。因此，教育者素质的局限是地域文化资源融入高校思想政治理论课面临的另一大障碍。

（三）实践教学难度大阻碍着地域文化资源的融入

地域文化资源要融入思想政治理论课，在诸多教学方法中，实践教学是一种行之有效的方法。因为，地方特色文化在思想政治教育中应用的最大优势，就是其具有很强的实践性和贴近性，不管是物质文化还是非物质文化，都以特殊形态的方式存在，它们看得见、摸得着、听得到，是实践性教育的最好资源。组织教育者进行实践教学，能使受教育者身临其境、深入其中，在体验文化的同时，得到潜移默化的思想政治教育。不过，依据目前中国国情高校组织实践教学的难度较大，同时许多高校出于时间、经费、安全等方面的考虑，也不是很赞成教师组织学生进行历史遗迹、纪念馆等的参观访问，而这些地方恰恰蕴涵着丰富的地域文化资源。所以，实践性教育的必要性与实践教学操作难度大形成的矛盾，给地域文化资源融入思政课带来极大障碍。

三、地域文化资源融入高校思想政治理论课的障碍破解

地域文化资源融入思想政治理论课存在着诸多障碍，这些障碍制约着高校思想政治教育工作的开展与创新，必须采取多种路径清除障碍，破解现存困局。

（一）营造良好氛围破解轻视地域文化的不良风气

追根溯源，地域文化被轻视直接影响大学生的学习热情。要提高当代大学生接纳地域文化的积极性，必须加强理论宣传，营造良好氛围，纠正全社会轻视地域文化资源的不良风气。通过多渠道、多路径、有目的、有计划地宣传地方特色文化知识，使受教育者对地域文化产生浓厚的兴趣和敬慕之情，从而提高学习的积极性。

营造课堂氛围。课堂教学是宣传教育的主渠道，教育者要利用课堂这一阵地，向受教育者讲述地方特色文化的重要性及传承的意义。教育者既可以是思政课教师通过授课的方式进行，也可以聘请研究地方特色文化的专家到学校以讲座的形式宣讲。总之，通过向教育对象讲述地域文化的产生、发展，以及它所具有的历史意义和时代价值，在课堂上营造良好的学习和传播地域文化的氛围。

营造校园氛围。结合高校实际，把地域文化资源教育纳入校园文化建设之中，构建内容丰富的校园文化体系。譬如，展示蕴涵地方历史、地域自然风光的图片，举办地方特色书法、绘画或手工艺品大赛，组织地方戏剧、歌曲等节目会演等等，以多种多样的形式营造地域文化在校园的氛围，提高教育对象学习并传播地域文化的积极性。

营造社会氛围。运用大众传播媒介和舆论工具，宣传地方特色文化，由此引导全社会对地方特色文化的重视、思考和保护，营造良好的社会舆论环境。大众传播媒介和舆论工具主要指的是电影、广播、电视、报纸、杂志等载体，利用它们的传播性广，易于被受众所接受的特点进行舆论宣传。譬如，河南电视台的《知根知底》《梨园春》《武林风》等栏目，极具中原文化地域特色。

（二）双管齐下破解师资队伍匮乏困局

当前，教育者的素质局限制约着地域文化资源的融入，破解这一困局必须从师资队伍建设入手，这不但关系到地方文化资源的融入，也决定着思想政治理论课教学质量的高低。目前，地域文化资源融入思政课尚处于起步阶段，师资队伍建设需从专兼职教师两个方面着手。

首先，加强专职教师队伍培训。专职教师是思政课教师的主体，在地域文化融入中，其素质的提高应放在首位。专职教师队伍素质提高是一个长期工程，并非一朝一夕之事。高校要给思政课教师提供机会、创造条件，从经费、进修、科研等方面给予倾斜，鼓励他们参加相关培训、进修、实地考察，加强学术研究、交流等，使教师在学习考察中增强感性认识，收集教学素材，逐步积累知识，增强地方文化底蕴，从而做到将地域文化资源很好地融入思政课教学之中。

其次，聘请校外兼职教师作为补充。在地域文化资源融入思政课的过程中，目前，专职教师队伍尚难以担此重任，但此项工作并不能因此懈怠。因此，在提高专职教师素质的同时，聘请校外兼职教师是对思政课教师队伍的有效补充。校外兼职教师既可以是其他高校在地域文化方面有深入研究的学者，也可以是当地历史纪念馆的馆长、馆员，历史遗迹的工作人员等。只要他们具备一定的专业文化素养，都可以吸纳到兼职教师队伍中来。

（三）运用多种教学方法破解实践教学难题

地域文化资源融入思政课的重点在于实践，优势也在于实践。但是，现实国情的制约和实践教学的不易操作，使这一教学方法受到限制。当前，依据高校实际，运用灵活多样的教学方法是弥补这一不足的有效途径。

理论讲授法。理论讲授法是利用教育者掌握的地域文化资源优势，在较短时间内向受教育者快速传递大量既定地方文化资源信息的教学方法。理论讲授法的优势是能使受教育者尽快获得大量、系统的地域文化知识，感受厚重的历史文明，从而建立起完整系统的知识结构和树立正确的世界观、人生观和价值观。但运用理论讲授法，前提条件是教育者要具备较为深厚的地域文化素养。

情感陶冶法。情感陶冶法是教育者根据教学内容和进度的需要，有目的地利用环境或者创设一定的情境，对受教育者进行积极影响，使其耳濡目染，心灵受到感化的一种教学方法。教师可以利用手中掌握的音像资料，运用声音、视频、图片等手段，组织学生聆听、观看蕴涵丰富地域文化资源的音像资料，如电影《红旗渠》《焦裕禄》《任长霞》等，让学生以直观动感的方式受到情景感染，使情感受到陶冶，以达到思想教育的目的。也可以组织学生举办和地域文化相关的活动，如演讲比赛、辩论赛等，让学生在亲身参与的过程中，情感受到熏陶，思想得到升华。

专题研究法。专题研究法是在教师指导下，从地域文化资源中选择和确定专题，让学生在课堂之外进行专题研究的教学方法。专题研究法可以进行实地调研，也可以到图书馆查阅文献。在实际操作过程中，可以由学生自由结合组成专题研究小组，也可以由教师根据专题特点直接进行人员分配。总之，让他们在研究过程中，获取知识、思想受到启发、觉悟得到提高是最终目的。

实地参观法。实地参观法是依据学生学习规律和特点，教师在教育过程中提供真实的情境，使学生在亲身经历中理解所学知识，思想受到教育的教学方法。实地参观法教学由于离开了课堂，形式轻松活泼，能使学生从学习中获得乐趣和满足，有利于提高他们学习地方文化的兴趣。譬如，河南高校可以组织学生到"红旗渠"参观，让学生身临其境，感受红旗渠精神的内涵，感受当年林州儿女自力更生、艰苦创业、团结协作、无私奉献的精神；还可以组织大学生党员在"青年洞"前宣誓，使他们在庄重肃穆的氛围中，情感受到冲击，心灵受到震撼，思想得到提高。

第五节　地域传统文化与高职院校思政教育的关系

地域传统文化是特定区域的民俗、生态、传统、习惯等文明的表现，是源远流长的中华优秀传统文化的有机组成部分。高职院校服务于地方经济的特点决定了高职教育的区域性，高职学生大部分来源于本地域或近地域，所以，挖掘特色鲜明的地方传统文化资源应用于本地域高职院校思想政治教育，让学生从地方传统文化中汲取养分，既贴近学生认知，也更符合教育规律。

一、地域优秀传统文化在高职学生思政教育中的重要意义

（一）融入地域文化理念，提升校园文化传承的价值

"地域文化符号是指将地域文化中的遗迹、图形、色彩、艺术、风情民俗等，转变成符号的形式来进行信息的表达。地域文化是地方传统文化的提炼，能够作为有代表性的地方文化反映出地方的传统和文化精神。高职学院在本地区，一定能够将本地域的传统文化发扬光大，这也是职业院校必须承担的责任。地方高校和地方传统文化应该是相辅相成的关系，每个地方都有着深厚为文化底蕴，我们可以将代表的地域文化符号进行提炼总结，如果能够合理地运用在校园文化建设上，势必能够对校园文化建设大有帮助。

（二）融入地域传统文化，促进思政教育队伍建设

将地域文化引入高职思政教育中，有益于加强思政教师队伍的建设。不管是对高职的思政教育老师还是专业实践课老师来说，能够把地域传统文化引入课堂教育中，就是对中国传统文化学习和提升的过程。现在的思想政治教育课程，面对的是思维活跃、自主意识很强的学生，老师的教育已经不能继续使用批评指教的方式了，他们需要改变自身的教学方法和教学能力，才能够面对各种学生的问题质疑。如何提升思政老师的教学自信，地域传统文化资源的应用可以为思政教育者提供更有吸引力、更有新鲜度的资源与素材，同时，教师也能对地域传统文化的传承与发扬做出更多研究与实践。

（三）建立课程思政，加大教学实践改革

"'课程思政'是将思想政治教育融入课程教学的各环节、各方面，以'隐形思政'的功用，与'显性思政'———思想政治理论课一道，共同构建全课程育人格局。"课程思政就是要在教育教学全过程，充分挖掘专业知识当中的德育元素，无论是什么样的课程，都要以德育为主体来进行教学实践。比如，在高职院校艺术类课程中专业课程人体工程学等课程的教学大多体现的是西方国家的研究成果及设计理念，肯定对学生潜移默化的影响不利于文化自信的培养。这就需要高校"积极整理和挖掘富含中国元素的设计思维与理念，及时融入专业课程的课堂教学，在潜移默化中引领大学生培育和践行社会主义核心价值观"。所以，各个地方的地域传统文化，是课程思政化进程中的有利资源。

除此之外，教师的素质是否达标也直接影响着课程思政的效果，有一些专业课教师对于人文素质和政治素养的要求不是很高，导致在课程思政教学中教学能力是有限的，所以，专业课教师也可以通过地域传统文化的了解和研究，深入领会传统文化的精髓，在课程教学中融入情感交流的开展课程思政教育。

二、地域传统文化在高职思政教育中存在的问题

首先，近几年人们对于传统文化的重视程度日渐提高，都知道要加强这方面的研究与学习，但是在实际的课程教学中还没有比较成熟的课程体系、专业设置等内容。虽说，地方传统文化要与高校思政教育活动紧密结合，但是实际的设计与规划在实践中还需要日渐完善。

其次，在传统文化的传承问题上，我们是要有甄别性的，所以，对于思政教育者来说，对于优秀的传统文化要有足够深入的学习和认识，才能将精髓传承下去，而不是跟风凑热闹似的仅仅只是流于表面，走走形式而已。

最后，目前高职院校的学生们的自主意识特别强烈、他们对于交流的形式有更高的要求。传统思政教育的课堂效果显然与现在的学生之间不能形成有效的沟通方式。所以，要想办法利用慕课、翻转课堂等手段与学生保持良好的沟通才是思政教育成功的必要条件。地方传统文化教育也需要借助丰富的平台和充足的新媒体作为载体，才能和大学生接线在一个频道上，就目前而言，思政工作者运用新媒体平台进行传统文化传播的教育力度还是不足够的。

三、地域优秀传统文化在高职学生思政教育中的发展趋势

"努力实现传统文化的创造性转化、创新性发展"，是习近平提出的传承优秀传统文化的指导思想。对高职思政教育者来说，必须要深入系统地进行本领域传统文化的学习与研究，挖掘和利用地方优秀文化有利用价值的文化元素开展学生的思政教育。什么是有价值的文化元素，这里我们需要做到取其精华、弃其糟粕，在传承的基础上进行创新，在内容和形式上都可以进行创新性的发展，才能够使地方传统文化最有价值的内容转化为思政教育的资源。

地方传统文化和思政教育的结合要成为一个整体，进行总体的设计。可以成立相关的教研室开展教研活动，制定详细的培养方案，将这门课程的教学建立成为语文课一样的贯穿高职三年学制的学科。这种总体设计要以地方优秀传统文化为依托，落脚点在思政教育。以此目的为传承和发展的目的。这项工程必须是分阶段、分步骤、分专业、分学科地来进行教育，逐步进行系统化的建设和实施。

"给青年的东西，不仅要有质量，还要好看好玩。只有了解青年所需，才能提供青年所求。"可以说如何以大学生喜闻乐见的形式开展思政教育，是思政教育工作者一直以来都面临的难题。

一方面，思政工作者要用适合大学生的沟通方式将优秀的传统文化提供给学生，用他们喜闻乐见的形式带入到生活和学习中去，激发他们的学习兴趣。另一方面，互联网平台的利用是联系学生的有效手段，目前，很多老师都是利用新媒体来关注学生，但是利用新媒体来做好思政教育仍然需要更多的思考。利用新媒体我们可以将优秀的传统文化图文并茂式的制作成种类丰富的信息资源，可以根据学生的喜好和选择有针对性的推送信息，可以利用新媒体做到个性化教育的需求。所以，高校的思政工作应当结合自媒体工具时代特征，增强学生的认同感，提升思政教育的育人成效，引导学生学习优秀的传统文化，树立正确的价值观和世界观。

第六节　高校思想政治理论课教育教学与地域性文化相结合

《中共中央宣传教育部关于进一步加强和改进高等学校思想政治理论课的意见》中提出"要加强实践教学，高等学校思想政治理论课所有课程都要加强实践环节。建立完善实践教学保障机制，探索实践育人的长效机制"。而笔者提出的高校思想理论课教育教学与地域性文化相结合的教学理念无疑是符合当下时局的能够改善思想理论课教学效果的行之有效的办法。

一、提出高校思想理论课教育教学与地域性文化相结合的背景

（一）思想政治理论课理论教学与实践教学结合的提出

《中共中央宣传教育部关于进一步加强和改进高等学校思想政治理论课的意见》中有这样一句话："要通过形式多样的教学活动，提高学生思想政治素质和分析社会现象的能力，深化教育教学效果。"若只由教育者直接向学生输送理论知识就结束的教学工作并不完整，还应当有后续就是实践的部分。如果将人视为树，那么理论教育就是灌溉，实践教育就是疏导和转化。教育者将理论以灌溉的方式灌输给受教育者，只是将理论变为受教育者的工具，而通过实践以后这些工具会被疏导并转化为受教育者的思想，习惯，行为。唯有这样，教学内容才能是真正意义上的被接受，教学过程才是完整的，有意义的。

（二）思想政治理论课教育也应与世界接轨

在经济全球化迅猛发展的今天，我们也应该学习国外优秀的德育理念，取其精华应用于国内的德育教育中，有利于实现自身的改革提高。如美国、英国和法国这样的国家，虽然德育教育有许多不同之处，但在一点上都是相通的，即重视实践。美国注重德育氛围的营造，会投入较多的资金去修建各种纪念馆、展览馆、公园等，以这些为依托让学生在无意识中感受到美德，并且重视实践活动的开展，在美国高校志愿者随处可见。英国的德育重视"行为矫正"。新加坡也在不断完善德育教学的过程中提出"六顺七结合"的理念。

（三）我国历史悠久，地域文化独特

我国历史悠久，各地也在长期的历史进程中形成了独特的地域文化，这些优秀的地域文化共同组成优秀的中华文明。这些在历史时期形成的优秀文化早已和地域的环境融为一体了，潜移默化地影响着人们的生活、思想观念。这些独特的优秀地区文化氛围对高校思想理论的教学十分有利。

二、目前我国高校思想政治理论课教学的现状

我国高校的思想政治理论课教学主要采取在课堂上由教师讲授，学生坐在讲台下听的方式进行，这样讲授的效果就使理论和实践存在着差距，学生极易丧失学习兴趣，假如再有老师语言表述方式不当等情况的出现，极易出现教学敌对情绪。

（一）较多的高校学生对思想政治理论课缺乏学习兴趣和动力

据调查显示，许多学生消极应对思想政治理论课的主要原因是意识不到思想政治理论课的重要性，在竞争激烈的市场经济中，追求利益才是立足社会的机会，思想政治理论课学的再好也改变不了工作岗位重利的局势，在这种实用主义思想的支配下，思想政治理论课的课堂就成为学生休息或者学习其他课程的地方。

（二）思想政治理论课教育的任课教师教学方式陈旧，缺乏创新意识

当今社会发展过快，许多思想内容的更新速度也快，但是我国许多思想理论教育老师的教学理念不能跟上时代发展的步伐，即使他们工作努力也很难得到学生的认同，而且有的老师只是追求安稳的教师生活，对教学工作得过且过，并没有当初的热情，使用的教案是几年前的，数据资料没换，讲课方式没变，这样的教学效果从何而来。

（三）课程设计重复，课程内容陈旧

高校开设的思想政治理论课程的主要教材主要有，《思想道德修养与法律基础》《毛泽东思想和中国特色社会主义体系概论》《中国近代史纲要》《马克思主义基本原理概论》等，这些课程对于高中是文科的学生来说没有新意，教材上大多重复高中的内容，而对于高中学理科的同学来说，这些枯燥的理论相对乏味，缺乏兴趣。再者这几门课程在内容上又有相互交叉重复的地方，学习起来就会显得单调无趣。

三、高校思想政治理论课与地域性文化结合的意义

在传统的思想政治理论课教育缺点多的情况下，理论教学与实践相结合的教学方式必然更容易被学生接受，而将地域性文化融入高校思想政治理论课的教学中，这种教学方式就是满足理论与实践结合，并且对当下高校思想政治理论课的教学有创新有突破的新方式。

（一）有利于传承和弘扬传统文化

各地的高校学生来自五湖四海，将地域性文化融入思想政治理论课教学中，一方面可以开阔学生的视野，另一方面也符合当代高校的人才培养目标——推动文化传承。并且高校学生群体素质较高，有较为强烈的创新意识，有能力对传统文化取精华，去糟粕，弘扬优秀传统文化，并对当地文化进行创新，为当地文化增添活力。

（二）有利于丰富高校政治理论课课堂教学内容，提升高校学生品德素养

优秀独特的地域文化都是在历史进程中形成的，往往留有建筑、遗址、史实资料等载体，在课堂上老师对这些奇闻轶事、风景遗址等联系理论知识细致地进行讲解，一方面可以增添学生的见闻，丰富理论教学的内容，另一方面也可借由载体让学生感受到先辈们的优秀品德，激发心中的敬仰之情，从而提升学生的思想品德素养。

（三）有利于推动地区经济发展，增进现代化进程

高校的人才培养不仅应重视学生能力的培养，也要重视精神和品德的塑造，用优秀而独特的地方性文化去影响高校学生，可以增加大学生对民族优秀文化的认同感，加深高校学生心中的自豪感，培养学生与地区间的情感，吸引学生投身于当地的政治经济文化的建设中，培养出愿意、乐于为地方服务的人才，从而推动地区发展，造福社会，利国利民。

四、怎样将思想理论课教育教学与地域性文化结合起来

本节在前面的行文中论述的是思想政治理论课教育教学与地域性文化结合的目的、背景及意义，既然这种方式这么有需求，这么有效果，各高校理当尝试，但是怎样去做，如何做好仍需要探索。笔者就高校思想政治理论课教育教学与地域性文化相结合提出几点思考以供参考。

（一）科学技术进课堂

随着经济的发展，科技的进步，出现了许多新的教学设备，学校要定期对教师进行培训，要求教师人人会用，课堂上积极使用新设备、新仪器。在教学中将思想政治理论教育与当地文化相结合，教师可以通过视频、三维立体动画、音乐、图片等载体将当地的优秀文化展示出来，如此既丰富了课堂教学也开阔学生视野，引发学生思考的兴趣，带动学生上课的积极性。又如讲到改革开放的相关内容时，可以让学生做一些PPT演示，展示一下自己家乡的变化，既能活跃课堂气氛，又能促进师生交流。

（二）业余时间充分利用，实践活动多开展

高校思想政治理论教育不光只在课堂上进行，课外业余时间也应当利用起来，不仅要透过图片、视频看看当地的文化底蕴，更应该实地访查看看当地的民风民俗、景点遗址，查阅资料看看人民生活的变迁，结合学生所学专业进行实践活动，如美术生，去高校所在地的名人故居或者纪念馆采风，完成本门课的作业。也可以组织一些辩论和演讲比赛，鼓励学生主动思考，引导学生谈谈时事，短期来看，这可以帮助学生加深理论的理解，长远来说，有利于传播真理和先进理念，启发学生的思想。当然，这些辩论和演讲都要有前提，就是结合地方文化资源进行，将身边的历史名人、身边的历史故事及身边的文化传统融合进去，增强学生的学习兴趣。

（三）丰富高校思想政治理论课的教科书

前文中也提到过有关思想理论方面的教科书，数量少，内容乏味，面对这一问题我们可以放宽选书的政策，一些古籍如《大学》《中庸》，以及颇具地方特色的人物志等书籍供学生选择。还可以开设一些选修课，如我校所开科目《历史文化名人略说》作为选修科目，用以培养学生的兴趣，这些历史文化名人重点放在广东省的名人，这样就将地域性文化中与思想政治理论课教学相关的部分内容拓展到教科书中，以例证的形式帮助学生理解体会理论知识。

（四）建立思想理论课教学的评价奖惩制度

有竞争才会有进步，制度的建立可以规范教师的教学行为，增强教师的创新意识。如让学生填写老师满意度调查，对教师的教案进行实时检查保障高校思想政治理论课教育教学与地域性文化相结合的策略的实施。

我国各地也在长期的历史进程中形成了独特的地域文化，这些在历史时期形成

的优秀文化早已和地域的环境融为一体了，潜移默化地影响着人们的生活，思想观念。如此独特优秀的地区文化氛围对高校思想理论的教学也十分有利。将思想政治理论教育与地域性文化相结合的教学方式能够实现在当地文化氛围中，提升思想政治理论课教育教学的质量，为高校思想政治理论课教学改革提供参考。

第六章 高校校园文化与思政教育

大学校园作为培养社会主义事业的建设者和接班人的重要场所，是社会的一个重要组成部分，更是构建社会主义和谐社会的基础工程。只有在和谐校园培养和教育的人才，才能更深刻地体会和谐社会的重要意义，才能致力于和谐社会的构建。

构建和谐校园是一项系统工程，既要靠坚强的政治领导，雄厚的经济基础、完善的制度体制，又要靠先进的思想道德、广泛的智力支持、良好的人际关系。在建设高校校园文化中，思想道德建设是重要内容和中心环节。马克思主义既是中国特色社会主义文化的重要组成部分，又是社会主义意识形态的灵魂。坚持马列主义、毛泽东思想、邓小平理论、"三个代表"重要思想、科学发展观、习近平新时代中国特色社会主义思想在意识形态领域的指导地位，坚持马列主义、毛泽东思想、邓小平理论、"三个代表"重要思想、科学发展观、习近平新时代中国特色社会主义思想武装和教育大学生，把大学生群体紧紧吸引在当代中国马克思主义的伟大旗帜下，牢固确立振兴中华民族的精神支柱，这是构建和谐校园的根本。

唯有强化马克思主义理论教育，用科学的理论武装头脑，才能引导大学生深刻认识社会发展规律，正确看待当今世界社会运动的现状；深刻认识社会变革时期的特点，正确对待市场经济发展中出现的一些新现象和新情况；深刻认识马克思主义理论的科学性，正确应对各种思潮和政治观点；正确认识社会主义的本质特征和国家的前途命运，深刻认识自己肩负的历史使命和社会责任。

高校校园文化与思政教育有一定的内在关系。认识并处理好二者之间的关系，有利于和谐校园的建设及大学生综合素质的培养。

在高校，开设马克思主义理论课程是对大学生进行马克思主义教育的主要途径，为大学生坚持和巩固马克思主义在意识形态领域的指导地位提供了有利条件。这就要求马克思主义理论课的教学要在增强针对性和时效性上下功夫，实现思想性、政治性、理论性和实践性的有机结合，切实提高对大学生马克思主义理论教育的实际效果。通过优化教学内容、创新教学方法，增强马克思主义理论课的吸引力和思政教育的感召力，帮助大学生在马克思主义理论学习中建立一套正确的科学的分析问题、解决问题的方法。

第一节　高校校园文化的概念

校园文化是以学生为主体，以校园为主要空间，并涵盖院校领导、教职工，以育人为主要导向，以精神文化、环境文化、行为文化和制度文化建设等为主要内容，以校园精神、文明为主要特征的一种群体文化。由于学校是教育人、培养人的社区，因而校园文化一般取其精神文化之含义。即学校共同成员在学校发展过程中，逐步形成的包括学校最高目标、价值观、校风、传统习惯、行为规范和规章制度在内的精神总和。校园文化对于提高师生员工的凝聚力，培养良好的校风，培育"四有"新人都具有重要的意义。学校没有了千万个朝气蓬勃的学生，无论多么英明的领导团体，多么扎实的硬件设施，多么雄厚的师资队伍，都不可能使得一个学校的校园拥有强大的生命力。而特定的校园文化特别是大学校园文化，同样的思路，大学生特有的思想观念、心理素质、价值取向和思维方式等则是校园文化的核心，其本质是一种人文环境和文化氛围。在这种由大学生自己为主体营造的人文环境和文化氛围中，有校园特色的人际关系、生活方式，以及由大学生参与的报刊、讲座、社团及其他科学文化体育活动和各类文化设施会作为校园文化的主要特征充盈着大学校园的各方面建设，从而使得大学校园更富有生机和活力。

校园文化活动是自发的，也是自觉的，是受社会生活影响也受自我心灵主宰的，是无处不在的，是充满现代意识的，也是反映大学生复杂心态的；是心灵的自然流露，也是充满创造力的；是受着时代文化潮流影响的，也是苦乐兼备的。人生与社会、理想与追求、情与爱，都会在校园文化中表现出来。扰人心怀，催人思索，引人前行或诱人堕落。校园文化在当今高等教育中应该发挥重要的作用，校园文化是常新的，但是能够保持永恒魅力的，是能够唤起青年一代心灵的，是能够激发青年学生激情，是能够唤起青年一代高尚的、独立的人格追求和高尚的道德追求的。

一、高校校园文化建设的主要因素

高校校园文化由物质文化、精神文化、制度文化、行为文化、媒介文化等五个方面构成。

高校校园物质文化。高校校园物质文化是指具有明显文化意味的物质设施，是师生在校园内从事各项活动时所处的物质环境，主要指图书馆、教学楼、办公楼、活动场所、宣传栏、校园内的自然景观和人文景观等，这些物质设施和外在环境是校园内在精神的外化，体现一个学校的文化内涵，它是校园形象和精神风貌的物质依托。校园物质文化具有"桃李不言"的特点，能使学生在不知不觉中受到熏陶、启示、感染。一个具有文化色彩和教育意识的校园环境，能使学校各种物化的东西都体现出一个学校的个性和精神，激发学生的集体荣誉感，给学生一个崇尚文化享受和催人奋发向上的作用。

高校校园精神文化。高校校园精神文化是指在学校发展中逐步形成的，得到师生认同并自觉遵守的、比较稳定的、有自身特色的价值观念、理想追求、道德要求、行为规范、办学理念、历史传统等。它是校园文化的精神内核，既表现在校风、教风、学风中，也表现在校园的学术气氛和人文精神中。它长期以来凝结了校园内大多数师生的思想和行为习惯，深刻地影响着后来者，并使之很快融入其中，进一步强化了这种群体习惯。一所学校，如果形成了良好的校园精神文化，就能够使师生在校园环境的潜移默化中，形成良好的品质和行为习惯，并代代相传，形成一种巨大的教育力量。

高校校园制度文化。高校校园制度文化是指师生在交往中缔结的社会关系，以及用于调控这些关系的规范体系。它包括各种规章制度、道德规范、行为规范、工作守则等。校园制度文化是校园文化的重要组成部分，它对规范校园内的各项活动、规范师生的言行起到必要的导向和约束作用，使师生明确学校提倡什么、反对什么、什么该做、什么不该做，从而使师生自觉地养成良好的行为习惯，保证了学校正常的教学、生活秩序，保证学校健康稳定的发展。

高校校园行为文化。高校校园行为文化是指在高校校园精神文化的指导和高校校园制度文化的规范下，师生从事的各种群体文化活动及个体文化行为。高校校园行为文化是校园文化中内容最丰富、方式最灵活、表现形式最明显、最直接的部分。高校师生建设校园文化和校园文化对师生的作用，都要通过校园文化的实践来实现。

因此，高校校园行为文化是校园文化中沟通各个层次的关键环节。校园精神文化的塑造和认同，校园制度文化的制定和实施，校园物质文化的设计和建设等，都是校园行为文化的结果，校园文化建设的着力点和切入点都在校园行为文化上。

高校校园媒介文化。高校校园媒介文化是校园文化氛围的直接体现，是校园文化存在的重要载体和传播方式。它包括校报、学报、广播、电视、网络、宣传栏、标语等。这些媒体的内容，往往也带有一所学校特有的文化特征，对师生产生直接而深远的影响。它的影响不仅局限于师生与这些媒体的接触所产生的思维震荡，还包括师生间通过各种校园媒体相互沟通而产生的行为改变。

高校校园文化的这五个方面相互依存、相互作用，共同构成了校园文化的整个体系。其中物质文化是基础，精神文化是核心，制度文化是保障，行为文化是方式，媒介文化是载体，它们形成了不可或缺的有机整体。每一部分都在校园文化建设中发挥着重要作用。

二、高校校园文化的作用

高校校园文化对一所学校发展所起的重要作用，主要体现在以下几个方面：

高校校园文化能够不断提升大学本身的文化品位。校园文化品位是由学校的办学理念、学术氛围、学术水平、管理水平和学风校风等聚合而成的，渗透到学校由内到外的方方面面，构成一种无形的强大的力量，对学生产生深刻的、潜移默化的影响，这种影响往往是某一门专业课程所无法比拟的。在校园里，最便于学生进行体验的就是学校文化品位，品味越高，就越有可能使得学生感到学校是神圣的殿堂。

高校校园文化对内能够加强师生员工的凝聚力。凝聚力是指学校作为一个集体对成员的吸引力、成员对集体的向心力，以及集体成员之间的相互吸引。凝聚力不仅是维持集体存在的必要条件，而且对集体潜能的发挥有着极为重要的作用。一个集体如果失去了凝聚力，就不可能完成组织赋予的任务，本身也就失去了存在的条件。校园文化作为广大师生在实践中共同创造和认同的价值取向与情感追求，具有强大的凝聚力。

高校校园文化对外能够塑造学校的形象。学校的形象不仅来源于公众对学校所表现出来的、看得见、摸得着的外在事物的观察，还源于公众对学校内在精神、内在文化的感知和体验。和谐的大学校园文化对外能够塑造学校的良好形象，提升学校的美誉度、知名度，由内及外，最大限度地展现学校的形象内涵。

高校校园文化能提高学校的核心竞争力。学校文化的约束力和竞争力是一所学校发展的不竭动力。学校核心竞争力的独特性就在于其深厚的文化底蕴、鲜明的个性和特色的教育模式。学校文化是学校在长期的办学实践中，经过自身努力、外部影响、历史积淀而逐步形成的独特的精神财富，它主要凝聚在学校所拥有的理念、制度、管理、行为、校风、教风、学风等深厚底蕴之中，具有前瞻性和先进性，能够形成一种良好的教育氛围和综合力量。

高校校园文化的作用，不是直接可以触摸得到的，然而，生活在校园之中的人却时刻可以感受得到。首先，促进师生、员工科学文化素质和思想道德素质的不断提升。素质的提升，不完全来自课堂，课堂之外的活动，包括必要的社会实践、社会调查、社会公益活动是提升素质的重要渠道。其次，塑造良好的道德情操。学生自己组织的社团活动，诸如体育竞技比赛、登山、游泳对训练体能、增强体质的好处自不待言，其中对培养团队精神、合作意识、坚韧不拔的意志力、拼搏精神，是不可或缺的手段与方式。最后，通过各种各样的文艺、体育、军训、理论探讨、学术报告，营造一种生机勃勃，积极向上的文化氛围。总之，学子们置身于这种环境之中，受这种精神的熏陶，耳濡目染，潜移默化，久而久之，就会成为一个有知识、有教养、有进取精神、有良好气质、积极进取的人。

三、大力加强高校校园文化建设的意义

校园文化是先进文化的重要源头。校园文化是社会文化的重要组成部分，始终处在社会文化的前沿，既承担着育人的重要职责，也承担着引领社会文化的重要任务。校园文化具有凝聚作用，通过研究和宣传科学理论，可以把人们紧紧地团结在中国特色社会主义的伟大旗帜下。具有引导作用，通过传授人类文明，可以帮助人们培养良好的道德思想品质。具有辐射作用，通过知识传播和人才培养，可以对社会主义经济建设、政治建设、文化建设和社会建设产生积极影响。

校园文化是先进文化的创新基地。创新是民族进步的灵魂和国家兴旺发达的不竭动力，也是文化始终体现先进性和永葆生机的源泉。传承文化是高校的基本功能，研究文化是高校的活动基础，创新文化是高校的崇高使命。高校校园文化是科学思想萌生的催化剂，是先进文化创新的重要载体，它既从先进文化中汲取营养和力量，又为发展先进文化提供强大动力、做出巨大贡献。

校园文化具有强大的育人作用。先进文化要发挥社会作用，就要把文明内化到

人们的灵魂里，积淀到人们的思想中。办大学就要建设校园文化，让学生学习、感悟、理解，从而净化灵魂，陶冶情操，完善自己。校园文化是引导人、鼓舞人、激励人的一种内在动力，是凝聚人心、鼓舞斗志、催人奋进的一面旗帜，它对大学生的思政、道德品质、行为规范产生深刻影响。

四、高校校园文化建设的原则和思路

（一）高校校园文化建设的原则

鉴于当前我国高校校园文化建设的现状，校园文化建设应坚持如下主要原则：一是方向性原则。校园文化建设必须坚持正确的政治方向，必须以培养爱国主义精神为主旋律，并且突出素质教育和创新教育等现代教育的时代特征。当然，坚持方向性原则更多的是通过德育，如学校定期的时事讲座，主题班会，党校、团校和各种寓教于乐的活动来体现，并应该在激发中华民族自豪感上下功夫。

二是创新性原则。校园文化建设既要继承传统文化中的精华，又要结合时代特点进行创新，与时俱进使之具有长久的生命力。创新是灵魂，发展是硬道理，不发展就要落后。建设校园文化是一项实践性很强的活动，也是无尽头的，学校要不断加大建设校园文化的物力、财力和人力的投入。

三是整体性原则。校园文化建设是一项系统化、序列化的工程。校园文化建设不仅要重视硬件建设，更要重视软件建设；不仅要重视继承，更要重视发展；不仅要重视特色，也要重视借鉴。其中，物质文化是基础，制度文化是纽带，活动文化是载体，精神文化是灵魂。必须树立全员意识，全方位意识，全过程意识，从整体上规划，从层面上思考，从薄弱处、细微处着手，于无声处见文化。

四是人本性原则。校园文化建设的目的是育人，育人要以人的发展为中心，人既是发展的第一主角，又是发展的终极目标。校园文化建设不能只见物不见人，不能只重物不重人，校园文化建设的重点是人的精神面貌，行为规范和风气，体现以人为本的宗旨。校园文化建设以育人为目的，就要有精品的意识，哪怕是校园的一条标语，一个图像，一座雕塑，一棵树，都要体现这一点，都要为培养学生的个性和创新精神创建良好的空间，为师生的互动创造良好的氛围，这是校园文化建设最内在、最深层的要求。

五是参与性原则。要让师生积极参与校园文化建设，特别是在精神文化建设的过程中，学生是主体，教职工是主导，他们都是校园文化建设的参与者和贡献者，也是校园文化的重要载体。外在教育要求和语言化熏陶都要通过他们自身的主观能动性的发挥才能内化为信念、外化为行为。要建立师生共同参与的激励机制，使学校所期望的价值观、人生观在校园文化建设中为学生所接受、所理解、所掌握。

（二）高校校园文化建设思路

高校校园文化在育人中要把大学生塑造成为科学理论的坚定追随者，共产主义和社会主义理想信念的大力弘扬者，科学文化知识和科学精神的广泛传播者，健康生活方式的积极倡导者，社会主义道德的自觉实践者，使他们成为热爱祖国、热爱人民、志存高远、胸怀宽广，在改革开放和现代化建设的广阔舞台上，充分发挥自己的聪明才智，展现自己的人生价值，努力创造无愧于时代和人民的人，必须坚持以科学的理论为指导，以学生思想道德建设为主线，以丰富多彩的校园文化活动为氛围，以文化实践为动力，推动校园文化的蓬勃发展。

第一，高校校园文化建设的内容必须突出思想道德教育这个主题。思想道德渗透于个人素质的各个方面，是大学生素质教育的灵魂，高校校园文化建设必须突出思想道德教育这个主题。首先，在规划校园文化建设时，注重各项活动的价值导向和行为导向，充分体现社会主义对人才培养的思政、道德和行为要求，使学生真正做到"四有"。其次，充分发挥教师的主导作用，教师不仅是大学生专业素质提高的引路人，还是思想道德建设的先行者和示范者。教师必须运用自己的特殊作用和影响力，加强对学生校园文化的引导。最后，在学生中深入持久地开展理想信念教育，高扬社会主义主旋律，帮助他们树立科学的世界观、人生观、价值观和道德观。以贯彻实施《公民道德建设实施纲要》为契机，大力倡导社会主义道德，加强社会公德、职业道德和家庭美德教育，提高大学生的思想道德水平。

第二，高校校园文化在实践上必须选择好活动载体。一是要结合重大节日和纪念活动设计好校园文化活动，调动学生的参与热情，使学生在生动活泼的文化氛围中受教育。二是大力引导和发展学生社团，发展学生个性，活跃校园文化氛围，增长学生才干，提高学生的综合素质。

第三，高校校园文化建设必须创建一个优良的校园环境。环境本身就具有教育作用。当前，不仅要选择、发掘环境中的积极因素，利用好现有的环境，并努力造就理想的校园环境。这就要求做好改善校容校貌、建筑物合理布局、校园绿化美化等方面的工作，通过校园环境的建设来营造文化氛围，形成良好的心理环境。有些高校设计反映高校特色的校园标志性建筑，设计高校校区的文化场景等举措不失为一些好思路。加强校园文化设施的建设。在人力、财力、物力的投入上提供充分可靠的保证，狠下功夫，努力使各类设施齐全，并力求现代化。为进一步发挥校园文化的作用，在电化教学、网络化教学、传播多学科文化知识，以及开展寓教于乐活动等方面打下坚实的物质基础。

第四，高校校园文化建设必须完善校内各项规章制度。首先，要加强制度建设，制定适应校园物质文化和校园精神文化的各种校园文化制度，在制定的过程中要体现国家的政策，符合党的教育方针。同时，也要体现科学性、严谨性、合理性、可行性，在执行过程中要严肃、认真，并把握好尺度。其次，要在把制度转化为师生的自觉行动方面下功夫。各种规章制度的内化，即被师生员工自觉遵守、认真执行，这是校园制度文化建设的目标和宗旨。因此，校园制度虽然是校园文化的组成部分，但校园制度并不能自然而然地形成校园文化的一部分，其功能能否体现主要看是否被广大师生所接受。这就要求必须加强对学校制度的宣传，并用以指导全体师生员工的行动；加强管理，强化检查和监督，通过奖惩手段促进"外在文化"向"内在文化"转化，从而真正发挥校园制度文化在校园文化建设中的作用。

第五，高校校园文化建设必须重视校园人文精神的培养。首先，要着力塑造大学精神。大学精神是师生在校园文化实践活动中特有的心理素质，以及展示其人格风貌的群体意识，是校园精神文化的核心，一旦形成，就能对学校成员发生不可抗拒的影响力，并且具有持久的继承性。塑造大学精神，不仅要求构建反映时代精神的大学精神，而且要提出具有自己学校特色的校训、校歌，编纂校史，发挥名人效应，形成名校。其次，加强校风建设。努力培养优良的教风、学风；加强领导干部工作作风建设；建立良好的人际关系。再次，积极开展课程文化建设，形成一批高水平、结构合理的课程和学科专业，加强学生社团建设和管理，开展丰富多彩、行之有效的课外文化活动。

第二节　高校校园文化与思政教育的关系

大学生作为社会主义的未来建设者，他们的思政状态将直接影响党的建设、中华民族的前途，对当代大学生进行思政教育尤为重要。大学生思政教育处于不断变化的形势中，需要更高效的思政教育系统。高校校园文化直接影响高校师生的学习、工作和生活，对于营造人文氛围、提升师生的精神境界、形成优良的教风学风和工作作风、激发创造力、增强凝聚力、弘扬主旋律等，发挥着积极作用。良好的校园文化是一所学校赖以存在的人文精神支撑，是实现大学生素质教育的文化环境和教育环境，是精神文明建设的基础性、战略性措施，是坚持社会主义办学方向的重要保证，是培养社会主义事业建设者和接班人的基础工程，是高校核心竞争力的重要组成部分，也是大学精神和大学品牌的重要体现。

高校思政教育与校园文化建设相互有效的承载着对方，有力确保高校校园和谐发展。强化校园文化建设能够充分促进高等教育进一步改革创新，完善与加强大学生思政教育，对多方位提升大学生的综合素质等具有非常重要的意义。从这一意义上来讲高校校园文化建设与高校思政教育具有一定的统一性，但又各自拥有着自己的独立性。校园文化与思政教育有着各自的内涵、形式和方法，两者不可相互替代。但从根本上说，它们之间又有着密切的关系，即相互促进、相互制约、相互渗透和相互包含。校园文化虽独立于思政教育系统，但它在导向功能、凝聚功能、激励功能、辐射功能等方面有着极强的思政教育内涵，两者有着共同的目标追求和价值取向，存在着密切的联系。

一、校园文化承载着改善高校思政教育的任务

随着社会的不断进步，我国的文化与经济发展逐渐趋向多元化。让人们不断面临着价值观、文化冲击的选择，这对于现在高校大学生的思政教育工作的开展形成了一定的影响。有的大学生难免在思想或行为上存在偏差。传统的"灌输式"教育已经解决不了大学生新形势的成长需要。校园文化是具体意义上的群体意识，能够为思政教育的改革创新打下坚实的基础。同时，在某种程度上，校园文化环境的改变推动着教育对象思想观念的变化，用其感染力潜移默化地影响群体成员，让其受到文化的熏陶，有利于大学生塑造人格与陶冶情操。

校园文化建设是以课堂文化和课余活动为主要形式，以校园为空间的多方面、多类型的文化活动，其最核心的内容就是校园精神创立，而校园精神的主体又是师生员工的共同理想和价值观的建设。校园文化作为学校精神、传统、作风的综合体现，客观地创造了一种育人的环境和氛围。在一个精神向上、传统优良、校风文明的环境里，人们就自然地接受着各种有益的文化感染和熏陶，为思政工作更好地实

现对人的引导和教育提供良好的基础，从而实现以德育人的目标。可以说，校园文化是高校无声的思政工作，它将思政工作的内容通过校园文化建设中的各种文化艺术行为或公益活动体现出来，具有广泛的群众性、知识性、娱乐性、哲理性和启发性，深刻影响着每个师生的思想品德和行为规范，对师生有着潜移默化的熏陶作用，是对师生进行思政工作最有效的渠道之一。校园文化建设作为高校思政教育的重要实现途径和手段，与其他思政教育方式有着极大的区别。校园文化建设旨在营造一种特殊的育人氛围，重在潜移默化地渗透，它像一只无形的手，引导着受教育者向着健康而有序的方向发展。无论他们愿意与否，只要长期置身其中，就会在不知不觉中受到校园文化所倡导的精神、所形成的氛围的熏陶和感染，并将这种精神逐步地、不自觉地内化为个人的有针对性地开展教育，保证了思政教育的实效性。

二、高校思政教育的开展受到校园文化形成和发展的影响

高校的思政教育工作主要目的是培养大学生正确的人生价值观、社会政治观、法制纪律观、伦理道德观。着重培养大学生的能动意识、独立意识、自主意识，注重培养大学生的健康心理与健全人格，努力为大学生打造多方位发展的服务。为了完成这一目标，高校思政工作就要进行不断的改革创新。随着社会科技的迅猛发展，多种思想与观念快速传播，大学生的思想也发生相应的变化。如此一来，思政教育以往所使用的教育方式已不能有效推动大学生的教育作用。校园文化是高校思政教育承载体，其具有持续渗透、容易理解的特征，可以把思政教育的内容有效渗透到学生的日常生活当中，易于被学生所接受，让大学生能够受到校园文化陶冶与教育，从而实现教育目标。

随着改革开放，特别是科教兴国战略的实施，高校作为促进社会发展和科技文化进步的重要力量，正以一种积极的姿态走出校园，更为广泛地融入社会、融入国内外交流合作。校园已处于一种更加开放、更加复杂的环境中，处于一个国内外各种思想文化相互激荡的环境中。校园文化以其开放性、适应性的特点与社会密切联系，社会上最新的思潮与时尚可能会敏感地被校园文化所接受。新的形势和变化对高校的影响十分深刻，同时也使人们对高校思政工作提出了越来越高的要求。要做好新形势下的高校思政工作，必须做到两个延伸：一是思政工作的内容延伸，将思政工作由原先的简单说教向解析新理念、新思潮，向分析新情况、解决新问题，向广大师生关注的社会焦点、热点、难点问题上延伸。二是思政工作的时空延伸，将

思政工作由原先局限于高校师生学习工作生活于其中的校园、实验室、班级、宿舍等狭小的天地，向校园的各个角落延伸，向校园之外延伸，特别是随着网络时代的到来，高校的思政工作更要积极占领网络这块高校思政工作的新阵地，使思政工作向网络世界延伸。

三、高校校园文化的建设受到思政教育工作的影响

随着高等教育的普及，党中央、国务院非常重视高校思政教育工作的开展，各级政府部门研究如何强化与改善大学生思政教育，并将与时俱进的科学精神贯彻于大学生思政教育工作中。这样一来，思政教育在理论学科化、功能多样化、个体价值化与开发现代化等方面都取得了相应的成果。思政教育工作与校园文化建设一直以来都是高校发展、建设的核心环节。校园文化要想得到健康的发展，离不开高校思政教育和多样化的社会文化，为了预防腐朽的社会文化带给大学生的消极影响，在政治上就要求思政教育和高校校园文化建设保持一致的前进方向。因此，思政教育发展必然影响校园文化的建设。

高校的校园文化建设，要体现社会主义文化的基本属性和原则，遵循培养德、智、体、美全面发展的人才的教育方针，就离不开思政工作的引导和把握。从内容上看，校园文化建设以人为本，尊重人的价值和主体精神，开发人的智能，而思政工作在以人为中心的同时，直接以科学理论武装人、启迪人、升华人的思想，提高人的觉悟。校园文化建设不仅要注意突出思政教育这个主题内容，还要注意坚持对其他内容的马克思主义理论指导。从层次上看，体现世界观、人生观、价值观、道德观、审美观等意识形态的精神文化，是高校校园文化的核心、灵魂和根本。学校师生在优秀的校园文化氛围中，不自觉地要接受其熏陶、影响和激励，并通过选择教育、自我教育的过程，逐步升华和完善自己。从目的性上看，校园文化对人的熏陶和影响往往是渐进式的，是潜移默化的，而思政工作则有明确的目的指向，它就是要使先进的思政教育内化为人的自觉行动。因此，校园文化建设和思政教育在育人上殊途同归，二者以不同的形式达到共同的目的。今天，在我国社会主义高校中，必须加强思政教育在校园文化建设中的主导方向，把握高校校园文化的社会主义性质，坚持用马列主义、毛泽东思想、邓小平理论、"三个代表"重要思想、科学发展观、习近平新时代中国特色社会主义思想来武装师生员工的思想，坚持中国先进文化的前进方向，真正把校园文化建设成为面向现代化、面向世界、面向未来的，民族的科

学的大众的社会主义文化这个主导文化体系的一部分。

四、高校校园文化建设和思政教育的相对独立性

第一，就思政教育而言，它不仅具有鲜明的阶级性，而且具有很强的思想性。它是教育者在党的领导下，通过各级组织对广大师生的思想、政治、道德等方面进行教育的社会实践活动；而校园文化则是在知识密集、人才集中的高校校园内由高校师生所创造的特有的物质、精神环境和文化氛围，并且作为社会文化的一部分，受到来自社会大环境的冲击和影响，其发展变化往往是不以人的意志为转移的。

第二，思政教育者与被教育者，有主动与被动、主体与主导之分，教育者与被教育者的位置和身份往往是相对的；而在校园文化活动中，师生既是主体也是客体，他们在创造校园文化的同时又享有校园文化，并在其中受到熏陶和影响。

第三，思政教育的方针、原则、内容等均有较强的规定性，它通过有计划、有目的、较规范和较系统的教育过程来达到政治观点、思想方法、道德修养等方面有意识地向所期望的方向发展；而校园文化则不然，它受社会文化环境的直接影响，其内容往往随社会文化变化而变化。它对人的教育和影响是通过校园特有的物质环境和精神氛围，使生活于其中的每个个体在思想观念、心理素质、行为方式、价值取向等方面与一定文化发生认同，从而实现对精神和心灵的潜移默化的塑造。

第三节　坚持思政教育的导向性

高校思政教育引导着校园文化的健康发展。因而，必须发挥思政教育的价值导向功能，引导高校校园文化向健康的方向发展，使之发挥正面功能，抑制其负面功能。积极把握校园文化建设的基本方向，从而提高高校校园文化建设的实效。

一、高校思政教育对校园文化的价值导向功能

人的社会活动是其价值观形成的基础，而人又都遵循一定的价值观而活动。任何一个社会群体，都有属于自己的特定的文化模式，其核心内容则是群体成员共同拥有和信奉的价值观。

（一）思政教育有助实现在意识形态领域的价值观统领

思政教育对意识形态领域的价值导向性表现非常明显，具体体现在：（1）宣传和倡导符合国家整体利益和反映特定阶级利益、价值取向的方法原则、规范标准、战略计划和政策方针；（2）以特定的历史背景、社会现实、经验总结、逻辑检验等，论证包含特定核心价值观的理论观点，以解释和预测未来国家和社会发展的总体趋势、发展方向、路径选择、树立、巩固坚定的社会理想和政治信念，提供改革和发展的精神动力的源泉。

思政教育作为一种教育实践活动，本质上是统治阶级为巩固国家政权和维护社会秩序，在意识形态领域实现价值观的统一与控制，是一种国家统治力量在精神领域的延伸和体现：一方面，统治阶级通过思政教育的途径，从政治认知和政治参与的角度，培育出符合统治阶级利益要求的公民个体来参与国家和政府的政治生活；另一方面，思政教育维护和弘扬一种意识形态的权威，以便说明和论证权力存在和国家统治的合理性，促进社会和谐安定。

思政教育通过向社会个体成员灌输特定的社会意识形态，形成一定的政治意识、政治觉悟和政治信仰，从而增强整个社会的凝聚力和向心力，实现和维护国家统治与利益。社会的经济成分、组织形式、权益关系的多样化会导致社会个体观念意识和活动的独立性、选择性、多边性和差异性的增强。

（二）思政教育具有引导文化的重要功能

文化属于社会意识形态领域，思政教育在意识形态领域的价值导向性往往通过对各种具体形式与内容的文化建设活动的规范与引导而体现出来：

1.思想道德课程为高校提供政治思想保证

和谐也是一种道德范畴。离开了道德就不可能有校园的和谐，离开了道德认同，学校就会失去亲和力，就不可能有和谐校园可言。道德是校园和谐的重要道义基础，也是构建和谐校园的精神动力。因此，从伦理学意义上讲，和谐是一种关系范畴，没有关系就谈不到和谐，而且和谐是人与人之间关系的一种理想状态。和谐校园乃是师生通过道德认同和行为选择的协调，而形成的一种有利于满足大学生的需要、促进大学生的发展具有良好的道德关系的和谐校园。

大学生思想道德修养课是加强大学生思想道德修养的有效捷径。被大学生称之为"心灵鸡汤"和"迷途导航系统"的大学生思想道德修养课程，有着其他课程无法替代的作用。它具有很大实用性，贴近学生实际，能给学生以贴切的生活指导。

和谐校园必须有学生之间的互相认同与接纳，学校全体师生若没有足够的相互信任，那么人与人之间就会失去相互联系的基本纽带，学校就不能够正常运转。和谐校园是全校师生和谐相处的校园，要求创造人人平等、团结友爱、和衷共济、和谐相处的人际关系环境。从道德建设角度来看，和谐校园就是诚信友爱，有着良好的校风、学风，学生心情舒畅地学习，提升自我的校园。今天的大学校园，虽然竞争尤为激烈，但竞争离不开合作。如果过度推崇竞争，容易造成学生为了胜利不择手段，甚至造成人性的沦丧，道德的败坏。

2. 思想道德建设营造良好的校园环境

对大学生进行思想道德教育不能限于说教，把理论学习与大学生的实际相结合才能收到实效。思想道德课教学内容的最大特点，要求既要坚持马克思主义的基本理论、基本观点、基本立场、基本方法，又要与时俱进，跟上时代和社会实践的发展，走进大学生的思想世界和关注他们的人生问题。这就决定了思想道德课，需要不断面对和回答时代发展及社会现实所提出的热点、难点问题，不断关注大学生的思想困惑和人生矛盾。因此，应突出课程的实践性。

关注道德发挥作用的重要方式之一是社会舆论。在大学校园，借助于先进的媒体，社会舆论在道德发挥的作用中越来越显著。通过对有利于校园建设，符合基本道德原则和要求的行为进行赞赏；对违背基本道德规范和损害群体利益的行为，则进行谴责，进而在校园形成抑恶扬善、激浊扬清的良好校风。同时，舆论在一定条件下，可成为一种强制性力量，传递一定的行为价值信息，促使行为当事人深刻反思行为后果，迫使行为人接受善恶裁决和准则性指导，对当事人和其他学生起到一定的教育作用。

营造良好的舆论氛围，要有正确的舆论引导。如果在大学生处于正确的价值观树立时期，总是出现"噪声""杂音"，甚至误导大学生的思想观念和价值取向。要求所有的媒体都应有强烈的社会责任感，把宣传科学理论、传播先进文化、弘扬社会正气作为自己的神圣使命。高校要有效地开展思想道德建设，运用传统的舆论力量，在校园内依然是主要的舆论宣传渠道；高度重视和运用现代信息技术和互联网的舆论功能。网络为思想道德教育提供了现代化手段，拓展了思想道德教育的空间和渠道。网络具有信息量大、传递速度快、学生选择余地大，可以更好地实现资源共享，营造一个健康向上的、文明高雅的校园网络文化氛围。

作为思想道德课教师，应在理论与现实的结合上狠下功夫，通过深入学生实际，调查研究，了解社情民意，掌握第一手材料，追踪研究大学生关注的社会、人生中的热点难点问题。积极开展思想道德建设，坚持贴近实际、贴近生活、贴近学生，以学生的热门话题为切入点，做好引导工作，着力回答学生的实际问题。

3.思想道德建设提高大学生专业素质

高校校园构建的最大主体是大学生，必须依靠大学生的力量。大学生的全面发展也是构建和谐校园的目的所在。学校的一切工作，既要着眼大学生的物质文化生活需要，又要着眼促进大学生的素质提高。高校必须坚持"以人为本"，把校园文明建设的根本任务落实到大学生的素质提高上，为构建和谐校园打下坚实的基础。

提高大学生素质，就要用先进的文化培育、塑造大学生。先进文化包括先进的思想道德和先进的教育科学文化两部分。思想道德作为社会意识形态，规定着整个文化的性质，支配文化发展的走向，是先进文化的主要标志。通过理想信念、价值观念和道德教育，引导大学生树立科学的三观，确立共同遵循的价值取向和行为准则，规范其行为方式，提高其思想境界，从而使大学生能正确处理个人与学校、人与社会、人与自然的关系，实现每个学生自由充分的成长，校园的和谐发展。

在重视大学生的思想道德建设的同时，还要重视大学生的教育科学文化建设，加强大学生的专业基础知识的学习和掌握。如果说，思想道德教育是关于"做人"的教育，发展大学生的天性、个性、潜能。那么，科学文化教育就是关于"做事"的教育。"做人"与"做事"对大学生素质来说如鸟之两翼，车之两轮不可或缺。全面提高大学生素质，必须坚持人的和谐发展原则，用完整的教育培养完整的人。所谓人的和谐发展，就是人与社会、人与自然和人自身发展的和谐。人与社会的和谐就是要探索学生的自主性与社会化结合发展的和谐状态，既要发挥学生的自主性、竞争性、克服依赖性；又要发展提高学生的社会性、合作性，克服自由化。人与自然的和谐就是要强化学生统筹发展意识，提升对自然的责任，反对物质享乐主义，引导学生探索与自然和谐发展。人自身发展的和谐，就是生理与心理、物质与精神、知识与能力、素质与职业和谐发展。大学生的和谐发展离不开对现代知识的掌握与运用。

但是，目前大学生却存在不同程度的学习困扰。从学生自身角度来看，急需树立现代学习理念，因为学生在进入大学后，学习方面问题均与深层次的学习理念有关。观念是行为的先导，要解决大学生的学习困扰问题，应从理念开始。从学校角度来看，必须针对具体专业、具体情况，采取多种渠道，强化学习目标教育，激发专业学习兴趣，开展切实有效的学习策略指导活动和个别心理辅导。努力形成比较完备的高等教育体制，大力发展学校的教学事业，在高校形成良好的教风、学风，为构建和谐校园提供强大的精神动力和智力支持。高校思政教育对校园文化建设价值导向的迫切性高校思政教育，对校园文化建设发挥良好的价值导向功能，克服消极意义的影响，使校园文化保持积极向上的健康活力。大学生既有强烈的求知欲望，又有对文艺、娱乐等活动浓厚的的兴趣，如果加以正确的规范与引导，将有利于形成良好的群体意识和价值观，有利于培养学生高尚的道德情操和良好的生活方式。

（一）市场经济条件下的校园文化建设面临着各种不良因素的制约与污染

新旧世纪之交和 21 世纪前 20 年是我国社会结构变化速度最快的时期。随着利益集团的不断分化，新的利益主体、新的社会阶层的不断形成，社会价值取向多元化发展趋势日益增强；同时，伴随着改革开放的进一步深入，西方生活方式、社会思潮也不断地涌入我国，对当代青年学生的价值观造成强烈冲击；信息时代的到来和现代传播媒体的发达，使得信息流通渠道的多样性、复杂性难以控制性，造成了青年学生在良莠不齐的信息面前无从选择，难以形成独立思考和正确判断。当代青年学生在观察和处理问题时，往往缺乏正确的、鲜明的舆论导向和价值观取向，因而往往容易随波逐流，偏离理想目标，动摇内心信念。因而，在这样的时代背景下，高校校园文化建设面临着巨大挑战。

"灰色文化"通过各种途径和方式渗透在校园文化的建设过程中，侵蚀着校园文化的健康发展。"灰色"是指在法律盲点与制度漏洞的前提下的道德缺失，主要是指以权谋私、钱权交易、弄虚作假、唯利是图、奢侈浪费等各种不良社会风气和生活方式。

大学生的思想尚未成熟，辨别能力较差，易受外在环境的诱导和影响，而大学期间是青年学生社会化的关键时期。社会化的基本含义中的一项重要内容和要求就是青年学生在健康良好的舆论环境和阶段性研究成果。

由文化氛围的熏陶下完成人格塑造。青年学生在这一时期接受的价值观，对其今后的人生有着巨大的影响。"灰色文化"的各种不良价值观的毒素侵蚀着青年学生的思想观念，对校园文化建设和高校思政教育工作提出了巨大挑战。

（二）专业教育需要思政教育的价值导向

思政教育的价值导向不是指思政教育自身的价值，而是指思政教育所传播和发散的教育内容的作用和意义。任何一个时代的统治思想始终都不过是统治阶级的思想，它属于上层建筑意识形态的范畴。专业教育从其产生之日起，着眼点就是个体的技能培养。更具体说，专业教育是指培养学生的专业技能和在专业领域里的研究能力，就是要帮助社会新生个体努力达到以下目标：具有适应社会快速发展的基本技能和良好的习惯；能够选择有意义、激励自己的工作欲望和热情的工作价值观；掌握具有确立事业发展方向、寻找和获得工作机会的技能；具有一定可以顺利就业、并在职业社会里获得一定成功的职业技能；能成功地将工作价值观融入个人的整体价值结构中，以便能选择自己向往的生活方式。客观地说，专业教育以个体的技能培养为契入点，关注个体生活技能、工作技能及社会技能的培养。在社会主义国家，每个人都是国家的主人，个人与国家是紧密联系在一起的，个人的发展是在国家发展的前提之下进行的。因此，在发展专业教育的同时必须时刻以思政教育的价值导向为基础。

1. 强化专业教育中思政的导向意识

思政教育在专业教育中具有核心地位，是由我国的社会主义性质，以及高校培养目标所决定的。在专业教育中发挥思政教育导向作用，是培养社会主义合格建设者和可靠接班人的需要，也是促进学生成长成才和顺利就业的需要。无论就业政策宣传、择业观的教育还是就业信息的指导、求职技能的训练都离不开思政教育为其确定方向。强调思政教育导向作用就是要把世界观、人生观、价值观的教育渗透到专业教育的全过程中，落实到个人成才、择业标准、求职道德等方面。《教育部办公厅关于加强普通高等学校学生就业思政教育的通知》指出，要"在开展专业教育工作中，突出理想信念教育，大力倡导国家至上、事业为先，鼓励和支持毕业生自觉地把个人的发展同为国家和人民建功立业结合起来"。在组织机构设置上，要将就业工作机构纳入学生思政教育体系中，防止专业教育和思政教育出现"两张皮"现象。

2. 细化专业教育中思政教育的导向内容

要建立和完善全程化的就业思政教育内容体系，覆盖大学生活的每个阶段。具体而言，大一重点进行专业发展形势教育与自我认知教育，帮助学生了解自身在兴趣、能力、性格等方面的优劣势，树立大学期间的奋斗目标，激发学习动力；大二重点进行专业教育和职业价值观教育，帮助学生正确处理学业、专业、职业之间的关系，正确理解个人理想和社会需要之间的关系，树立职业发展典型，培养学生行行可建功、处处可立业的择业观；大三重点进行社会实践教育和基层意识教育，通过组织学生参加企业考察、实习、见习等，帮助学生拓宽就业视野和在基层岗位进行工作锻炼，提高学生的社会融入度；大四重点进行职业道德教育和就业适应教育，帮助学生树立责任意识、诚信意识和守法意识，为顺利走上社会夯实基础。

3. 改进专业教育中思政教育的导向方式

相比导向内容而言，思政教育导向方式的改善与创新更容易拉近教育者与受教育者的距离。在实际工作中，要妥善处理好以下三种关系：一是导向性与主体性的关系。传统思政教育过分强调教育者的导向地位，而将受教育者置于绝对服从、必须接受的被动地位，导致思政教育导向作用不能真正"入脑""入心"。要使思政教育导向性取得效果，首要前提就是建立教育者与受教育者的平等互动关系；同时，思政教育导向关系的最终目标是实现教育对象的高水平的自我教育，因此，其实质就是"导"与"学"一体化。二是导向性与渗透性的关系。专业教育中的思政教育要有效，不在于向学生灌输过多的理论，而是要通过案例分析、角色扮演、小组讨论等学生容易接受的方式达到"润物细无声"的效果，注重实践渗透性，寓思政教育于环境熏陶、传媒渗透和隐性课程（校园生活、社会实践活动等）之中。三是导向性与个体性的关系。要提高思政教育的实效性，就要针对不同对象采取不同方式单独进行教育，尤其要重点关注那些在专业与职业发展选择中需要帮扶的弱势群体。

4. 提高专业教育中思政教育的导向能力

要发挥思政教育导向能力，思政教育者必须扮演四种角色：引导者、点拨者、促进者和示范者。要做到这些，就必须加强思政教育工作队伍专业化建设。当然，这里所谓的"专业化"更多的是结合本身岗位的基于胜任特征的"专门化"，这种"专门化"除了具有多学科交叉的知识背景、掌握专业教育教学方法，以及积累一对一的职业咨询个案外，了解企业用人理念与招聘流程、方法也是非常必须的。思政教育工作者要牢固树立育人理念，时刻不忘培养学生成才的终极目的，在专业教育过程中勇于探索和实践提高思政教育导向性的方法和途径。

三、高校思政教育对大学生思潮的引领作用

（一）高校思政教育引领着校园时尚的健康发展

校园时尚是特定时期在青年学生群体中流行的意义、追求、言行方式及其符号

载体。校园时尚的承载主体是青年学生，标新立异是校园时尚的本质特征。在市场经济条件下，青年学生自然成为文化时尚的重要消费群体，商家利用青年学生的文化消费需求，根据青年学生偏爱流行文化的模仿特点，不断推出有关流行的心态、语言和各种象征物，制造一系列流行。

高校思政教育在引导校园时尚发展的时候，必须立足青年学生的身心特质和时代特征。校园时尚是以青年学生为承载主体的不定性和不定型的文化现象，会随着文化承载主体的身心发展和外在环境因素的改变而变幻不定。校园时尚一方面体现着青年学生身心发展过程中的各种物质需求和精神需求的不断扩张，同时也反映着作为一个日趋成熟的社会成员个体的自主、创新、享乐的思想意识的日益增长和强化。在缺乏统一价值规范和价值标准的多元化的开放社会中，青年学生由于自身心智的不成熟，缺乏判断、辨别、选择能力，从而导致校园时尚极端化之后的变异趋向。高校思政教育工作者要以宽容的方式积极加以引导，而不是以一味抵触的方式抹杀校园时尚的活力因素。思政教育在引导青年学生的时尚文化的同时，其本身就是推动校园文化创新和发展的过程。校园时尚融合了其承载主体的青春气息和求新精神，思政教育只要合理地加以引导或辅助，必定会激发整个校园文化氛围的活力，从而繁荣整个校园文化建设。

（二）高校思政教育担负着修正校园文化异化的重任

所谓校园文化异化是指各种校园文化活动现象由于内含的价值取向和意义追求背离了主流社会文化发展的方向和要求，而被归入社会反文化的行列，从而影响了青年学生的健康成长，阻碍其顺利完成社会化进程。校园文化异化具体表现在语言、符号及行为方式等各个方面，如日常口语表达、服饰打扮、偶像崇拜等。青年学生奇形怪状的服饰打扮中，有的暗含邪恶、暴力、黑暗、堕落和腐化的意义与内容，这是一种校园文化异化的典型。高校思政教育如何实现对校园文化异化的修正，必须要认识如下几个方面的问题：

首先，高校思政教育工作的基本前提是要认清和把握整个宏观社会大环境的复杂性、青年学生的身心特征及其内在精神需求。

其次，高校思政教育工作者在严肃、及时遏止青年学生反常思想或行为的同时，要积极探索各种新颖、有效、生动的舆论导向氛围和途径，防患于未然。

最后，高校思政教育过程中必须强化集体主义精神和团队意识。

参考文献

[1]（德）马克思，恩格斯．马克思恩格斯选集 [M].中共中央马克思恩格斯列宁斯大林著作编译局编译．北京：人民出版社，2012.

[2]（美）詹明信．晚期资本主义的文化逻辑 [M].张旭东编，陈清侨等译．北京：生活．读书．新知三联书店，1997.

[3]（德）霍克海默，阿道尔诺．启蒙辩证法 [M].渠敬东，曹卫东译．上海：上海人民出版社，2006.

[4]（英）伊格尔顿．历史中的政治、哲学、爱欲 [M].马海良译．北京：中国社会科学出版社，1999.

[5]（英）巴特勒．解读后现代主义 [M].朱刚、秦海花译．北京：外语教学与研究出版社，2010.

[6] 陈嘉映．海德格尔哲学概论 [M].北京：生活．读书．新知三联书店，2005.

[7]（美）马克．波斯特．第二媒介时代 [M].范静哗译．南京：南京大学出版社，2000.

[8]（加）罗伯特．洛根．理解新媒介 [M].何道宽译．上海：复旦大学出版社，2012.

[9]（美）保罗．莱文森．新媒介 [M].何道宽译．上海：复旦大学出版社，2011.

[10]（美)保罗．莱文森．软利器:信息革命的自然历史与未来 [M].何道宽译．上海：复旦大学出版社，2011.

[11]（美）尼尔．波兹曼．娱乐至死 [M].章艳，吴燕莛译．桂林：广西师范大学出版社，2009.

[12]（澳）格雷姆．特纳．普通人与媒介：民众化转向 [M].许静译．北京：北京大学出版社，2011.

[13]（加）马歇尔．麦克卢汉．理解媒介：论人的延伸 [M].何道宽译．南京：译

林出版社，2011.

[14]（荷）约斯．德．穆尔．赛博空间的奥德赛 [M].麦永雄译．桂林：广西师范大学出版社，2007.

[15]（美）马克．波斯特．信息方式：后结构主义与社会语境 [M].范静哗译．北京：商务印书馆 .2000.

[16] 王学俭，刘强．新媒体与新媒体时代高校思想政治教育 [M].北京：人民出版社，2012.

[17] 王虹，刘智．新媒体时代新媒体时代高校思想政治教育创新研究 [M].北京：中国社会科学出，2012.

[18] 蔡帼芬．媒介素养 [M].北京：中国传媒大学出版社，2005.

[19] 成长春．网络思想教育新论 [M].开封：河南大学出版社，2006.

[20] 宫承波．新媒体概论 [M].北京：中国广播电视出版社，2009.